21世纪德语系列教材

北京大学规划教材
读经典·学德语

Quellentexte zur
DEUTSCHEN GEISTESGESCHICHTE

德语思想史原典讲读

谷 裕　郭笑遥 /主编

北京大学出版社
PEKING UNIVERSITY PRESS

图书在版编目(CIP)数据

德语思想史原典讲读 / 谷裕，郭笑遥主编 . — 北京：北京大学出版社，2022.9
ISBN 978-7-301-33277-1

Ⅰ. ①德… Ⅱ. ①谷… ②郭… Ⅲ. ①德语 – 思想史 – 世界 – 高等学校 – 教材 Ⅳ. ①H339.39 ②B1

中国版本图书馆 CIP 数据核字(2022)第 158370 号

书　　名	德语思想史原典讲读 DEYU SIXIANGSHI YUANDIAN JIANGDU
著作责任者	谷　裕　郭笑遥　主编
责任编辑	朱房煦
标准书号	ISBN 978-7-301-33277-1
出版发行	北京大学出版社
地　　址	北京市海淀区成府路 205 号　100871
网　　址	http://www.pup.cn　新浪微博：@ 北京大学出版社
电子信箱	zhufangxu@pup.cn
电　　话	邮购部 010-62752015　发行部 010-62750672　编辑部 010-62754382
印刷者	三河市博文印刷有限公司
经销者	新华书店
	787 毫米 ×1092 毫米　16 开本　15.25 印张　460 千字 2022 年 9 月第 1 版　2022 年 9 月第 1 次印刷
定　　价	56.00 元

未经许可，不得以任何方式复制或抄袭本书之部分或全部内容。
版权所有，侵权必究
举报电话：010-62752024　电子信箱：fd@pup.pku.edu.cn
图书如有印装质量问题，请与出版部联系，电话：010-62756370

前　言

《德语思想史原典讲读》属"读经典·学德语"教材系列，是高级语言课程的教材，旨在促进德语文科学术语言学习，适用于有中级德语水平的德语专业本科三年级以上学生，同时适用于其他文科专业辅修高级德语的学生。

德语学术语言严谨规范，行文风格独特，与日常用语、文学语言之间存在很大差异，并非掌握了日常或文学语言便可自然掌握学术语言，这之间需要一个特殊的学习过程。一般要通过针对学术语言的阅读训练和科学讲读，方可逐步培养学术语言语感，认识学术语言规律，把握理解和翻译技巧。

然而到目前为止，在国内德语教学中尚未出现系统讲授和训练学术语言的教材。学术翻译基本凭借个人热情、悟性和摸索，建立在自然发生而非科学训练的基础上，这势必阻碍德语文科学术翻译的发展。

另一方面，从马克思到马克斯·韦伯，从古典哲学到法兰克福学派，从康德到黑格尔，从尼采到海德格尔，德国思想史上的大家鸿学，无不令青年学者心向往之，德语专业的年轻学子又岂可交臂而失之？又岂可不视译介这样的经典为己任、为天职？

本教材秉承"读经典·学德语"的宗旨，以讲授语言为主，同时力求让青年学生管窥多种人文学科奠基性理论和经典思想表述。

本教材分两大单元，从萨维尼到海德格尔是一线，属于现代德语和思想；从莱布尼茨到克劳塞维茨是一线，属于近代德语和思想。选文涉及哲学、法学、历史、文学、美学、艺术史、政治经济学、社会学、心理学等人文和社会学科；选段均为大家小文，经过反复推敲而定，力求既符合学习要求又具有学科代表性，且能够反映作家基本思想。

阅读思想史原典，一要攻克语言，掌握基本语法和字词；二要具备知识，把握选文的问题和要义。两者缺一不可。故教材在"编者导读"部分简明扼要说明作家学术思想、选文要义、背景知识和语言风格，在"选文纵览"部分，具体讲解字词、分析难句，视每讲情况给出"语言课堂""修辞赏析"或"翻译技巧"，并列出可供参考的"全文翻译"和"拓展阅读"。为便于记忆和拓展学习，每讲列有学科术语总汇、选文和参考译文出处、作家重要作品和扩展阅读文献；还附有与本课内容相关的练习及答案。

因本教材是按学科分类选题，按时间顺序编排，模拟实战，选择原典，因此不可能像初级教材一样按难易程度演进。原则上，学生可从自己喜欢的任何一讲开始，直至学完各讲。此外，作家的语言和思维风格各有不同，有的喜用长句，曲折婉转，有的使用短句，句句紧逼，切中要害。然而既是学术语言，则亦有共同之处：表述清晰、逻辑缜密、富于思辨，尽显思想力量的阳刚之美。对于对语言和思想都感兴趣的同学，思想史原典具有特殊的挑战性。当然，首先挑战的是耐心——初学时不在快慢多寡，务要做到切实把握，学会举一反三。

通常，学术翻译会带动学术研究，于各个历史时期、各个国家地区莫不如此。本教材愿能够授人以渔，不仅传授具体知识技能，而且启迪学术阅读和翻译的兴趣，望有更多青年学生脚踏实地，目光高远，有朝一日可以独立完成学术翻译工作。

《德语思想史原典讲读》在北京大学德语系试讲多年，根据教学实践经验逐年修订，始得今日之形态。教材原计划包含16讲，交稿后因故删去埃克哈特、马丁·路德、卡尔·施米特三讲。因编写时间和学科跨度大，词句讲解又要求极为精细，最后呈现在大家眼前的这本教材难免会有不足和疏漏，因此恳请使用者提出宝贵建议，助其日臻完善。

使用说明

"选文纵览"部分,在每段原文右侧附字词和解析两项。字词部分只给出词或词组意思,略去进一步讲解。该部分目的为使阅读时尽量不用字典,以节省时间,保持文脉畅通和阅读兴趣。又因未采取由易到难的编排顺序,保证读者可不分前后随兴趣阅读,故各讲之间选词不避重复。解析部分集中于讲解句法结构,解释句子难点。"全文翻译"部分的原则是,在符合原意前提下,力求给出符合中文习惯、中文晓畅的译文。

注意:

- [1][2][3]等为句子编号,指示主句或从句成分,为下文讲解之用。
- ＿＿＿提示生词,可在右侧词汇栏中查询。
- [ ]一律系编者所加。在原文中用于提示语法集群(补足语、插入语等),在译文和讲解中用于补充或说明。
- 译文用楷体。因教学需要,"全文翻译"的译文,除《共产党宣言》节选摘自权威译本,其余均由编者自行译出。

目 录

第一单元　19 世纪到 20 世纪

2　　第1讲　萨维尼：《当代罗马法体系》
　　　　Lektion 1　Friedrich Savigny: *System des heutigen römischen Rechts*

18　　第2讲　兰克：《历史上的各个时代》
　　　　Lektion 2　Leopold Ranke: *Über die Epochen der neueren Geschichte*

39　　第3讲　马克思、恩格斯：《共产党宣言》
　　　　Lektion 3　Karl Marx und Friedrich Engels: *Manifest der Kommunistischen Partei*

65　　第4讲　尼采：《敌基督者》
　　　　Lektion 4　Friedrich Nietzsche: *Der Antichrist*

82　　第5讲　韦伯：《以学术为业》
　　　　Lektion 5　Max Weber: *Wissenschaft als Beruf*

98　　第6讲　弗洛伊德：《梦的解析》
　　　　Lektion 6　Sigmund Freud: *Die Traumdeutung*

115　　第7讲　海德格尔：《荷尔德林和诗的本质》
　　　　Lektion 7　Martin Heidegger: *Hölderlin und das Wesen der Dichtung*

第二单元　17 世纪到 18 世纪

140　　第8讲　莱布尼茨：《关于中国哲学的通信》
　　　　Lektion 8　Gottfried Leibniz: *Brief über die chinesische Philosophie*

157　　第9讲　温克尔曼：《关于对希腊绘画和雕刻作品模仿的思考》
　　　　Lektion 9　Johann Joachim Winckelmann: *Gedanken über die Nachahmung der griechischen Werke in der Malerei und Bildhauerkunst*

| 175 | 第10讲　康德：《实践理性批判》
Lektion 10　　Immanuel Kant: *Kritik der praktischen Vernunft* |

| 190 | 第11讲　威廉·洪堡：《论柏林高等学术机构的内部和外部组织》
Lektion 11　　Wilhelm von Humboldt: *Über die innere und äussere Organisation der höheren wissenschaftlichen Anstalten in Berlin* |

| 203 | 第12讲　黑格尔：《法哲学原理》
Lektion 12　　Friedrich Hegel: *Grundlinien der Philosophie des Rechts* |

| 220 | 第13讲　克劳塞维茨：《战争论》
Lektion 13　　Carl von Clausewitz: *Vom Krieg* |

| 234 | 课后练习答案 |

第一单元

19世纪到20世纪

第1讲 萨维尼：
《当代罗马法体系》
Lektion 1　Friedrich Savigny:
System des heutigen römischen Rechts

作者学术生平

Friedrich Carl von Savigny（1779—1861）war ein deutscher Rechtsgelehrter und Kronsyndikus. Er war 1810—1842 Professor an der Universität Berlin, gilt als Gründerfigur der modernen Rechtswissenschaft und als wichtiger Repräsentant der historischen Rechtsschule.

Die historische Rechtsschule ist eine Richtung in der Rechtswissenschaft, die zu Anfang des 19. Jahrhunderts vor dem Hintergrund der Romantik in Abkehr von der Epoche des Naturrechts oder Vernunftrechts die historische Bedingtheit des Rechts wieder in das Bewusstsein rief. Ihre Grundaussage ist, dass das Recht nicht als ein willkürlich vom Gesetzgeber geschaffener Bestand an Vorschriften aufzufassen sei, sondern als im Bewußtsein des Volkes lebendige Überzeugungen, ähnlich wie die Sprache oder die Sitten und Gebräuche eines Volkes.

Rechtspolitisch bedeutsam war er in dem Kodifikationsstreit von 1814, den er mit dem Heidelberger Professor für Römisches Recht A. F. J. Thibaut führte. Savigny trat den Forderungen Thibauts nach einem einheitlichen deutschen Gesetzbuch (*Über die Nothwendigkeit eines allgemeinen bürgerlichen Rechts für Deutschland*) vehement entgegen (*Vom Beruf unserer Zeit für Gesetzgebung und Rechtswissenschaft*). Savignys Meinungen gemäß entstehe alles Recht unsichtbar aus dem Volksbewusstsein (später: Volksgeist) und in stets organischem Wachstum.

第1讲 萨维尼：《当代罗马法体系》

萨维尼（1779—1861），德国法学家、王室法律顾问，1810—1842年在柏林大学任教，现代法学的奠基人，历史法学派重要代表人物。

历史法学派是一个法学流派，该流派于19世纪初在浪漫主义背景下反自然法或曰理性法而行之。这一流派重新意识到法的历史条件，其基本观点是：法并非由立法者任意创造的条例，而是存在于民族意识中的活生生的信念，类似于一个民族的语言或风俗习惯。

在法律政策方面，萨维尼的重要性表现在他于1814年与海德堡罗马法教授蒂堡展开的关于法律编纂的辩论。后者提出应当（效仿1804年拿破仑的民法典）编纂一部统一的德意志民法典（《制定一部德意志统一民法典之必要性》），而萨维尼坚决予以反对（《论立法和法学的当代使命》）。萨维尼认为，任何法律都无形地产生于民族意识（后也作民族精神），并经历了一个有机的不断形成的过程。

编者导读

选文指出了撰写《当代罗马法体系》一书的目的：促进对罗马法的研究和吸收。本段论述主要针对19世纪上半叶德意志法学界的两种思潮：民族意识和进步思想。前者过于强调日耳曼本地法、邦国法，轻视共同法、普遍法；后者过于强调本时代，轻视法律史。罗马法虽是古代和"外来"法律系统，但作为共同法和历史财富，应该成为德意志本土法的一个有益借鉴和拓展，法学家不应抱残守缺。

法学包括法理学、法学史和具体法律条文，本段的重点在法学史。在阅读的同时需注意几组基本法律概念，如：罗马法、共同法、普遍法；日耳曼习惯法、本地法、邦国法；自然法、理性法、民法典；欧洲自11世纪还有在教会系统通行的教会法（CIC）。

选文出自19世纪上半叶，从花体字转录而来，由编者按新正字法略作改动。出于论辩需要，文本语言讲求修辞，如用虚拟、让步等形式表现出商榷、探讨的语气，同时带有当时学术著作常见的诗意表达。

选文纵览

[1] Das vorliegende Werk ist ganz besonders dazu bestimmt, [2] die hier dargelegten Zwecke ernstlicher Beschäftigung mit dem Römischen Recht zu befördern: vorzüglich also die Schwierigkeiten zu vermindern, [3] die den Juristen von praktischem Beruf von einem eigenen, selbstständigen Quellenstudium abzuhalten pflegen.

[1] Durch diese Schwierigkeiten wird den Ansichten, [2] die gerade in den gangbarsten neueren Handbüchern niedergelegt sind, eine ungebührliche Herrschaft über die Praxis zugewendet; [3] geht also die Absicht des Verfassers bei diesem Werke in Erfüllung, so wird dadurch zugleich auf die Emanzipation der Praxis von einer unechten Theorie hingewirkt werden.

[1] Allerdings finden diese Gedanken ihre unmittelbarste Anwendung in den Ländern, worin noch jetzt das Römische Recht die Grundlage der Rechtspraxis bildet; [2] dennoch sind sie auch anwendbar da, wo neue Gesetzbücher an die Stelle des Römischen Rechts getreten sind.

[1] Denn die Mängel des Rechtszustandes sind hier und dort wesentlich dieselben, [2] und ebenso ist das Bedürfniss und die Art der Abhilfe weniger verschieden, als man glauben möchte.

[1] Auch in den Ländern also, [2] die mit einheimischen Gesetzbüchern versehen sind, wird durch die hier dargestellte Benutzungsweise des Römischen Rechts die Theorie teils neu belebt, teils vor ganz subjektiven und willkürlichen Abirrungen bewahrt, besonders aber der Praxis wieder näher gebracht werden, [3] worauf überall das Meiste ankommt.

第1讲 萨维尼：《当代罗马法体系》

das vorliegende Werk: 本书，本著作，本卷。
zu etw. (D) bestimmen: 指明做某种用途。
die hier dargelegten Zwecke: 上述目的。
das Römische Recht: 罗马法。
befördern: 促进。
vorzüglich: 尤其是。
der Jurist von praktischem Beruf: 从事实际工作 / 实践职业的法学家 / 法律人 (der Jurist 为弱变化名词)。
das Quellenstudium: 原始文献研究。
jn. von etw. (D) abhalten: 阻挠某人做某事。
pflegen: 经常习惯。

die Ansicht: 观点，看法。
gangbar: 通行的。
das Handbuch: 手册。
niederlegen: 写下，记下。
ungebührlich: 不恰当的。
die Herrschaft: 统治，支配，做主。
zuwenden: 朝向，转向。
die Absicht: 意图。
der Verfasser: 作者。
dre Erfüllung: 实现。
dre Emanzipation: 解放。
auf etw. (A) hinwirken: 致力于某事。

unmittelbar: 直接的。
die Grundlage: 基础。
die Rechtspraxis: 法实践。
anwendbar: 可使用的。
das Gesetzbuch: 律法书，法典。
an die Stelle etw.(G) treten: 代替某物的位置。

der Mangel: 缺陷。
der Rechtszustand: 法状态。
wesentlich: 本质上，实质上。
die Abhilfe: 弥补，补救。

einheimisch: 本地的，土著的。
versehen: 配备，具备。
die Benutzungsweise: 使用方式。
beleben: 激活，赋予生命。
willkürlich: 随意的，任意的。
dre Abirrung: 偏离正确轨道，误入歧途。
etw. (A) vor etw. (D) bewahren: 保护某事物不受某事物威胁。
näher: 更近的。
auf etw. (A) ankommen: 取决于某事。

[解析] 句[2]中的ernstlicher Beschäftigung mit dem Römischen Recht意为对罗马法严肃的研究工作，整体做Zwecke（目的）的第二格修饰语，表示目的的内容。句[1]为主句，句[2]为两个不定式补句语zu befördern和zu vermindern。句[3]为关系从句，Schwierigkeiten为关联词，die为关系代词。

[解析] 句[1]为被动句，带一个关系从句句[2]；den Ansichten在主句做复数第三格，是关系从句的关联词，die引导从句。句[3]包含一个条件从句，变位动词geht前置，省去引导词wenn。主句句[1]是一个无主语的被动句，主句wird ... hingewirkt werden是被动态将来时，wird也表意愿、推测等情态。

[解析] 句[1]Anwendung finden 中的finden在此充当功能动词，本意不译，从名词的含义。句[2]anwendbar意为可使用的，词尾带-bar的形容词表示被动含义。句[1]带一个关系从句，worin引导，关联词为Ländern。句[2]带一个关系从句，wo引导，关联词为da。

[解析] 句[1]dieselb-为指示代词，此处指示die Mängel。 und 连接两个并列句句[1]、句[2]。句[2]中有一个比较从句句式weniger ..., als ... 。

[解析] 句[2]die Theorie der Praxis näher bringen意为使理论更接近实践。句[2]是一个关系从句，关联词为die Länder。句[3]是一个关系从句，worauf 指使理论接近实践是最重要的。

[1] Schwerer freilich ist hier eine solche Umwandlung als in den Ländern des gemeinen Rechts, aber unmöglich ist sie nicht. [2] Das zeigt uns besonders das Beispiel der neueren französischen Juristen, die oft auf recht verständige Weise ihr Gesetzbuch aus dem Römischen Recht erläutern und ergänzen.

[1] Hierin verfahren sie ganz im wahren Sinn dieses Gesetzbuchs, [2] und wo sie fehl greifen, da geschieht es weniger aus einer ungehörigen Benutzungsweise des Römischen Rechts als aus mangelhafter Kenntniss desselben. [3] Hierin nun sind wir ihnen unstreitig überlegen; [4] allein in der Art der Benutzung neben den einheimischen Gesetzen würden wir wohl tun von ihnen zu lernen.

[1] Schwieriger allerdings als bei ihnen ist diese Benutzung in unsrem Preußischen Vaterland, [2] da in unserem Landrecht teils durch die eigentümliche Darstellungsweise, teils durch die weit getriebene Ausführlichkeit, der wirklich vorhandene innere Zusammenhang mit dem früheren Recht oft verdeckt wird. [3] Schwieriger also ist sie, aber darum nicht unmöglich; [4] und wenn sie wiederhergestellt wird, so wird damit zugleich einem wesentlichen Übel abgeholfen, [5] das aus der Einführung des Landrechts hervorgegangen ist.

[1] Dieses Übel besteht in der gänzlichen Abtrennung von der wissenschaftlichen Bearbeitung des gemeinen Rechts, [2] wodurch unsrer Praxis eines der wichtigsten Bildungsmittel bisher entzogen wurde, [3] die lebendige Berührung mit dem juristischen Denken früherer Zeiten und anderer Länder.

[1] Es ist nicht zu verkennen, dass zu der Zeit, [2] worin die Abfassung des Preußischen Landrechts unternommen wurde, die deutsche juristische Literatur grossenteils geistlos und unbeholfen geworden war, also auch die Fähigkeit eines wohltätigen Einflusses auf die Praxis meist verloren hatte; [3] ja eben die Wahrnehmung dieses mangelhaften Rechtszustandes hat damals zu dem Versuch geführt, dem Übel durch ein einheimisches Gesetzbuch abzuhelfen, und so die Grundlage des praktischen Rechts gänzlich umzuändern.

[1] Wenn es uns jetzt gelänge, [2] die aufgelöste Verbindung mit der gemeinrechtlichen Literatur teilweise wieder anzuknüpfen, so könnte daraus nunmehr, bei dem gänzlich veränderten Zustand der Rechtswissenschaft, nur ein wohltätiger Einfluss auf die Praxis entstehen, [3] und die Nachteile, die sich in früherer Zeit so fühlbar gemacht hatten, würden gewiss nicht wiederkehren.

第1讲 萨维尼：《当代罗马法体系》

die Umwandlung: 改变，变化。
das gemeine Recht:（日耳曼）共同法，普通法。
erläutern: 解释。
ergänzen: 补充。

verfahren:（按某种方式、流程）做某事。
fehlgreifen: 失策，做错。
ungehörig: 不恰当。
mangelhaft: 不足的。
unstreitig: 无可争论地。
überlegen: 处于优势的。

preußisch: 普鲁士的。
das Vaterland: 祖国。
das Landrecht: 邦国法。
eigentümlich: 独特的。
die Darstellungsweise: 表述方式。
die Ausführlichkeit: 详细。
der Zusammenhang: 关联。
verdecken: 遮蔽。
wiederherstellen: 重新建立，恢复。
das Übel: 恶，弊端。
die Einführung: 引入。
hervorgehen: 走出来，出现。

bestehen in etw (D): 在于某事。
die Abtrennung: 分离。
die Bearbeitung: 加工。
das Bildungsmittel: 组成方法。
entziehen: 抽回，收回。
die Berührung: 接触。

verkennen: 错认。
die Abfassung: 编纂。
unternehmen: 做，进行，从事。
geistlos: 无精神智慧的，蠢笨的。
unbeholfen: 愚钝、蠢笨的。
die Fähigkeit: 能力。
wohltätig: 有益的。
der Einfluss: 影响。
die Wahrnehmung: 感知。
zu dem Versuch führen: 引发尝试。
umändern: 彻底改变。

gelingen: 成功。
die Verbindung: 联系。
anknüpfen: 联系起来。
verändert: 变化了的。
entstehen: 产生，发生（搭配 aus, 由……产生）。
der Nachteil: 缺点，不足。
sich fühlbar machen: 让自己被感觉到。
wiederkehren: 复归。

[解析] 句[1]包含两个并列的简单句，由aber连接。句[2]中有一个关系从句，关联词为Juristen, die引导从句，解释说明Juristen。

[解析] und连接两个并列句句[1]、句[2]。句[1]为一个简单句，sie指上文法国法律人，dieses Gesetzbuchs（第二格）指上文的罗马法。句[2]中有一个关系从句wo ..., da ...，表情况；desselb-为指示代词，此处为第二格，指代此结构外距离最近的一个名词des Römischen Rechts。句[4]中包含一个动词带不定式补足语tun zu lernen。

[解析] 句[1]带一个原因从句句[2]，由da引导，句子主干为da der Zusammenhang verdeckt wird，其他均为各种附加成分。句[3]是一个简单句，其中sie指上文的diese Benutzung。句[4]带一个条件从句，由wenn引导。句[5]为句[4]的关系从句，关联词为Übel。

[解析] 句[1]带一个状语从句句[2]，引导词wodurch指durch die Abtrennung (von der ...)，wodurch为连词，意为由此。从句句[2]中eines der wichtigsten Bildungsmittel意为最重要的构成方法之一，是常见表达方式：前半部分为单数不定代词 (einer, eines, eine)，后跟复数名词第二格，表示前者是后者之中的一部分。句[3]为eines der wichtigsten Bildungsmittel的同位语。

[解析] 句[1]带一个dass引导的主语从句，从句包括两部分主干geworden war和verloren hatte。句[2]是一个第二级关系从句，关联词为Zeit，由worin引导。句[3]为一个简单句，带Versuch引导的两个不定式结构abzuhelfen和umzuändern。

[解析] 句[1]为wenn引导的条件句，全句为wenn ..., so könnte ...结构。句[2]为gelingen要求的不定式补足语。句[3]带一个关系从句，关联词为Nachteile，由die引导。

[1] Manche finden in der Anmutung, das Römische Recht fortwährend als Bildungsmittel für unsren Rechtszustand zu benutzen, eine verletzende Zurücksetzung unsrer Zeit und unsrer Nation. [2] Sie fassen die Sache so auf, als könnten wir auf diesem Wege, im günstigsten Falle, doch nur eine unvollkommene Nachahmung oder Wiederholung des von den Römern hervorgebrachten Rechtszustandes darstellen, [3] es sei aber würdiger, durch unabhängiges Streben etwas Neues und Eigentümliches zu schaffen.

[1] Diesem an sich löblichen Selbstgefühl liegt aber folgendes Missverständnis zugrunde. [2] Bei dem großen und mannichfaltigen Rechtsstoff, den uns die Jahrhunderte zugeführt haben, ist unsre Aufgabe ohne Vergleich schwieriger, als es die der Römer war, [3] unser Ziel also steht höher, und wenn es uns gelingt, dieses Ziel zu erreichen, [4] so werden wir nicht etwa die Trefflichkeit der Römischen Juristen in blosser Nachahmung wiederholt, sondern weit Größeres als sie geleistet haben.

[1] Wenn wir gelernt haben werden, den gegebenen Rechtsstoff mit derselben Freiheit und Herrschaft zu behandeln, die wir an den Römern bewundern, dann können wir sie als Vorbilder entbehren, und der Geschichte zu dankbarer Erinnerung übergebe. [2] Bis dahin aber wollen wir uns eben so wenig durch falschen Stolz als durch Bequemlichkeit abhalten lassen, ein Bildungsmittel zu benutzen, welches wir durch eigene Kraft zu ersetzen schwerlich vermögen würden.

[1] Es wird also hierin ein Verhältnis unsrer Zeit zum Altertum behauptet, wie wir es in ähnlicher Weise auch in anderen geistigen Gebieten wahrnehmen. [2] Niemand möge diese Worte so verstehen, als sollte die Beschäftigung mit dem Römischen Recht erhoben werden zum Nachteil der eifrigen germanistischen Bestrebungen, die gerade in unsrer Zeit so erfreulichen Hoffnungen Raum geben.

[1] Nichts ist häufiger und natürlicher als den lebendigen Eifer für das Gebiet unsrer eigenen Forschungen kundzugeben durch Herabsetzung eines verwandten fremden Gebietes; [2] aber ein Irrtum ist es dennoch, und dieser Irrtum wird unfehlbar nur demjenigen Nachteil bringen, der ihn hegt und übt, nicht dem Gegner, welchem durch solche Herabsetzung Abbruch getan werden soll.

die Anmutung: 过分要求，无理要求。
fortwährend: 持续地。
verletzend: 伤害的。
die Zurücksetzung: 放回，往后放，冷落，歧视。
auffassen: 理解。
günstig: 有利的。
unvollkommen: 不完满的。
die Nachahmung: 模仿。
hervorbringen: 拿出，创造。
würdig: 值得尊敬和赞赏的。

an sich: 本身。
löblich: 值得称赞和表扬的。
das Selbstgefühl: 自我感觉。
etw. (N) liegen etw. (D) zugrunde: 某事以某事为基础（N为原因）。
das Missverständnis: 误解。
mannigfaltig: 多种多样的，形形色色的。
ohne Vergleich: 无可比拟。
die Trefflichkeit: 卓越，杰出，优秀。
leisten: 完成，成就。

behandeln: 处理。
bewundern: 惊叹，赞赏。
entbehren: 缺乏，舍弃。
übergeben: 交付。
so wenig ..., als ...: 既不要……，也不要……。
die Bequemlichkeit: 舒适。
ersetzen: 替代。
vermögen: （搭配不定式）能够做到。

das Verhältnis: 关系。
das Altertum: 古代。
behaupten: 宣称。
geistige Gebiete: 人文诸领域。
erheben: 抬高，抬起。
eifrig: 热切的。
germanistisch: 日耳曼学的，德语文学的。
die Bestrebung: 努力。
erfreulich: 令人高兴的。

der Eifer: 热情。
kundgeben: 宣告，表明。
die Herabsetzung: 贬低。
verwandt: 有亲属关系的，同源的。
der Irrtum: 错误，偏差。
unfehlbar: 不会出错的，不容置疑的。
hegen: 怀有，抱有。
dem Gegner: 反对者。
der Abbruch: 拆毁，终止，损害。

[解析] 句[2]Nachahmung oder Wiederholung darstellen意为模仿或重复，darstellen在此充当功能动词，无实义。句[1]带一个Anmutung引导的不定式补足语，补充说明Anmutung。句[2]带一个非现实比较从句so ..., als (ob) ...，als后使用第二虚拟式以强调非现实性。句[3]带一个不定式补足语，不定式做主句主语，是es指代的真正内容。

[解析] 句[2]die der Römer即die Aufgabe der Römer，意为罗马人的任务，die代指前文提到过的阴性名词。句[1]是简单句，注意第三、第四格意思上的关系。句[2]带一个比较从句，比较成分前是一个说明Rechtsstoff的关系从句。句[3]带一个wenn引导的条件从句，之后的不定式做gelingen要求的补足语。句[4]由nicht etwa ... sondern ...连接一个转折，两个主干动词是将来完成时werden+P.II+haben/sein。

[解析] 句[1]有三级，由wenn引导的条件句主干动词gelernt haben werden为将来完成时，之后的不定式zu behandeln作为lernen要求的补足语，而Freiheit und Herrschaft关联die引导的从句。句[2]带一个abhalten要求的不定式补足语，Bildungsmittel再带一个welches引导的关系从句，结构与上句相似。

[解析] 句[1]带一个比较从句，由wie引导，es代指Verhältnis。句[2]带一个非现实比较从句... so, als (ob) ...，die引导的关系从句关联Bestrebungen, Hoffnungen Raum geben意为给希望以空间，即带来希望。

[解析] 句[1]是一个简单句，nichts ... als ...意为没有什么比得上，不定式做sein的补足语，即表语补足语（Nichts ist kundzugeben）；Eifer在不定式中做动词kundgeben的第四格补足语，也是nichts比较的对象；Herabsetzung为名词化的动词，原动词herabsetzen要求的第四格在此转化为第二格补足语。句[3]主句中第三格补足语有两个处于转折关系的词，两个词分别带起关系从句(nur demjenigen ..., der ...; nicht dem Gegner, welchem ...)，前一个关系从句中的ihn代指Irrtum; getan werden soll为带情态动词的被动态，soll在此带有转述第三者意见的含义，即转述他人所持有的错误观点。

[1] Aus dem oben dargelegten Plan dieses Werks geht hervor, dass es vorzugsweise einen kritischen Charakter haben wird. [2] Manche werden damit wenig zufrieden sein, indem sie überall nur positive, zu unmittelbarer Anwendung brauchbare Wahrheit verlangen, unbekümmert um die Art ihrer Erwerbung, und um die möglichen Gegensätze derselben. [3] Unser geistiges Leben wäre leicht und bequem, wenn wir lediglich die klare, einfache Wahrheit ausschließend auf uns einwirken lassen und so zu immer neuer Erkenntniss ungestört fortschreiten könnten.

[1] Allein uns umgibt und hemmt von allen Seiten der Schutt falscher oder halbwahrer Begriffe und Meinungen, durch die wir uns Bahn machen müssen. [2] Wollen wir mit dem Schicksal darum rechten, dass es uns solche unnütze Mühe aufgebürdet hat? [3] Schon als in eine notwendige Bedingung unsres geistigen Daseins müssten wir uns darein fügen, [4] allein es fehlt auch nicht an reicher Frucht, die als Lohn unsrer Arbeit aus dieser Notwendigkeit erwächst.

[1] Unsere geistige Kraft findet darin ihre allgemeine Erziehung, [2] und jede einzelne Wahrheit, die wir durch diesen Kampf mit dem Irrtum gewinnen, wird in höherem Sinn unser Eigentum, und erweist sich uns fruchtbarer, als wenn wir sie leidend und mühelos von Anderen empfangen.

aus etw. (D) hervorgehen: 从某事中得出结论。
vorzugsweise: 首先，尤其。
positiv: 积极的，实证的。
brauchbar: 可使用的。
die Wahrheit: 真知，真理。
verlangen: 要求。
unbekümmert: 不顾的，不关心的。
die Erwerbung: 得到，获取。
lediglich: 仅仅。
ausschließend: 仅，排除其他一切的。
auf jn. einwirken: 对某人产生影响。
die Erkenntnis: 认识。
ungestört: 不受干扰地。
fortschreiten: 大踏步向前走。

umgeben: 围绕。
hemmen: 阻碍，妨碍。
der Schutt: 瓦砾，废物，垃圾。
Bahn machen: 趟出一条路。
das Schicksal: 命运。
mit jm. rechten: 与某人争执。
unnütz: 无用的。
[jm. etw. (A)] aufbürden:［给某人］加上［某事的］负担。
das Dasein: 存在。
fügen:（命运）安排。
an etw. (D) fehlen: 缺少某物。
der Lohn: 酬劳。
erwachsen: 生长。

die Erziehung: 教育，培养。
in höherem Sinn: 在更高的意义上。
das Eigentum: 财产，财富。
sich erweisen: 证明，表明。
mühelos: 不费吹灰之力的。
empfangen: 接受。

[解析] 句[1]带一个名词性从句，充当主语，由dass引导，es指前半句中的das Werk。句[2]带一个由indem引导、表方式的状语从句；zu unmittelbarer Anwendung做brauchbar (brauchen) 的补足语，整体修饰Wahrheit；unbekümmert um ..., und um ... 是插入成分，um是kümmern要求的介词搭配，ihrer代指die Wahrheit，其后并列成分中derselben仍指代die Wahrheit。句[3]带一个条件从句，由wenn引导；wäre, könnten为第二虚拟式，表示非现实条件。

[解析] 句[1]带一个关系从句，关联词为Begriffe und Meinungen，由durch引导。句[2]是一个问句，带一个介词宾语从句 ... darum, dass ...，es指代das Schicksal。句[3]是一个简单句，darein相当于darin，da指代前文的Schicksal；darein fügen als in eine notwendige Bedingung fügen意为如同顺应我们精神存在的必然条件我们必须顺应命运。句[4]带一个关系从句，关联词为Frucht。

[解析] 句[1]为简单句。句[2]主句包含两部分主干，前一部分主干wird unser Eigentum包含一个关系从句，关联词为Wahrheit；后一部分主干后接一个比较从句（fruchtbarer），由als wenn引导，sie代指前文的真理；als wenn从句通常后接虚拟式，但此处仍是直陈式语气。

语言课堂

- **als**

als有许多含义，如表"作为"时可充当介词，表"在……的时候"时可充当连词引导时间状语从句。而当als表"比较"时也可引导比较状语从句，在本讲的文本中，这一类型的从句就多次出现。

面对als引导的比较状语从句时，应该先识别出句中比较级形式的形容词或副词，进而找出比较的双方。当句子成分复杂、从句较多时更应该遵循这一原则，从而把握住比较从句的核心要素。如：

Nichts ist häufiger und natürlicher als den lebendigen Eifer für das Gebiet unsrer eigenen Forschungen kundzugeben durch Herabsetzung eines verwandten fremden Gebietes ...

首先可以看到，比较级的形容词为häufiger和natürlicher，而als后的内容是被比较的一方，其中心词为Eifer，其余的状语（如第二格、durch短语）均为修饰成分。此时再向前寻找，不难看到被比较的另一方正是句首的nichts。

再如：

Bis dahin aber wollen wir uns eben so wenig durch falschen Stolz als durch Bequemlichkeit abhalten lassen.

als还经常与wenig搭配构成比较从句。so wenig ... als ...结构表示的是对两者的否定。在此句中，als紧跟的成分是durch状语，因此比较的双方是两个durch短语。

- **dieselbe-, derselbe-, dasselbe-**

这三个词均为同一个指示代词的变形，意为"相同的"。

由于此词根据性数格的不同而变化，我们不妨将它拆分为两部分，以便更好理解其用法：前半部分的die/der/das在句中的变形如同定冠词；后半部分selbe-在句中的变形如同之前有定冠词修饰的形容词。

如：

die schöne Frau   dieselbe schöne Frau
dem klugen Kind   demselben klugen Kind

我们举出选文的句子来进行巩固：

第1讲 萨维尼：《当代罗马法体系》

... da geschieht es weniger aus einer ungehörigen Benutzungsweise des Römischen Rechts als aus mangelhafter Kenntniss desselben.

句末的desselben处于名词Kenntnis之后，充当了第二格。而这个词指代的正是前文出现过的第二格des Römischen Rechts。替代的词为中性、单数、第二格，因此变化后的形式为desselben。

全文翻译

拙著尤为以下用途而作：帮助实现上述对罗马法进行严肃研究的目的，尤其为排除一些困难，这些困难经常阻碍从事实践工作的法律人进行独立的原始文献研究。由于存在这些困难，那些新近出现在流行手册中的观点便不恰当地占据主导地位，而且被用来指导实践。倘若在本著作中，作者的意图得以实现，那么，或许同时有助于把实践从不真实的理论中解放出来。

当然，这些想法会直接适用于一些邦国，在这些邦国中，罗马法今天仍为其法实践的基础（这些想法会直接适用于那些罗马法至今仍为其法实践基础的邦国）。尽管如此，它们同样适用于新法典取代了罗马法的地方。因为在两处，法状态的缺陷本质上相同，补救的需要和方式也并没有人们想象的那样不同。即便那些拥有本地法典的邦国，也会通过上述罗马法的使用方式，让理论变得鲜活，或避免主观性和随意性引发的偏差，尤其会让理论更加接近实践，而这是重中之重。当然，在实行本土法的地区，转变的难度要大于实行共同法的邦国，但也并非不可能实现。新近的法国法学家就做出了很好的榜样，他们经常以明智的方式，从罗马法出发对其法典进行注释和补充。他们完全在罗马法的真正意义上运用它，他们出错的地方，与其说是使用方式不当，不如说是对之认识不足。在对罗马法的认识方面，我们显而易见高于法国同行；只是就罗马法和本土法并用这一方式，我们似乎要向他们学习。与法国人相比，在我们的祖国普鲁士使用罗马法相对困难。因为在我们的邦法中，一则因为其特殊表达方式，一则因为其过于详细冗长，其中实际存在的与早期法律的内在联系被遮蔽了。然而言其使用起来更难，并不等于说不可能。倘若能够重新启用[罗马法]，则定将补救引入邦国法时产生的根本弊端。这一弊端就在于完全脱离对共同法的科学研究，造成我们的实践缺少一个重要的构成方式，即与以往时代和其他国家法学思想鲜活的接触。很显然，在普鲁士邦国法编纂之时，德意志法学文献绝大部分已变得空乏而鄙陋，大多已丧失对实践产生有益影响的能力；正是意识到这一有缺陷的法状态，人们才试图通过一部本地法去弥补缺漏，继而去彻底改变实践法的基础。倘若我们此次成功做到重新建立起与共同法文献失去的联

13

系，那么鉴于彻底改观的法学状态，一定会由此产生有益于实践的影响，而之前明显的缺点自然也就会避免。

某些人认为，把罗马法当作构成方式，持续地应用于我们的法状态，是一个过分的要求，会伤害和冷落我们自己的时代和国族。他们认为，即使我们这样做，最好的情况下也不过是对罗马人创造的法状态进行拙劣的模仿和重复；在他们看来，更有尊严的做法是，通过自己的努力去创造一些新的和独特的东西。之所以产生这种原本无可厚非的自我感觉，原因在于这样的误解，即认为因为有了千百年来留给我们的丰富多彩的法素材，我们的任务就比罗马人的更为艰巨，我们的目标也更为高远；我们若是能够实现这一目标，则意味我们不止简单效仿和重复了罗马法学家的卓越才能，而且比他们拥有更伟大的成就。事实上，若是我们一朝学会了以我们所惊叹的罗马人的那种自由和把握程度去处理既有的法素材，那我们就尽可放弃他们这些榜样，心怀感激地把他们交回给历史。然而在此之前，我们当避免让毫无理由的骄傲、怠惰阻碍自己运用我们凭借自身力量难以取代的那些构成方式。这实际上也宣示了我们时代与古代的某种关联，而在其他人文领域亦可感知到类似情况。想必无人会认为，抬高罗马法的研究，就是相对贬抑热情高涨的、给我们时代带来可喜希望的日耳曼文化研究。我们向来惯于通过贬低相关其他领域，来表现对我们自己研究领域的热忱，没有什么比这更经常、更自然了。然而这样当然不对。这样的错误无疑只会给那些抱着它不放的人带来不利，而不会给原本要通过贬低使之受损的对手带来不利。

由以上对拙著计划的陈述可见，它首先带有批判特征。某些人会对此不满，因为他们只四处寻求积极的、可直接运用的真理，而对获得真理的方式、可能出现的不同意见却漠不关心。倘若我们仅仅接受简明的真理，然后便不受任何干扰地永远向新的认识进发，我们的精神生活将十分惬意。只是我们四面都被虚假和不真的概念和意见包围，它们如瓦砾一般围绕和羁绊我们，我们必须冲破它们。难道我们要质问命运，为何让我们付出这些无用之功吗？我们恐怕要像顺应我们精神存在的必要条件一样，服从命运的安排。从我们必须要完成的工作中，定会结出丰硕的果实，酬劳我们所付出的努力。我们的精神力量将在此得到普遍的涵养，而每一个我们通过与错误的斗争赢得的真理，都将在更高意义上成为我们的财富，而且会比我们被动和随意从他人那里得到的更加丰厚。

拓展阅读

显而易见，历史法学派的理论与古典自然法哲学家的理论是尖锐对立的。启蒙时代的思想家认为，只要诉诸人之理性，人们就能发现法律规则，并能制定成法典。历史法学派则厌恶制定法，强调非理性的、植根于遥远过去传统之中的、几乎是神秘的"民族精神"观念。古典自然法学派认为，法律的基本原则是无处不在且无时不同的，而历史法学派却认为法律制度具有显著的民族特性；古典自然法学——基本上作为一种革命的理论——面向未来，而历史法学——作为一种反对革命的理论——则面向过去。拿破仑的失败和维也纳会议的召开使欧洲出现了一个政治上的反动时期，帝国王朝的"神圣同盟"就是其间的表现，而历史法学派实际上就是这种反动在法学上的表现。在评价历史法学派时，我们不应忘记萨维尼是一个憎恨法国大革命平等理性主义的保守贵族。再者，他还是一个反对法兰西世界主义理论的日耳曼民族主义者。他极力反对《拿破仑法典》，并力图阻止德国也制定类似的法典。这些事实解释了他为什么不喜欢制定法，反而强调沉默的、不可名状的和意识所不及的力量是法律发展的真正要素——任何立法者都不得干扰这些要素。

历史法学派也许是促使人们重新关注历史的最重要的因素，因为这种关注历史的取向乃是19世纪法理学的特点。在当时，世界各国，尤其是德国，都对原始社会和早期社会的法律历史进行了详尽的探究。学者们常常撰写一些详尽描述某个久远法律制度中较小细节的书籍。从某些方面来看，花费在这种历史研究上的劳动同其所取得的成果很不相称，但是在许多情况下，这种研究也大大丰富了我们认识早期法律制度发展时所必需的知识。

E.博登海默：《法理学：法律哲学与法律方法》，邓正来译，
中国政法大学出版社，1999年，第90页。

课后练习

[1] Der erwähnte kritische Character des Werks wird sich nun vorzüglich in folgenden einzelnen Anwendung zeigen. [2] Zunächst, und recht ausschließend, in den nicht seltenen bloss negativen Resultaten einer angestellten Untersuchung; [3] mögen diese darin bestehen, dass ein Römisches Rechtsinstitut als erstorben, und also unsrem Rechtszustand fremd, nachgewiesen wird, oder in der Darlegung der von neueren Juristen in unser Rechts aus Missverstand eingeschobenen grundlosen Begriffe und Lehrmeinungen. [4] Gerade solche Untersuchungen sind es, womit Viele am Wenigsten behelligt und aufgehalten werden möchten. [5] Wer aber Steine aus dem Wege räumt, oder gegen Abwege warnt durch aufgestellte Wegweiser, der verbessert doch wesentlich den Zustand seiner Nachfolger ...

Aus dem *System des heutigen römischen Rechts*

1. 指出句[1]的主干动词。
2. 分析句[3]中的从句结构，并指出各部分的主干结构。
3. 翻译句[5]。

附录

● **法律术语**

1. Historische Rechtsschule: 历史法学派
2. Rechtswissenschaft: 法学
3. Naturrecht: 自然法
4. Vernunftrecht: 理性法
5. Jurisprudenz: 法学（lat. iuris prudentia）
6. das Römischen Recht: 罗马法
7. Rechtspraxis: 法实践
8. einheimische Gesetzbücher: 本土法典
9. das gemeine Recht: 共同法
10. Landrecht: 邦国法，即欧洲各国，尤其是近代德意志各邦国独有的法律，较著名的有《萨克森法典》(*Sachsenspiegel*)
11. Rechtszustand: 法状态
12. Rechtsstoff: 法素材

● **选文和参考译文**

F. C. v. Savigny: *System des heutigen römischen Rechts*, Bd. 1, Berlin 1840, S. 27—33.

萨维尼：《当代罗马法体系I：法律渊源·制定法解释·法律关系》，朱虎译，中国法制出版社，2010年，"前言"第10—13页。

● **萨维尼重要著作一览**

Das Recht des Besitzes. Eine civilistische Abhandlung (1803)（《财产法》）

Vom Beruf unserer Zeit für Gesetzgebung und Rechtswissenschaft (1814)（《论立法和法学的当代使命》）

Geschichte des römischen Rechts im Mittelalter (1831)（《中世纪罗马法史》）

System des heutigen römischen Rechts (1840—1849)（《当代罗马法体系》）

● 拓展阅读

许章润主编：《萨维尼与历史法学派》，广西师范大学出版社，2004年。

周枏：《罗马法原论》（上、下册），商务印书馆，2014年。

E.博登海默：《法理学：法律哲学与法律方法》，邓正来译，中国政法大学出版社，1999年。

第2讲 兰克：
《历史上的各个时代》
Lektion 2　Leopold Ranke:
Über die Epochen der neueren Geschichte

作者学术生平

Franz Leopold Ranke (1795—1886, ab 1865 von Ranke) war ein deutscher Historiker, Historiograph des preußischen Staates, einer der Gründerväter der modernen Geschichtswissenschaft.

Ranke stammte aus einem aufgeklärt-lutherischen Elternhaus. 1834 wurde er ordentlicher Professor an der Universität Berlin. Sein Historismus unterschied sich durch einen systematischen und quellenkritischen Ansatz von der bisherigen vornehmlich philosophischen Geschichtsbetrachtung. Mit diesem Ansatz lieferte Ranke auch eine Methodik der möglichst großen Objektivität. Der Historiker hat demzufolge die Aufgabe, die Geschichte so aufzuzeigen, „wie es eigentlich gewesen" ist.

Rankes Geschichtsschreibung ist im Wesentlichen politische Staatengeschichte. Nachhaltigste Wirkung erreichten seine Werke vornehmlich zur Reformation, zu den römischen Päpsten, zur preußischen, englischen und französischen Geschichte im 17. Jahrhundert.

Besonders zu erwähnen ist Rankes religiöses Grundmotiv. Dass im „Zusammenhang der großen Geschichte" das Wirken Gottes zu erkennen sei, an dieser tiefreligiösen Überzeugung hat Ranke zeit seines Lebens festgehalten; sie bildete für ihn die Grundlage der Möglichkeit objektiver Geschichtsdarstellung.

　　兰克（1795—1886，自1865冯·兰克），德国历史学家，普鲁士国史编纂负责人，现代史学奠基者之一。

　　兰克出身于开明的路德教家庭，1834年成为柏林大学教授。他所代表的历史主义

第2讲 兰克：《历史上的各个时代》

因其从系统性和史料考据的角度出发而与此前主要以哲学指导的历史观不同。由此，兰克给出了一种方法论，即追求最大客观性。据此，历史学家的任务就是"按照本来的样子"（也译"据事直书"）描述历史。

兰克的历史书写主要针对欧洲近代早期的政治国家史。他关于宗教改革、罗马教宗、普鲁士史、法国史和英国史的著作，产生了持久的影响。

特别值得一提的是兰克基本的宗教动机。兰克认为，在"伟大历史的关联"中可以认识神的作用。兰克终其一生都坚守这一深刻的宗教信念，而这一信念也构成了兰克客观历史书写可能性的基础。

编者导读

1854年9月25日—10月13日，兰克应邀为巴伐利亚国王做十九次历史讲座，内容从古罗马、中世纪、近代早期一直到美国独立战争、法国大革命，讲座稿后编为《历史上的各个时代》，副标题"为巴伐利亚国王马克西米利安二世所做的讲座"，第一、二讲是序言。选文是第一讲的全部内容，也是序言的第一部分，是整个讲座系列的基本思想和要义，也是对兰克史学思想的高度概括。

选文集中表明了兰克对历史进步论、对黑格尔派历史观的批判。针对历史进步论和线性发展观，兰克认为，除物质领域外，历史上没有绝对的进步，不同种族、区域、时间、领域中会出现不同趋势。进步观认为每一代不过是通往下一代的阶梯，这就等于否定了每一代存在的意义；而兰克认为，从神的高度来看，每一代都直接与神发生关系，因此其本身都是有意义的。

选文同时暴露了兰克的欧洲中心视角和对亚洲的歧视，但兰克意指的亚洲实际是近东（两河流域、波斯、巴比伦、拜占庭）、古希腊以及俄罗斯等区域。

选文纵览

[1] Zum Behufe der gegenwärtigen Vorträge ist es vor allem nötig, sich über zweierlei zu verständigen: [2] erstens über den Ausgangspunkt, den man dabei zu nehmen haben wird; zweitens über die Hauptbegriffe.

[1] Was den Ausgangspunkt betrifft, so würde es uns für den vorliegenden Zweck viel zu weit führen, [2] wenn wir uns mit der Anschauung in ganz entfernte Zeiten, in ganz abgelegene Zustände versetzen wollten, [3] welche zwar immer noch einen Einfluss auf die Gegenwart ausüben, aber nur einen indirekten. [4] Wir werden also, um uns nicht ins rein Historische zu verlieren, von der römischen Zeit ausgehen, in welcher eine Kombination der verschiedensten Momente zu finden ist.

[1] Hiernächst haben wir uns zu verständigen: erstens über den Begriff des Fortschritts im allgemeinen; zweitens über das, [2] was man im Zusammenhang damit unter „leitenden Ideen" zu verstehen habe.

1. Wie der Begriff Fortschritt in der Geschichte aufzufassen sei

I. [1] Wollte man mit manchem Philosophen annehmen, dass die ganze Menschheit sich von einem gegebenen Urzustande zu einem positiven Ziel fortentwickelte, so könnte man sich dieses auf zweierlei Weise vorstellen: [2] entweder, dass ein allgemein leitender Wille die Entwicklung des Menschengeschlechts von einem Punkt nach dem anderen forderte, – oder, dass in der Menschheit gleichsam ein Zug der geistigen Natur liege, welcher die Dinge mit Notwendigkeit nach einem bestimmten Ziele hintreibt. –

[1] Ich möchte diese beiden Ansichten weder für philosophisch haltbar, noch für historisch nachweisbar halten. [2] Philosophisch kann man diesen Gesichtspunkt nicht für annehmbar erklären, weil er im ersten Fall die menschliche Freiheit geradezu aufhebt und die Menschen zu willenlosen Werkzeugen stempelt; und weil im andern Fall die Menschen geradezu entweder Gott oder gar nichts sein müssten.

zum Behufe: 固定用法，旧、牍、为某目的、要求、需要。
der Vortrag: 讲座、报告。
nötig: 有必要的。
sich über etw. (A) verständigen: 就某事相互理解，就某事达成共识。
der Ausgangspunkt: 出发点。
der Hauptbegriff: 主要概念。

betreffen: 涉及。
der vorliegende Zweck: 本次的目的。
die Anschauung: 观察。
entfernt: 遥远的。
abgelegen: 偏僻的。
sich versetzen in etw. (A): 为某事着想。
das rein Historische: 纯粹的历史的事物。
verlieren: 迷失。
die römische Zeit: 罗马时代。
verschieden: 不同的。

der Fortschritt: 进步。
im allgemeinen: 普遍意义上。
leitend: 领导性的，引导性的。

mit jm. etw. (A) annehmen: 同意某人的观点。
der Philosoph: 哲学家（弱变化名词，句中为单数）。
sich fortentwickeln: 持续向前发展。
sich vorstellen: 想象。
das Menschengeschlecht: 人类。
der Zug: 一条连贯的线索。
bestimmt: 某个，某种。
hintreiben: 推向。

haltbar: 可靠的。
nachweisbar: 可以被证明的。
der Gesichtspunkt: 观点。
erklären: 解释，宣称。
aufheben: 扬弃，奥伏赫变。
willenlos: 无意志的。
das Werkzeug: 工具。
stempeln: 打上印记。

[解析] 句[1]为简单句，带一个nötig 要求的拓展不定式，做形式主语es的内容。句[2]为verständigen所跟介词 über要求的补足语，Ausgangspunkt关联一个关系从句，引导词为den; einen Ausgangspunkt nehmen意为采取某出发点，nehmen在此为功能动词。

[解析] 句[1]中的es指代之前的was从句。句[2]为句[1]的条件从句，由wenn引导。句[3]为句[2]的关系从句，关联词为Zeiten和Zustände，从句引导词为welche; zwar immer noch ..., aber nur ...意为尽管仍然……，但只不过……，表转折；indirekten后省略了中心词Einfluss。句[4]主干wir werden von der römischen Zeit ausgehen, 句中插入一个表目的um zu补足语，又带一个关系从句，关联词为Zeit，引导词为in welcher; zu finden sein为sein + zu表情态被动含义，意为可以被找到，在句中与Kombination构成功能动词结构；sich verlieren in意为迷失于（某处）。

[解析] 句[1]的动词结构是sich über etw.(A) verständigen, 意为就某事达成共识，冒号引出介词über及介词宾语。分类讨论两点之后，das带一个关系从句[2]，引导词为was; habe为第一虚拟式，表推测探讨的语气；haben + zu不定式表情态主动含义，意为需得、必须，与句[1]相同。

[解析] 句[1]带一个由wenn引导的条件从句（变位动词wollte提前，wenn省去），条件从句又带一个由dass引导的annehmen的宾语从句；主句中的dieses代指之前从句所讲情况。句[2]主体为entweder ... oder ...，呼应auf zweierlei Weise，各带一个dass引导的从句，做省略了的sein（entweder ist es so, oder ist es so）的补足语；nach dem anderen省去中心词Punkt；liege为第一虚拟式，表转述他人说法。

[解析] 句[1]为简单句，注意连词weder ... noch ...。句[2]带两个原因从句，均由weil引导；第一个原因从句又有两个谓语动词aufheben与stempeln分别带补足语，主语er指代Gesichtspunkt。

[1] Auch historisch aber sind diese Ansichten nicht nachweisbar; [2] denn fürs erste findet sich der grösste Teil der Menschheit noch im Urzustande, im Ausgangspunkte selbst; [3] und dann fragt es sich: was ist Fortschritt? [4] Wo ist der Fortschritt der Menschheit zu bemerken? –

[1] Es gibt Elemente der grossen historischen Entwicklung, die sich in der römischen und germanischen Nation fixiert haben; [2] hier gibt es allerdings eine von Stufe zu Stufe sich entwickelnde geistige Macht. [3] Ja es ist in der ganzen Geschichte eine gleichsam historische Macht des menschlichen Geistes nicht zu verkennen; [4] das ist eine in der Urzeit gegründete Bewegung, die sich mit einer gewissen Stetigkeit fortsetzt.

[1] Allein es gibt in der Menschheit überhaupt doch nur ein System von Bevölkerungen, welche an dieser allgemein historischen Bewegung teilnehmen, dagegen andre, die davon ausgeschlossen sind. [2] Wir können aber im allgemeinen auch die in der historischen Bewegung begriffenen Nationalitäten nicht als im stetigen Fortschritt befindlich ansehen.

[1] Wenden wir z. B. unser Augenmerk auf Asien, so sehen wir, dass dort die Kultur entsprungen ist, und dass dieser Weltteil mehrere Kulturepochen gehabt hat. [2] Allein dort ist die Bewegung im ganzen eher eine rückgängige gewesen; [3] denn die älteste Epoche der asiatischen Kultur war die blühendste; [4] die zweite und dritte Epoche, in welcher das griechische und römische Element dominierten, war schon nicht mehr so bedeutend, [5] und mit dem Einbrechen der Barbaren – der Mongolen – fand die Kultur in Asien vollends ein Ende.

[1] Man hat sich dieser Tatsache gegenüber mit der Hypothese geographischen Fortschreitens helfen wollen; [2] allein ich muss es von vornherein für eine leere Behauptung erklären, wenn man annimmt, wie z. B. Peter der Große[①], [3] die Kultur mache die Runde um den Erdball; sie sei von Osten gekommen und kehre dahin wieder zurück.

---

① Peter der Große: 彼得大帝, 即彼得一世·阿列克谢耶维奇（1672—1725）, 史称彼得一世, 被后世尊称为彼得大帝。他在统治时期内在政治、经济、军事等领域进行西化改革, 使俄国跻身欧洲强国。

第2讲 兰克：《历史上的各个时代》

fürs erste: 首先。
sich finden: 处于。
sich fragen: 问题是。

[解析] 四句皆为简单句。句[2]由denn引出原因。句[4]ist zu bemerken为sein + zu形式表情态被动，含义为man kann bemerken。

sich fixieren: 固定下来。
verkennen: 错认。
die Urzeit: 原始时期。
gewiss: 一定的。
die Stetigkeit: 持续，持续性。
sich fortsetzen：继续（运动、前行）。

[解析] 句[1]带一个关系从句，关联词为Elemente，引导词为die。句[2]sich entwickelnd是第一分词，表伴随状态，von Stufe zu Stufe为其补足语。句[3]sein + zu表被动；nicht zu verkennen意为很显然。句[4]带一个关系从句，关联词为Bewegung，引导词为die。

von etw. (D) ausgeschlossen sein: 排除在某事之外。
in etw (A). begriffen: 处于某种状态中的。
die Nationalität: 民族，国族。
in etw. (D) befindlich: 处于某种状态的。

[解析] 句[1]带两个关系从句：第一句关联词为Bevölkerungen，引导词为welche；第二句关联词为andre，引导词为die。

wenden: 转向。
der Augenmerk: 眼光，注意力。
entspringen: 发源。
der Weltteil: 世界部分。
im gangzen: 整体上。
eher: 更多地。
rückgängig: 向后的，向回的。
blühend:（鲜花）开放的。
dominieren: 占主导地位。
bedeutend: 重要的。
das Einrechen: 闯入，入侵。
der Barbar: 蛮人。
der Mongole: 蒙古人。
vollends: 完全。

[解析] 句[1]带一个由wenn引导的条件从句，变位动词wenden提前，省略wenn，同时带两个由dass引导的宾语从句，作为sehen的宾语；auf etw. (A) Augenmerk wenden意为把目光转移到某事上。句[3]为简单句，连词denn表原因。句[4]带一个关系从句，关联词为die Epoche，引导词为in welcher。

die Hypothese: 假命题。
von vornherein: 从一开始。
leer: 空的，空洞的。
die Behauptung: 宣称。
die Runde: 一圈。
der Erdball: 地球。
der Osten: 东方，亚洲各国，东欧。
zurückkehren: 回去。

[解析] 句[1]带情态动词的完成时hat sich helfen wollen，注意由于此处情态动词wollen的作用类似助动词，因此并不变化为gewollt；sich mit etw. (D) helfen意为以某物自救。句[2]带一个wenn引导的条件从句。句[3]作为一个单句是annehmen要求的补足语成分，mache第一虚拟式，表示转述他人观点，即有人如此认为；die Runde machen意为转圈。句[4]中的sie代指Kultur，sei第一虚拟式，表转述。

II. [1] Fürs zweite ist hiebei ein andrer Irrtum zu vermeiden, nämlich der, [2] als ob die fortschreitende Entwicklung der Jahrhunderte zu gleicher Zeit alle Zweige des menschlichen Wesens und Könnens umfasste. [3] Die Geschichte zeigt uns, um beispielsweise nur ein Moment hervorzuheben, dass in der neueren Zeit die Kunst im 15. und in der ersten Hälfte des 16. Jahrhunderts am meisten geblüht hat; [4] dagegen ist sie am Ende des 17. und in den ersten drei Vierteilen des 18. Jahrhunderts am meisten heruntergekommen.

[1] Geradeso verhält es sich mit der Poesie: [2] auch hier sind es nur Momente, wo diese Kunst wirklich hervortritt; [3] es zeigt sich jedoch nicht, dass sich dieselbe im Laufe der Jahrhunderte zu einer höheren Potenz steigert.

III. [1] Wenn wir somit ein geographisches Entwicklungsgesetz ausschliessen, [2] wenn wir andrerseits annehmen müssen, [3] wie uns die Geschichte lehrt, [4] dass Völker zugrunde gehen können, [5] bei denen die begonnene Entwicklung nicht stetig alles umfasst, [6] so werden wir besser erkennen, [7] worin die fortdauernde Bewegung der Menschheit wirklich besteht.

[1] Sie beruht darauf, dass die grossen geistigen Tendenzen, [2] welche die Menschheit beherrschen, sich bald auseinander erheben, bald aneinander reihen. [3] In diesen Tendenzen ist aber immer eine bestimmte partikuläre Richtung, welche vorwiegt und bewirkt, [4] dass die übrigen zurücktreten.

IV. [1] So war z. B. in der zweiten Hälfte des 16. Jahrhunderts das religiöse Element so überwiegend, dass das literarische vor demselben zurücktrat. [2] Im 18. Jahrhundert hingegen gewann das Utilisierungsbestreben ein solches Terrain, dass vor diesem die Kunst und die ihr verwandten Tätigkeiten weichen mussten. [3] In jeder Epoche der Menschheit äussert sich also eine bestimmte grosse Tendenz, [4] und der Fortschritt beruht darauf, dass eine gewisse Bewegung des menschlichen Geistes in jeder Periode sich darstellt, [5] welche bald die eine, bald die andere Tendenz hervorhebt und in derselben sich eigentümlich manifestiert.

der Irrtum: 错误。
vermeiden: 避免。
umfassen: 囊括。
hervorheben: 突出。
die neuere Zeit: 近代。
herunterkommen: 向下走，下降。

[解析] 句[1]带一个同位成分，der作为Irrtum的同位语。句[2]继续说明Irrtum的内容，umfasste是als ob要求的第二虚拟式，即非现实的比较。句[3]带一个dass引导的宾语从句，插入语um zu表目的。句[4]是简单句，sie代指Kunst。

sich verhalten：行为，行事。
die Poesie: 诗，韵文，文学。
hervortreten: 走出来，凸显。
sich zeigen: 显示。
im Laufe: 在某过程中。
die Potenz: 能力，潜力。
steigern: 提高。

[解析] 句[1]是简单句。句[2]带一个关系从句，关联词为Momente，引导词为wo。句[3]带一个由dass引导的主语从句说明es，从句主语为dieselbe，指Poesie。

zugrundegehen: 没落。
erkennen: 认识到。
fortdauern: 持续。

[解析] 本段只有一句，但分四级。主体是主句句[6]带两个由wenn引导的条件句句[1]、句[2]。句[7]是句[6]erkennen带的宾语从句，由worin引导。句[3]是比较从句，由wie引导。句[4]是句[3]的宾语从句，由dass引导，此句说明lehren的内容。句[5]是关系从句，进一步解释说明Völker，引导词为bei denen。

auf etw. (D) beruhen: 以某事为根据，原因在于某事。
auseinander: 分开。
sich erheben: 抬升；凸起。
aneinander: 相连。
sich reihen: 相接，排列。
partikulär: 部分的，个别的。
vorwiegen: 占上风
bewirken: 发生作用。
übrig: 其余的。

[解析] 句[1]带一个dass引导的介词宾语从句作为darauf所指的内容。句[2]是关系从句，关联词为Tendenzen，引导词为welche，注意welche是复数，在从句中做第一格主语。句[3]带一个关系从句，关联词为Richtung，引导词为welche。句[4]为bewirken的宾语从句。

überwiegend: 占得上风。
das Utilisierungsbestreben: 对功利的追求。
das Terrain: 领地。
die Tätigkeit: 活动。
weichen: 避让。
sich äußern: 表达。
die Bewegung: 运动。
sich manifestieren: 宣示出来，表现出来。

[解析] 句[1]so ..., dass ...构成一个结果从句，demselben指代das religiöse Element。句[2]solch- ..., dass ...同样构成一个dass引导的结果从句，diesem指代das Utilisierungsbestreben，ihr指Kunst。句[4]darauf带一个介词宾语从句；之后又带一个关系从句句[5]，关联词为Bewegung，引导词为welche，derselben指代Tendenz；sich eine Bewegung darstellen意为发生运动，darstellen为功能动词。

V. [1] Wollte man aber im Widerspruch mit der hier geäusserten Ansicht annehmen, [2] dieser Fortschritt bestehe darin, dass in jeder Epoche das Leben der Menschheit sich höher potenziert, dass also jede Generation die vorhergehende vollkommen übertreffe, [3] mithin die letzte allemal die bevorzugte, die vorhergehenden aber nur die Träger der nachfolgenden wären, so würde das eine Ungerechtigkeit der Gottheit sein.

[1] Eine solche gleichsam mediatisierte Generation würde an und für sich eine Bedeutung nicht haben; [2] sie würde nur insofern etwas bedeuten, als sie die Stufe der nachfolgenden Generation wäre, [3] und würde nicht in unmittelbarem Bezug zum Göttlichen stehen. Ich aber behaupte: [4] jede Epoche ist unmittelbar zu Gott, [5] ihr Wert beruht gar nicht auf dem, was aus ihr hervorgeht, sondern in ihrer Existenz selbst, in ihrem eignen Selbst.

[1] Dadurch bekommt die Betrachtung der Historie, und zwar des individuellen Lebens in der Historie einen ganz eigentümlichen Reiz, [2] indem nun jede Epoche als etwas für sich Gültiges angesehen werden muss und der Betrachtung höchst würdig erscheint.

VI. [1] Der Historiker hat also ein Hauptaugenmerk erstens darauf zu richten, wie die Menschen in einer bestimmten Periode gedacht und gelebt haben; [2] dann findet er, dass, abgesehen von gewissen unwandelbaren ewigen Hauptideen, z.B. den moralischen, jede Epoche ihre besondere Tendenz und ihr eigenes Ideal hat. [3] Wenn nun aber auch jede Epoche an und für sich ihre Berechtigung und ihren Wert hat, so darf doch nicht übersehen werden, was aus ihr hervorging.

[1] Der Historiker hat also fürs zweite auch den Unterschied zwischen den einzelnen Epochen wahrzunehmen, um die innere Notwendigkeit der Aufeinanderfolge zu betrachten. [2] Ein gewisser Fortschritt ist hiebei nicht zu verkennen; [3] aber ich möchte nicht behaupten, dass sich derselbe in einer geraden Linie bewegt; [4] sondern mehr wie ein Strom, der sich auf seine eigne Weise den Weg bahnt.

第2讲 兰克：《历史上的各个时代》

der Widerspruch: 矛盾。
sich potenzieren: 提高，发展。
vorhergehend: 之前的。
übertreffen: 超越。
mithin: 表原因，因此，所以。
bevorzugt: 更受欢迎的，优先对待的。
vorhergehend: 先前的。
nachfolgend: 最后的。
die Ungerechtigkeit: 不公正，不公平。

mediatisieren: 被剥夺正位，中间化，媒介化。
an und für sich: 本身。
insofern ... als ...:（用于比较句）在……范围内，在……程度上，就……而言。
der Bezug: 关系，涉及（in Bezug zu etw.(D) stehen 意为与某物存在关系）。

der Reiz: 吸引力，魅力。

das Hauptaugenmerk: 主要注意力。
auf etw. (A) richten: 对准某物，集中于某物。
abgesehen von: 除……外，撇开……不谈。
umwandelbar: 不可改变的。
die Berechtigung: 有权利，有理由。
übersehen: 忽视。

wahrnehmen: 感知，意识。
die Aufeinanderfolge: 相继，连贯序列。
bahnen: 开辟道路。

[解析] 本节是一个句子，主体是由wenn引导的条件从句wollte ..., so würde ...，变位动词wollen提前，省去wenn。句[2]在语法和意义上为annehmen的宾语补足语，之后的两个dass从句对应darin，层层递进，继续解释annehmen的观点的内容。句[3]相当于annehmen的第三项内容，省略引导词dass。句[1]im Widerspruch mit etw. (D)意为与某事处于矛盾状态。bestehe, übertreffe是第一虚拟式，表转述他人意见。wären为第二虚拟式，在此同样表转述。die vorhergehende, die letzte, die bevorzugte, die vorhergehenden, der nachfolgenden 后面都省去了中心词Generation或复数Generationen。

[解析] 句[1]是一个简单句；mediatisiert为第二分词做形容词，意为中间化、媒介化了的，无正位的。句[2]是一个由insofern ... als ...引导的比较句。句[3]与句[2]并列，主语是sie。句[4]是简单句，语法上做behaupten的宾语成分。句[5]包含一个关系从句，dem为关联词，was为引导词；in ihrem eigenen Selbst与in ihrer Existenz是同位关系，in相当于auf，句中的各ihr均代指Epoche。

[解析] 本节是一个完整的句子。主句句[1]中，die Betrachtung带两个第二格der Historie和des individuellen Lebens。句[2]为由indem引导的方式从句，带情态动词的被动式 angesehen werden muss; der Betrachtung würdig意为值得考察的。

[解析] 句[1]带一个由wie引导的介词宾语从句，呼应darauf，主句中haben + zu表示情态主动含义，此处为"必须"。句[2]带一个dass引导的宾语从句，做finden的宾语，从句中的ihr代指Epoche，不一定译为她的或它的，可译为自己的。句[3]带一个由wenn引导的条件句，主句是一个带情态动词的被动式darf übersehen werden (übersehen在此是第二分词)；同时带一个was引导的名词性从句做被动态的主语，ihr代指Periode。

[解析] 句[1]带一个不定式um ... zu ... 表目的；主句haben + zu 表示必须。句[2]为简单句，sein + zu 表被动。句[3]带一个由dass引导的宾语从句，做behaupten的宾语; derselbe代指Fortschritt。句[4]是一个省略句，因为nicht出现在句[3]主句而非从句中，完整应为: sondern ich möchte behaupten, dass sich derselbe mehr wie ein Strom bewegt...；句[4]又带一个关系从句，关联词为Strom，从句引导词为der。

[1] Die Gottheit – wenn ich diese Bemerkung wagen darf, denke ich mir so, dass sie, [2] da ja keine Zeit liegt, die ganze historische Menschheit in ihrer Gesamtheit überschaut und überall gleichwert findet. [3] Die Idee von der Erziehung des Menschengeschlechts hat allerdings etwas Wahres an sich; [4] aber vor Gott erscheinen alle Generationen der Menschheit gleichberechtigt, und so muss auch der Historiker die Sache ansehen.

VII. [1] Ein unbedingter Fortschritt, eine höchst entschiedene Steigerung ist anzunehmen, soweit wir die Geschichte verfolgen können, im Bereiche der materiellen Interessen, [2] in welchen auch ohne eine ganz ungeheure Umwälzung ein Rückschritt kaum wird stattfinden können; [3] in moralischer Hinsicht aber lässt sich der Fortschritt nicht verfolgen.

[1] Die moralischen Ideen können freilich extensiv fortschreiten; [2] und so kann man auch in geistiger Hinsicht behaupten, [3] dass z.B. die grossen Werke, welche die Kunst und Literatur hervorgebracht, heutzutage von einer grösseren Menge genossen werden, als früher; [4] aber es wäre lächerlich, ein grösserer Epiker sein zu wollen, als Homer, oder ein grösserer Tragiker, als Sophokles.

2. Was von den sogenannten leitenden Ideen in der Geschichte zu halten sei

I. [1] Die Philosophen, namentlich aber die Hegelsche Schule hat hierüber gewisse Ideen aufgestellt, wonach die Geschichte der Menschheit wie ein logischer Prozess in Satz, Gegensatz, Vermittlung, in Positivem und Negativem sich abspinne. [2] In der Scholastik aber geht das Leben unter, [3] und so würde auch diese Anschauung von der Geschichte, dieser Prozess des sich selbst nach verschiedenen logischen Kategorien entwickelnden Geistes auf das zurückführen, was wir oben bereits verwarfen.

第2讲 兰克：《历史上的各个时代》

die Bemerkung: 简短的意见，注释。
wagen: 胆敢。
denken: 认为。
gleichwert: 同等价值的。
die Erziehung: 教育。
gleichberechtigt: 有同等权利的。

unbedingt: 无条件的。
soweit: 就……而言。
verfolgen: 跟踪。
materiell: 物质的。
das Interesse: 利益。
ungeheuer: 巨大的。
die Umwälzung: 彻底变革。

extensiv:（在量上）广大的。
die Hinsicht: 方面。
die Menge: 一大群。
genießen: 享受，赏玩。
der Epiker: 史诗作者，叙事诗人。
Homer: 荷马。
der Tragiker: 悲剧作家。
Sophokles: 索福克勒斯。

namentlich: 具名的，尤其是。
die Hegelsche Schule: 黑格尔学派。
aufstellen: 树立，提出。
der Prozess: 过程。
Satz, Gegensatz, Vermittlung:（黑格尔提出的）正题、反题、合题。
das Posivite, das Negative: 积极的，消极的（形容词的名词化形式）。
sich abspinnen: 没完没了地纺织，转意为没完没了地进行。
die Scholastik: 经院哲学。
untergehen: 消失，湮没，灭亡。
die Kategorie: 范畴。
auf etw. (A) zurückführen: 引回到某物，追溯、归因于某物。

[解析] 句[1]顺序较为复杂，按照正确语序应为Die Gottheit – wenn ich diese Bemerkung wagen darf, so denke ich mir, dass sie die ganze historische Menschheit in ihrer Gesamtheit überschaut und überall gleichwert findet, da ja keine Zeit vor ihr liegt；主句so denke ich mir 带一个由wenn引导的条件从句，又带一个由dass引导的denken的宾语从句，主语sie指代Gottheit；该宾语从句再带一个由da引导的原因从句句[2]，介词vor的宾语ihr同样指代Gottheit。

[解析] 主句句[1]有两个并列主语ein Fortschritt和eine Steigerung；soweit引导的从句表示就某个范围，插入主句中间，主句主干为ein Fortschritt ... ist anzunehmen im Bereich ...。句[2]为修饰Interessen的关系从句，关联词为Interesse，引导词为in welchen；注意从句中将来时+情态动词wird stattfinden können的变位，三个动词同时出现，动词顺序与在主句中相同；特别注意此处auch表让步，而非"也"。

[解析] 句[1]是一个简单句。句[2]带一个dass引导的从句句[3]，做behaupten的宾语补足语。句[3]又带一个关系从句，关联词为Werke，引导词为 welche；注意从句中主语和宾语的区分，此处可以根据动词单复数判断；dass从句的主干是一个被动式，dass ... die Werke ... genossen werden；grösser- 与als 构成比较。句[4]中的不定式形式是主句形式主语es的内容，可改为ein grösserer Epiker sein zu wollen wäre lächerlich；注意带情态动词的不定式，要将原变位动词放在zu后面，sein zu wollen。

[解析] 句[1]主句带一个同位语die Hegelsche Schule；另带一个关系从句，关联词为Ideen，引导词为wonach。句[2]是一个简单句。句[3]带一个关系从句，关联词为das，引导词为was；主句主干为so würden auch diese Anschauung von der Geschichte, dieser Prozess des Geistes auf das zurückführen；难点在于Prozess的扩展第二格 des sich selbst nach verschiedenen logischen Kategorien entwickelnden Geistes，其中动词entwickeln的第一分词做形容词，携带了它需要的多种补足语，sich代指Geist，是entwickeln要求的反身代词，nach带了一个很长的介词宾语，可展开为Prozess des Geistes, der sich selbst nach ... entwickelt，意为自身按不同逻辑范畴发展着的精神。

[1] Nach dieser Ansicht würde bloss die Idee ein selbständiges Leben haben; [2] alle Menschen aber wären blosse Schatten oder Schemen, welche sich mit der Idee erfüllten. [3] Der Lehre, wonach der Weltgeist die Dinge gleichsam durch Betrug hervorbringt und sich der menschlichen Leidenschaften bedient, um seine Zwecke zu erreichen, liegt eine höchst unwürdige Vorstellung von Gott und der Menschheit zugrunde; [4] sie kann auch konsequent nur zum Pantheismus führen; [5] die Menschheit ist dann der werdende Gott, der sich durch einen geistigen Prozess, der in seiner Natur liegt, selbst gebiert.

II. [1] Ich kann also unter leitenden Ideen nichts andres verstehen, als dass sie die herrschenden Tendenzen in jedem Jahrhundert sind. [2] Diese Tendenzen können indessen nur beschrieben, nicht aber in letzter Instanz in einem Begriff summiert werden, [3] sonst würden wir auf das oben Verworfene neuerdings zurückkommen.

[1] Der Historiker hat nun die grossen Tendenzen der Jahrhunderte auseinanderzunehmen und die grosse Geschichte der Menschheit aufzurollen, welche eben der Komplex dieser verschiedenen Tendenzen ist. [2] Vom Standpunkt der göttlichen Idee kann ich mir die Sache nicht anders denken, als dass die Menschheit eine unendliche Mannigfaltigkeit von Entwicklungen in sich birgt, welche nach und nach zum Vorschein kommen, [3] und zwar nach Gesetzen, die uns unbekannt sind, geheimnisvoller und grösser, als man denkt.

第 2 讲　兰克：《历史上的各个时代》

der Schatten: 阴影。
das Schema: 模板。
die Lehre: 学说。
der Weltgeist: 世界精神。
der Betrug: 欺骗。
sich etw. (G) bedienen: 利用某物，使用某物。
konsequent: 前后一致的，一贯的。
der Pantheismus: 泛神论。
werdend: 形成着的。
gebären: 诞下，生产。

die Instanz: 机关，机构。
summieren: 总结。
auf etw. (A) zurückkommen: 回归到某事物。

aufrollen: 展开（书卷）。
der Komplex: 总和，复合物。
zum Vorschein kommen: 显露出来。

[解析] 句[1]的重点词在Idee，只有理念才有独立生命力。句[2]带一个关系从句，关联词为Schatten oder Schemen，引导词为welche，welche在从句中做主语；句[3]主干为Der Lehre liegt eine Vorstellung zugrunde，意为这种学说以某种想象为基础；该句包含一个关系从句，关联词为Lehre，引导词为wonach，Lehre做从句中介词nach的宾语；der menschlichen Leidenschaften为复数第二格，做bedienen的第二格补足语；该句末尾的um zu不定式短语做补足语；sein指代Weltgeist。句[4]是一个简单句，sie代指Lehre。句[5]带一个关系从句，关联词为Gott，引导词为der；从句又带第二个关系从句，关联词为Prozess，引导词der在从句中做主语。

[解析] 句[1]带一个比较从句，由als dass引导，句式为nichts andres, als dass ...；从句主语sie指代leitende Ideen。句[2]是一个简单句，含带情态动词的被动式können beschrieben und summiert werden，两个实义动词并列。

[解析] 句[1]的动词主干为hat auseinanderzunehmen und aufzurollen (必须拆解，必须展开)；句[1]带一个关系从句，关联词为Geschichte，引导词为welche，welche在从句中做sein的第一格补足语。句[2]带比较从句，结构为nicht anders, als dass ...；比较从句中又带一个关系从句，关联词为Entwicklungen，引导词welche在从句中做主语。句[3]为一个介词短语，进一步补充说明welche (Entwicklungen)，带一个关系从句，关联词为Gesetzen；末句省略了句子主干(die aber) geheimnisvoller und grösser (sind), als ...；als引出一个比较从句。

修辞赏析

兰克是学习古代语言和神学出身，不仅逻辑思维缜密，表述清晰明确，而且富雄辩，讲节奏，文采斐然。本选文因是讲演稿，所以相对而言套句少，短句和省略句多。

学术德语的写作中经常出现被动态。当被动态与情态用法相结合时，写作者往往不采用情态动词 + V.(P. II) + werden的形式，而是使用sein + zu这一用法。相比前者的复杂语序与变位，后者更加简练而表意无穷。

sein + zu结构表示的是情态被动式，即"能够/必须被"的含义。如：

Wo ist der Fortschritt der Menschheit zu bemerken?

这句话的含义是：人类的进步在何处得以体现？

sein + zu结构可以被不同的结构替换，如：

Wo kann man den Fortschritt der Menschheit bemerken?

Wo lässt sich der Fortschritt der Menschheit bemerken?

与sein + zu结构相对应的是haben + zu，后者在选文中也有出现。haben + zu结构表示的是情态主动式，即"能够/必须"的含义。如：

Der Historiker hat auch den Unterschied zwischen den einzelnen Epochen wahrzunehmen.

这句话的含义是：史学家必须也要认识到单个时代之间的区别。换种表达方式就是：

Der Historiker muss auch den Unterschied zwischen den einzelnen Epochen wahrnehmen.

全文翻译

关于本次讲座，首先需要就两点达成共识：一是从哪个时段讲起，二是主要概念。先谈讲座的起始点。我们若要去考察很久远的时代、很偏僻的状态，那就离本次讲座的目的过于遥远。因为它们虽对当下仍有影响，但不过是间接的而已。为避免在历史中迷失方向，我们将从罗马时代讲起，因为这个时代汇聚了极为不同的重要因素。以下我们再就两点达成共识：一是普遍意义上的进步概念；二是与此相关的对"主导理念"的理解。

第2讲 兰克：《历史上的各个时代》

一、如何理解历史中的进步概念

若如某些哲学家认为的那样，人类整体是从一个既定的原始状态朝着一个积极的目标不断发展，那么似乎要以两种方式想象，即，要么有一个普遍的引导意志促使人类从一点向另一点发展，要么人类精神天性中似乎有某种趋向，驱动事物必然地向某个目标发展。——我认为这两种看法在哲学上站不住脚，在历史上无法证实。在哲学上，人们无法接受该观点，因为第一种情况[普遍意志引导]径直扬弃了人的自由，让人成为无意志的工具，在第二种情况中[人天性中有趋向]，则人就只能要么是上帝，要么什么都不是。这些观点历史上也无法证实。因为首先，人类绝大部分仍处于原始状态，处于开端阶段。其次，问题是：何为进步？人类的进步表现在哪里？——在伟大的历史发展进程中，有一些因素已在罗马和日耳曼国族中固定下来，此中倒是存在一个逐级发展的精神力量。在整个历史中，确乎有某种人的精神的历史力量是显而易见的，这是在原初时代就已奠定的运动，然后一直保持着某种持续性。只是归根到底，人类只有某个系统的人群参与了这场普遍的历史运动，而另一部分人却被排除在外。在一般意义上，我们也不能把那些正处于历史运动中的民族，视为处于持续的进步中。倘若我们把目光转向亚洲，就会看到，文化从那里发源，而且这块大陆经历了很多文化时期。只是整体来看，那里的运动更多是一种倒退式的，因为亚洲文化最古老的时代是最灿烂的时代，继之而来的第二个、第三个时代，也就是古希腊和古罗马元素占主导地位的时代，就已经逊色，及至蛮族——蒙古人——入侵，亚洲文化就彻底结束了。针对这一事实，有人想要求助于地理进步假说[文化进步有地理上的规律可循]。倘若有人认为，比如彼得大帝认为，文化是绕着地球转的，即文化源自东方，必将回到东方，那我必须从一开始就声明，这不过是一个空洞的宣称。此外，要避免一个谬误，即认为，多个世纪以来持续的进步同时包括人类本质和技能的所有分支。历史向我们展示，仅举一例，比如在近代，艺术在15和16世纪上半叶最为繁荣，相反在17世纪末和18世纪前七八十年，却大多走了下坡路。于文学同样如此，这门艺术也只在某些时期真正繁荣，历史并未显示，它在千百年中不断向更高水平发展。倘若我们排除地理发展法则，倘若我们另一方面看到，正如历史教导我们的，在很多民族中已开始的发展不总是包括各个领域，而这些民族可能走向没落，那么我们就会更清楚认识到，人类持续的运动到底在何处。人类持续发展是因为，掌控人类的大的精神趋势时而分开，时而联合。在这些趋势中总有某个个别的倾向占得上风并使得其余的退居其后。比如16世纪下半叶宗教因素占得上风，文学相对就靠边站了。相反18世纪对功利的追求赢得了市场，艺术及其相关活动就要退让。可见人类每个时期都表现出某种大的趋势，而进步的基础就在于，每个时段都有一定的人的精神的运动，它交替推出不同的趋势并在其中显示自己的特性。倘若与上述观点相反，认为进步表现在人类的生命在每一个时代都会大幅提升，或每一代都完全超过前一代，故而最后出现的一代就是更受欢迎的，而此前各代不过是后代的传送者，那么，这就成了神的不公（就等于说神是不公正的）。这样一个几乎只是过渡性（没有正位）的一代本身不会有意义。这样一代的意义仅在于，它是通往后一代的阶梯，与神之间并不存在直接关联。而我却认为，每一个时代都直接与神产生关联，每一个时代的价值都不在于从它里面产生了什么，而是只在于它的存在，在于它自己本身。只有当人们必须把每一个时代都看作是自身有效的，认为每一个时代都极具考察价值，那么对历史的考察，尤其是对历史中个体生命的考察，就获得了完全特殊的吸引力。故而，历史学家首先必须集中考察，人在某一时段如何思想和生活，这样就会发现，除了某些不可改变的永恒的主要理念，如道德理念，每个时期都有自己特殊的趋势和特有的理想。既是每个时期自身便有存在的权利和价值，也就断乎不得忽视从其中发展出来的东西了。此外，历史学家必须意识到各个时期之间的不同，从而考察相继发生的历史事件的内在必然性。在此可以看到某种进步，但我不想因此认为这种进步是一种线性运动，而是认为它更像一个以自己的方式为自身开辟道路的潮流。神——恕我直言，我认为它在人类历史的总体性中俯瞰整个历史上的人类，在它看来，各个时期都是等值的，因为在神面前没有时间（区别）。人类教育的理念或许本身有真理可寻，然而在上帝面前，人类每一代都有平等权利，而历史学家必须这样看待问题。无条件的进步、最大程度绝对的上升，在我们能够观察到的历史中，发生在物质利益方面，就物质利益方面来讲若非出现巨大变革，则几乎不会发生倒退；在道德方面则无这样的进步可寻。当然，在道德理念方面，可以发生量的方面的进步；同样在量的方面，人们也可以认为精神领域有所进步，比如对于文学艺术中的伟大作品，如今比以前有更多受众欣赏，但如果要想成为一个比荷马更伟大的史诗诗人，或要想成为一个比索福克勒斯更伟大的悲剧作家，那就贻笑大方了。

二、如何看待历史中所谓诸主导理念

哲学家们，尤其是黑格尔学派就此提出了某些理念，根据这些理念，人类历史如同一个逻辑进程，按正题、反题、合题，或按积极、消极规律无限发展。然而在经院哲学中，生命本身消失了，同样，这种历史观，这种自身按不同逻辑范畴发展的精神的进程，其基础便是我们上文已经摒弃的观点。按彼观点，便只有理念才具有独立的生命力，所有人都不过是用理念填充的阴影和模板。按彼学说，世界精神差不多是通过欺骗来创造事物并利用人的激情，来达到自己的目的。而这种学说的基础是极端的对神和人的不恰当的想象，它不过径直引向泛神论。于是人就成为形成中的上帝，成为借助蕴于天性中的精神进程诞生自己的上帝。我理解的主导理念不是别的，正是每一个世纪占主导地位的趋势，然而人们只能描述这些趋势，却不能最终用一个概念来概括总结，否则我们就又重回到上述所摒弃的观点。历史学家的任务是，拆析多个世纪的大趋势，展开人类的伟大历史，这历史本就是不同趋势的结合体。从神的理念的立场来看，我认为人类蕴藏着无限多样的发展可能性，它们将逐渐显露，而且是按照我们所不知的法则，这些法则比人想象的更充满奥秘、更伟大。

拓展阅读

他〔兰克〕的和谐的天性使他在某种程度上看不见情感的巨大浪潮和激情的爆发，看不见生活里的崇高事物和堕落状态。幸好，他未曾实行他编写法国革命史的计划。无论在讲述个人或民族方面，他都最习惯于人类经验里的"中间地带"。他的著作在另外一个方向上是不完全的。在编写国家的历史和说明欧洲制度的发展之后，他本应描述人民的生活和那些支配并解释行动的思想，但他没有这样做。他有一种过多地从会议室窗口来瞭望事件的倾向，因而忽略了群众，轻视了经济力量的压力。《威尼斯的报告》——这些文献有助于他的成名，但他对于这些文件也稍嫌估价过高——曾对他的意向产生了持久的影响。最重要的是，由于更多地注意社会的演进，后来的一辈已超越了他的理论和实践范围。

对于兰克为历史所作的贡献，我们可以很快地总结出来。第一，他尽最大可能把研究过去同当时的感情分别开来，并描写事情的实际情况。他的态度，在他为格维纳写的讣告中比在任何其他地方都说得更为简明扼要。"他〔格维纳〕常常说，科学必须同生活建立关系。说得很对，但那必须是真正的科学。如果我们先选定一个观点，而后把它放到科学里去，那么，就是生活对科学起作用，而不是科学对生活起作用了。"兰克一般对自己的坚定看法是秘而不宣的。在他的剧本里，英雄既很少，歹徒也不多。第二，他建立了论述历史事件必须严格依据同时代的资料的原则。他不是第一个使用档案的人，但却是第一个善于使用档案的人。在他开始写作时，著名的历史家都相信回忆录和编年史是首要的权威资料。而在他停笔时，每个历史家，无论后来成名的或没有成名的，都已学会了只满意于当事者本人以及同他所述事件有过直接接触的人的文件和通讯。第三，他按照权威资料的作者的品质、交往和获得知识的机会，通过以他们来同其他作家的证据对比，来分析权威性资料（不论它是当代的也好，不是当代的也好），从而创立了考证的科学。从此，每个历史家必须弄明提供他情况的人是从哪里获得他的资料的。兰克的功劳是：使近代欧洲史更加能为人们充分地了解，阐明了欧洲的统一性并描写了历史戏剧中的主要角色。阿尔内特向他祝贺，因为他给每个国家提供了一部杰作。兰克是近代时期最伟大的历史家，不仅因为他创立了研究资料的科学方法，因为他具有无与伦比的公平品质，而且因为他的才能和长寿使他能够比所有其他历史家生产更多的第一流著作。正是这位史学界中的歌德，使德国在欧洲赢得了学术上的至高无上地位，直到今天他仍是我们所有人的师表。

乔治·皮博迪·古奇：《十九世纪历史学与历史学家》（上册），耿淡如译，商务印书馆，1989年，第214—215页。

课后练习

[1] Der Begriff des Fortschrittes, mit dem sich unsre einleitende Betrachtung vornehmlich beschäftigte, ist, wie wir sahen, nicht anwendbar auf verschiedene Dinge. [2] Er ist nicht anwendbar auf die Verbindung der Jahrhunderte im allgemeinen; [3] d. h. man wird nicht sagen dürfen, daß ein Jahrhundert dem andern dienstbar sei. [4] Ferner wird dieser Begriff nicht anwendbar sein auf die Produktionen des Genius in Kunst, Poesie, Wissenschaft und Staat; [5] denn diese alle haben einen unmittelbaren Bezug zum Göttlichen; [6] sie beruhen zwar auf der Zeit, aber das eigentlich Produktive ist unabhängig von dem Vorhergängigen und dem Nachfolgenden. [7] So z. B. ist Thucydides, der die Geschichtschreibung eigentlich produziert hat, in seiner Weise unübertrefflich geblieben.

[8] Ebensowenig würde ein Fortschritt anzunehmen sein in dem individuell moralischen oder religiösen Dasein, denn dieses hat auch eine unmittelbare Beziehung zur Gottheit. [9] Nur das könnte man zugeben, daß die früheren Begriffe der Moral unvollkommen waren; [10] aber seitdem das Christentum und mit ihm die wahre Moralität und Religion erschienen ist, konnte hierin kein Fortschritt mehr stattfinden.

Aus *Über die Epochen der neueren Geschichte*

1. 分析句[1]的结构。
2. 分析句[3]的结构。
3. 将句[1]、句[3]中的-bar + sein句式改写为sein + zu句式。
4. 翻译句[8]。

第2讲 兰克：《历史上的各个时代》

附录

● **历史学术语**

1. Historiker: 历史学家

2. Historiograph: 历史编纂者

3. Historismus: 历史主义

4. Quellenkritik: 史料考据

5. Immanenz: 内在性

6. Historiographie: 历史编纂，历史书写

7. Julirevolution: 七月革命

8. Monarchie: 君主制

9. Volkssouveränität: 人民主权

10. res publica christiana: 基督教共和国

11. Ultramontanismus: 越山主义（19世纪初开始的天主教政治思潮，主张心向罗马，维护教宗的最高权威）

12. Hegelsche Schule: 黑格尔学派

13. Scholastik: 经院哲学

14. logische Kategorien（Pl.）: 逻辑范畴

15. Weltgeist: 世界精神

16. Pantheismus: 泛神论

● **选文和参考译文**

F. L. v. Ranke: *Über die Epochen der neueren Geschichte*, hrsg. v. Theodor Schieder u. Helmut Berding, München 1971, S. 53—67.

利奥波德·冯·兰克：《历史上的各个时代：兰克史学文选之一》，斯特凡·约尔丹、耶尔恩·吕森编，杨培英译，北京大学出版社，2006年，第5—9页。

● **兰克重要著作一览**

Geschichten der romanischen und germanischen Völker von 1494 bis 1514 (1824)（《拉丁与条顿民族史：1494年至1514年》）

Die römischen Päpste in den letzten vier Jahrhunderten (1834—1836)（《教宗史》）

Deutsche Geschichte im Zeitalter der Reformation (1839—1847)（《宗教改革时期的德意志史》）

Französische Geschichte vornehmlich im 16. und 17. Jahrhundert (1852—1861)（《16、17世纪法国史》）

Englische Geschichte vornehmlich im 16. und 17. Jahrhundert (1859—1869)（《16、17世纪英国史》）

Zwölf Bücher preußischer Geschichte (1878—1879)（《十二卷普鲁士史》）

Weltgeschichte (1880—1888)（《世界史》）

● 拓展阅读

Leopold von Ranke: *Sämmtliche Werke*, Duncker und Humblot 1867.

利奥波德·冯·兰克：《世界历史的秘密：关于历史艺术与历史科学的著作选》，罗格·文斯编，易兰译，复旦大学出版社，2012年。

乔治·皮博迪·古奇：《十九世纪历史学与历史学家》（上册），耿淡如译，商务印书馆，1989年。

钱穆：《中国历代政治得失》，生活·读书·新知三联书店，2001年。

格奥尔格·伊格尔斯：《二十世纪的历史学：从科学的客观性到后现代的挑战》，何兆武译，山东大学出版社，2006年。

易兰：《兰克史学研究》，复旦大学出版社，2006年。

第3讲　马克思、恩格斯：
《共产党宣言》
Lektion 3　Karl Marx und Friedrich Engels: *Manifest der Kommunistischen Partei*

作者学术生平

Karl Marx (1818—1883) war ein deutscher Philosoph, Ökonom, Gesellschaftstheoretiker, politischer Journalist, Theoretiker des Sozialismus. **Friedrich Engels** (1820—1895) war ebenso ein deutscher Philosoph, Gesells-chaftstheoretiker, Historiker, Journalist und kommunistischer Revolutionär. Zusammen wurden die beiden zum einflussreichsten Theoretiker des Sozialismus und Kommunismus.

Persönlich und politisch wichtig wurde die freundschaftliche Verbindung zu Engels. In den erst postum publizierten *Ökonomisch-philosophischen Manuskripten* hat Marx vor allem eine einflussreiche Konzeption von „Entfremdung" entwickelt. Er übernimmt von Hegel die Denkfigur der Dialektik und versucht, sie durch eine Verbindung mit dem Materialismus in Form eines „dialektischen Materialismus" zu stellen.

Kurz vor Ausbruch der 1848er Revolution erfüllten Marx und Engels den Auftrag des Bundes der Kommunisten, eine Programmschrift der Bewegung zu verfassen. Es gelang beiden Autoren, eine der berühmtesten Schriften des wissenschaftlichen Sozialismus zu verfassen.

Dabei ist es die Verbindung einer Kritik der politischen Öffentlichkeit gegenüber den Vorurteilen über Kommunisten mit politisch-ökonomischer Argumentation und politischer Agitation für eine revolutionäre Veränderung und bessere Zukunft, die den Nerv von Krisenzeiten der bürgerlichen

Gesellschaften seither trifft. Dort wird auch der „nächste Zweck des Kommunisten" klar benannt: „Bildung des Proletariats zur Klasse, Sturz der Bourgeoisieherrschaft, Eroberung der politischen Macht durch das Proletariat".

卡尔·马克思（1818—1883），德国哲学家、经济学家、社会理论家、政治记者、社会主义理论家。**弗里德里希·恩格斯**（1820—1895），德国哲学家、社会理论家、历史学家、记者、共产主义革命家。马克思与恩格斯同为最有影响力的社会主义及共产主义理论家。

马克思与恩格斯之间的友谊，不论对于马克思个人而言还是在政治层面上，都是十分重要的。在他去世后才出版的《经济学哲学手稿》中，马克思发展出有影响力的"异化"理论。他吸收了黑格尔的辩证法思想，并试图将其与唯物主义相结合，从而形成了"辩证唯物主义"。

1848年革命爆发前不久，马克思和恩格斯受共产主义者同盟的委托，撰写了一份行动纲领。两位作者也因此成功创作了科学社会主义最为著名的著作之一。

面对世人对共产主义者的偏见，《共产党宣言》对政治公共领域进行了批判，将政治经济学层面的论证和对实现革命变革和争取更美好未来的政治鼓动相结合，触动了资产阶级社会危机时代的神经。《共产党宣言》明确提出了"共产主义者的下一个目的"："将无产者塑造成阶级，推翻资产阶级统治，无产阶级夺取政权。"

编者导读

《共产党宣言》之所以成为纲领性文献，是因为它结合了对政治公共领域的批判、政治经济层面的学术论证和对革命变革的政治鼓动。本文节选了《共产党宣言》开头和结尾部分。由于宣言文体本身的要求，句子结构相对简单，句式灵活，多有插入语、同位语，兼有对仗、排比等修辞，有理有据，铿锵有力，朗朗上口，适于宣传。

但《共产党宣言》呈现出的特点并非马克思著作的典型风格。马克思曾系统接受德国古典哲学的滋养和训练，他的其他著作多以重大的本体论和形而上学问题为经纬，逻辑思维缜密，语言艰涩，尤其像《资本论》这样学术和思辨性极强的作品，风格与宣言截然不同。

本选文的译文经几代人千锤百炼，十分经典，于原文无一词旁落，却又非硬译，而是力求与原文神似，很好地体现出了汉语文脉贯通的特点。

　　故本讲以之为例，在每段解析后附上对翻译规律和翻译技巧的讲解。讲解试图以实例来说明，如何在意思等价前提下灵活处理具体问题，具体的技巧则涉及词语搭配、主谓宾等句子结构搭配、长句分割、改变词性、简繁处理、词义色彩拿捏，尤其是小品词处理等层面。细节虽多，精髓和主旨只有一个：译文要融会贯通，符合汉语表达习惯。

选文纵览

[1] Ein Gespenst geht um in Europa – das Gespenst des Kommunismus. [2] Alle Mächte des alten Europa haben sich zu einer heiligen Hetzjagd gegen dies Gespenst verbündet, der Papst und der Zar, Metternich und Guizot, französische Radikale und deutsche Polizisten.

[1] Wo ist die Oppositionspartei, die nicht von ihren regierenden Gegnern als kommunistisch verschrien worden wäre, [2] wo die Oppositionspartei, die den fortgeschritteneren Oppositionsleuten sowohl wie ihren reaktionären Gegnern den brandmarkenden Vorwurf des Kommunismus nicht zurückgeschleudert hätte?

Zweierlei geht aus dieser Tatsache hervor.

Der Kommunismus wird bereits von allen europäischen Mächten als eine Macht anerkannt.

[1] Es ist hohe Zeit, daß die Kommunisten ihre Anschauungsweise, ihre Zwecke, ihre Tendenzen vor der ganzen Welt offen darlegen und dem Märchen vom Gespenst des Kommunismus ein Manifest der Partei selbst entgegenstellen.

第3讲　马克思、恩格斯：《共产党宣言》

das Gespenst: 幽灵。
umgehen: 游荡。
der Kommunismus: 共产主义。
die Hetzjagd: 围猎。
verbünden: 联合。
der Papst: 教皇。
der Zar: 沙皇。
Metternich: 梅特涅，哈布斯堡王朝首相，复辟和保守代表。
Guizot: 基佐，1847—1848年任法国首相，属保守派。
der Radikale: 极端主义者，按形容词变化。

【解析】句[1]中破折号后的成分做 ein Gespenst 的同位语，补充说明 Gespenst。句[2]中 der Papst und der Zar 等三组名词做 alle Mächte 的同位语，对上位词进行补充说明。

【翻译技巧】注意句[1]的处理："共产主义的幽灵"作为**同位语**提前，与主干成分"**在欧洲游荡**"**调换位置**；注意把德语中经常出现的**动词化名词** Hetzjagd **转换为动词**，然后**添字补全结构**，"对……进行围剿"。

die Oppositionspartei: 反对党。
regierend: 执政的。
der Gegner: 反对者。
verschreien: 诋毁。
fortgeschritten: 进步的。
sowohl wie: 以及。
reaktionär: 反动的。
brandmarkend: 打上烙印的。
der Vorwurf: 指责。
zurückschleudern: 抛回，扔回。

【解析】句[1]是一个特殊疑问句，带一个关系从句，由 die 引导，关联词为 die Oppositionspartei，句中 verschrieen worden wäre 为被动式的虚拟式。句[2]与句[1]是并列句，结构相同；注意句[2]带起的关系从句的语序：die (Oppositionspartei) schleudert den Oppositionsleuten（第三格复数）und ihren Gegnern（第三格复数）den Vorwurf（第四格单数）zurück。

【翻译技巧】句[1]中的 ihr 译为"它的"，在单复数不影响句意表述时略去了原文中的复数；regierend 译为"正在统治的"略显啰嗦，**简化为"当政的"**以缩短定语长度。句[1]、句[2]两个并列句**加连词"又"**，使文脉更加畅通；用"这个"取代通常会用的"的"，既**指代明确**，又不显啰嗦。句[2]中的 ihr 同上，这里可译为"自己的"以避免重复；zurückschleudern 译为"回敬"，**词义色彩符合檄文语气**。

zweierlei: 两种，两类。
aus etw. (D) hervorgehen: 从某事得出结论。

anerkennen: 承认。

【翻译技巧】将 zweierlei 补全为"结论"二字，意思更完整，宣言的语气更为铿锵。

【翻译技巧】"公认"显然比"承认"更有力量和说服力，**词义色彩更符合语境**。

hohe Zeit sein: 是时候了。
die Anschauungsweise: 观点。
darlegen: 说明，表明。
das Manifest: 宣言。
entgegenstellen: 反对，对抗。

【解析】句[1]实际主语为 dass (daß) 从句，形式主语为 es。

【翻译技巧】"现在是……时候了"，译文相当于为符合汉语的语用习惯而把德语的主句结构**拆开**；介词 vor 原指"在……面前"，这里处理为"向"，保持了原文的基本指向，同时符合汉语习惯用法；代词 ihr，没有直译为"她们的"，而是译为"自己"，指代更为明确，也更符合汉语习惯——**物主代词**很多情况下译为"自己"更为贴切；entgegenstellen（对抗）译为"反驳"，在谓语宾语搭配上更符合习惯，同时加强檄文和宣言效果；这里的"关于"二字要添加，否则"反驳共产主义幽灵的神话"不通；"幽灵"本对应原文的"童话"，译文改为"神话"，或亦为加强语气和气势。

[1] Zu diesem Zweck haben sich Kommunisten der verschiedensten Nationalität in London versammelt und das folgende Manifest entworfen, [2] das in englischer, französischer, deutscher, italienischer, flämischer und dänischer Sprache veröffentlicht wird.

I. Bourgeois und Proletarier

Die Geschichte aller bisherigen Gesellschaft ist die Geschichte von Klassenkämpfen.

[1] Freier und Sklave, Patrizier und Plebejer, Baron und Leibeigener, Zunftbürger und Gesell, kurz, Unterdrücker und Unterdrückte standen in stetem Gegensatz zueinander, führten einen ununterbrochenen, bald versteckten, bald offenen Kampf, einen Kampf, [2] der jedesmal mit einer revolutionären Umgestaltung der ganzen Gesellschaft endete oder mit dem gemeinsamen Untergang der kämpfenden Klassen.

[1] In den früheren Epochen der Geschichte finden wir fast überall eine vollständige Gliederung der Gesellschaft in verschiedene Stände, eine mannigfaltige Abstufung der gesellschaftlichen Stellungen. [2] Im alten Rom haben wir Patrizier, Ritter, Plebejer, Sklaven; im Mittelalter Feudalherren, Vasallen, Zunftbürger, Gesellen, Leibeigene, und noch dazu in fast jeder dieser Klassen besondere Abstufungen.

第3讲 马克思、恩格斯：《共产党宣言》

sich versammeln: 聚会。
folgend: 以下的，如下的。
entwerfen: 起草。
flämisch: 弗拉芒语的。
dänisch: 丹麦语的。
veröffentlichen: 发表。

[解析] 主句句 [1] 是简单句，包括两个动词 versammeln 和 entwerfen。句 [2] 是一个由 das 引导的关系从句，关联词为 das Manifest，该句为被动态。

[翻译技巧] 句 [1] 中 verschiedenste Nationalitäten 直译为"最不同的民族（或国族）"，**简化**译为"各国"，既准确又简练；德语连词 und **省略**不译，不拖泥带水。句 [2] 为关系从句，译文处理得也简单而巧妙：原文中此从句的主语为"宣言"，而汉译将主语转为"共产党人"，一方面遵循了汉语少用被动式的习惯，另一方面又巧妙与前句连贯起来，共用了同一个主语。

bisherig: 到目前为止的。
der Klassenkampf: 阶级斗争。

[解析] 此句为简单句，第一个 Geschichte 带一个第二格补足语修饰，第二个 Geschichte 带一个 von 引导的介词补足语修饰。

[翻译技巧] aller bisherig 直译为"一切到现在为止的"，翻译时**颠倒词序**，"至今一切"符合汉语习惯；原文中没有直接对应的"都"，加一个**衬字**，在汉语中呼应"一切"，文脉更加畅通。

der Freier: 自由民。
der Sklave: 奴隶（弱变化名词）。
der Patrizier: 城市贵族。
der Plebejer: 城市平民。
der Baron: 男爵。
der Leibeigene: 农奴（按形容词变化）。
der Zunftbürger: 行会市民，手工市民。
der Gesell: 帮工。
kurz: 短的（在此意为一言以蔽）。
der Unterdrücker: 压迫者。
der Unterdrückte: 被压迫者。
stet: 持续的。
der Gegensatz: 对峙，对抗。
ununterbrochen: 不间断的。
versteckt: 隐蔽的。
revolutionär: 革命的。
die Umgestaltung: 改造。
der Untergang: 毁灭。

[解析] 句 [1] 包含两个主干动词 stehen 和 führen；kurz 前的名词罗列作为 Unterdrücker 和 Unterdrückte 的内容以及同位语。关系从句句 [2] 由 der 引导，关联词为 Kampf；从句主干是两个 enden mit，第二个 enden 省略。

[翻译技巧] 原文中 Baron 直译为"男爵"，原文也是以其借代封建领主，译文领会**原文修辞**，取神似而非形似，与农奴相对应译为"领主"；同样，行会"师傅"，也未硬译为"市民"。"的地位"系**添加词**，呼应汉语的"处于"。本句译文处理巧妙的是，在拆分定语从句时，把 der (Kampf) endet jedesmal mit（斗争每一次都以……结束）**转化词性**，变为"每一次斗争的结局"，动词"结束"变为名词"结局"，相应的，用于说明结束状态的 mit 结构也顺理成章地被扩写为动词结构，原本冗长的伴随状语变为句中各个成分，句式更加清晰易懂。

vollständig: 完整的。
die Gliederung: 划分。
der Stand: 等级。
mannigfaltig: 多种多样的。
die Abstufung: 分层，层次。
der Ritter: 骑士（阶层）。
der Feudalherr: 封建领主。
der Vasall: 封臣，臣仆，附庸（弱变化名词）。

[解析] 句 [1] 为简单句，动词 finden 带两个宾语 Gliederung 和 Abstufung，in 是与 Gliederung 的动词 gliedern 搭配的介词，要求第四格。句 [2] 为简单句，haben 带三组宾语，对应了三个限定性状语，即 im alten Rom, im Mittelalter 和 und noch dazu in fast jeder dieser Klassen。

[翻译技巧] 句 [1] 中的 Gliederung 是动词 gliedern 的名词形式，非常不好翻译和处理，译文将名词重新复原为动词，而 Gliederung der Gesellschaft 恢复后的动词句是一个被动态：die Gesellschaft wird in verschiedene Stände gegliedert，因此汉语的处理为"社会完全（被）划分为……"；译文接着在第二部分宾语前又**添加**了一个"看到"，一方面提醒读者此句的谓语与上句相

45

[1] Die aus dem Untergang der feudalen Gesellschaft hervorgegangene moderne bürgerliche Gesellschaft hat die Klassengegensätze nicht aufgehoben. [2] Sie hat nur neue Klassen, neue Bedingungen der Unterdrückung, neue Gestaltungen des Kampfes an die Stelle der alten gesetzt.

[1] Unsere Epoche, die Epoche der Bourgeoisie, zeichnet sich jedoch dadurch aus, daß sie die Klassengegensätze vereinfacht hat. [2] Die ganze Gesellschaft spaltet sich mehr und mehr in zwei große feindliche Lager, in zwei große, einander direkt gegenüberstehende Klassen: Bourgeoisie und Proletariat.

[1] Aus den Leibeigenen des Mittelalters gingen die Pfahlbürger der ersten Städte hervor; [2] aus dieser Pfahlbürgerschaft entwickelten sich die ersten Elemente der Bourgeoisie.

[1] Die Entdeckung Amerikas, die Umschiffung Afrikas schufen der aufkommenden Bourgeoisie ein neues Terrain. [2] Der ostindische und chinesische Markt, die Kolonisierung von Amerika, der Austausch mit den Kolonien, die Vermehrung der Tauschmittel und der Waren überhaupt

第3讲 马克思、恩格斯：《共产党宣言》

同，又使宾语成分不至过分冗长，且意思更为明确；Abstufung 的处理同 Gliederung。在句 [2] 中，译文首先**省略修辞举例性的"我们拥有"**(wir haben)，而直接用"有"；把德语的"几乎"按照汉语语序**提至介词之前**，成为"几乎在"；没有把 jeder dieser Klassen 硬译为"在这些阶级中的一个阶级"，而是译为**意思等价**的"每一个阶级"；没有把 in 译为"在……中"，而是译为"在……内部"，避免了欧化的、生硬的汉语；最后，Abstufungen 是复数名词，译文**添加**"一些"突出复数的含义。

bürgerlich: 市民的，资产阶级的。
aufheben：扬弃。
die Unterdrückung: 压迫。
etw. (A) an die Stelle etw. (G) setzen: 以某物（第四格）取代某物（第二格）。

【解析】句 [1] 为简单句，aus ... hervorgegangene 扩展第二分词做 Gesellschaft 的定语。句 [2] 为简单句，带三个并列宾语；der alten 后省略了之前出现的 Klassen, Bedingungen 和 Gestaltungen，主语 sie 指代上一句的 Gesellschaft。

【翻译技巧】"出来""并"等**衬字**使汉译语气更为连贯；把"以"换为"用"可以**去欧化**。

die Bourgeoisie: 资产阶级。
sich durch etw. (A) auszeichnen: 以某特征突出。
vereinfachen: 简单化。
sich spalten: 分裂。
feindlich: 敌对的。
das Lager: 阵营。
gegenüberstehend: 对应的。

【解析】句 [1] 中 die Epoche der Bourgeoisie 做 unsere Epoche 的同位语；由 dass(daß) 引导的从句作为介词宾语呼应 dadurch，sie 代指上句 unsere Epoche。句 [2] 中两个 in 接两个并列的介词补足语。

【翻译技巧】"但是"对应副词 jedoch，根据汉语习惯**提前到句首**，充当**转折连词**，并在下文添加一个呼应的"却"。sich durch etw. (A) auszeichnen（以某特征突出），汉译**简化**为"有一个特点"**加冒号**，简洁明了，重点突出。die Klassengegensätze vereinfachen（简单化了阶级对立），汉译时变为使动句，更**符合汉语习惯**，突出"简单化"，"简单化"也更为**书面、正式**。mehr und mehr（越来越）在宣言中显啰嗦，汉译为"日益"，**简练、文雅**，符合宣言语气。"为"对应被重复的介词"in"，相应的，汉译**添加并重复了支配介词的动词"分裂"**，化本应为顿号隔开的两个介词成分为两个并列单句，符合原文的排比语气，意思更为明确。

der Pfahlbürger: 城关市民。
die Pfahlbürgerschaft: 市民（状态，情况，性质）。
das Element: 因素，分子。

【翻译技巧】die ersten Städte（第一批的、最早的城市）翻译时因汉语无最高级，**简化为等价**的"初期"城市，下"最初的"同；前面已经有了城关市民，第二次出现时，汉译用"这个市民等级"指代，**避免重复**；像 -schaft 这样抽象的表状态、情况、性质的名词后缀，汉语很不好译，要**根据上下文酌情处理**，译文根据上下文意思，译为"市民等级"。

die Umschiffung: 绕过……的航行。
aufkommen: 站起，出现。
das Terrain: 地区，地带。
ostindisch: 东印度的。
die Kolonisierung: 殖民，殖民化。
die Kolonie: 殖民地。
die Vermehrung: 增多。
das Tauschmittel: 交换手段。

【解析】句[1]为简单句，有两个并列主语,动词带"人三物四"两个宾语补足语。句 [2] 为简单句，有四组主语，由 und 分成两部分，基本结构是 geben 加"人三物四"两组宾语补足语。

【翻译技巧】在"航行"(Umschiffung) 后加逗号，在不破坏汉语连贯性的前提下**避免长句**。der aufkommenden Bourgeosie ein meues Terrain schaffen 直译"给正在上升的资产阶级创造了新平台"，汉译"给

gaben dem Handel, der Schiffahrt, der Industrie einen nie gekannten Aufschwung und damit dem revolutionären Element in der zerfallenden feudalen Gesellschaft eine rasche Entwicklung.

[1] Die bisherige feudale oder zünftige Betriebsweise der Industrie reichte nicht mehr aus für den mit neuen Märkten anwachsenden Bedarf. [2] Die Manufaktur trat an ihre Stelle. [3] Die Zunftmeister wurden verdrängt durch den industriellen Mittelstand; [4] die Teilung der Arbeit zwischen den verschiedenen Korporationen verschwand vor der Teilung der Arbeit in der einzelnen Werkstatt selbst.

[1] Aber immer wuchsen die Märkte, immer stieg der Bedarf. [2] Auch die Manufaktur reichte nicht mehr aus. [3] Da revolutionierte der Dampf und die Maschinerie die industrielle Produktion. [4] An die Stelle der Manufaktur trat die moderne große Industrie, [5] an die Stelle des industriellen Mittelstandes traten die industriellen Millionäre, die Chefs ganzer industrieller Armeen, die modernen Bourgeois.

die Schifffahrt: 航船，航海。
der Aufschwung: 高涨。
zerfallend: 正在崩溃的。

zünftig: 行会式的。
die Betriebsweise: 经营方式。
ausreichen: 满足。
anwachsend: 成长的，增长的。
der Bedarf: 需求。
die Manufaktur: 手工场，手工制造业。
der Zunftmeister: 行会师傅。
verdrängen: 驱走，排挤掉。
industriell: 工业的。
der Mittelstand: 中间等级，中产阶级。
die Teilung: 分配。
die Korporation: 团体。
verschwinden: 消失。
die Werkstatt: 作坊。

revolutionieren: 革命。
der Dampf: 蒸汽。
die Maschinerie: 机器，机组。
der Millionär: 百万富翁。
die Armee: 军队。
der Bourgeois: 资产者。

新兴的资产阶级开辟了新天地"，**意思等价**，换为更为贴切和形象的表达。"与、同、和"（mit）殖民地的贸易，会表达与殖民地贸易的平等关系，仅**改一字**为"对"，就改变了**词义色彩**，表达出强加和不平等的意思。**überhaupt** 也是一个不好处理的词，德语中是个副词，表"总而言之、终究、尤其"等意思，译文**改变词性**为形容词"一般的"，移动成为 Waren 的定语，意思贴切、等价。geben 加"人三物四"，一般译为"给……带来……"，译文根据第四格补足语是动词名词化的特点，**恢复名词的动词词性**，译为"使……高涨""使……发展"，简练而有力，原文修饰名词化动词的形容词随之变为副词："空前的"变为"空前（地）"，"迅速的"变为"迅速（地）"，geben 由此在一定程度上承担了功能动词的用法。原文"商贸"（Handel）、"航海"（schifffahrt）都没有特别带"业"字，为构成与汉语中"工业"（Industrie）的排比，与原文**修辞等价**，译文添加了"业"字。nie gekannt（从来不曾认识的）译为等价的"空前"，**简练，文雅**。因 zerfallend 是 zerfallen（崩溃）的第一分词表进行时，汉译**添加**"正在"。

【解析】句 [1] 为简单句，Bedarf 前有一个扩展定语 mit neuen Märkten anwachsenden [随新市场（出现）而增加的……]。句 [2] 为简单句，ihr 代指前文提到的 Betriebsweise。句 [3] 为被动态，durch 后跟动作的施动者，即主动态中的主语。

【翻译技巧】把 bisherig（直到现在的）译为"以前那种"**取意译**。介词 mit 译为"随着"，原文若直译为"随着新市场而增加的"则不通，故加"的出现"成为"随着新市场的出现而增加的"，成为符合**汉语搭配习惯**的搭配（末句同）。an ihre Stelle 直译为"代替了它的位置"，指代不明，为避免误解，译文进一步在指示代词后**重新强调指代的名词**，一目了然。Korporation 是合作社团、组织的意思，译文根据上下文添加"行业"，成为"行业组织"，意思明确，文脉连贯。selbst 是强调"自身"，译时添加"内部"，**等价化用**了 selbst，虽未出现"自身"字样，但意思并未旁落。

【解析】句 [1] 包含两个并列的简单句。句 [3] 为简单句，注意两个单数名词做主语表示整体时，动词变位按单数。句 [4]、句 [5] 两句是结构相同的两个简单句，Chefs 和 Bourgeois 是 Millionäre 的同位语。

【翻译技巧】die Märkte wachsen, der Bedarf Steigt 直译为"市场在生长""需求在上升"，不符合**汉语词语搭配习惯**，故译为"市场扩大""需求增加"。直译时不符合汉语词汇搭配习惯是翻译中常见的问题。加字"需要"，也是为汉语搭配完整。der Dampf und die Maschinerie revolutioniert die industrielle Produktion 直译为"蒸汽和机器革命了工业生产"，汉译处理为"引发了……革命"，加了**功能动词**"引发"，改动词"革命"为名词，**改变词性，符合汉语习惯**，使表述更加稳重、从容。在"工业百万富翁"（industrielle Millionäre）

[1] Die große Industrie hat den Weltmarkt hergestellt, den die Entdeckung Amerikas vorbereitete. [2] Der Weltmarkt hat dem Handel, der Schiffahrt, den Landkommunikationen eine unermeßliche Entwicklung gegeben. [3] Diese hat wieder auf die Ausdehnung der Industrie zurückgewirkt, [4] und in demselben Maße, worin Industrie, Handel, Schiffahrt, Eisenbahnen sich ausdehnten, in demselben Maße entwickelte sich die Bourgeoisie, vermehrte sie ihre Kapitalien, drängte sie alle vom Mittelalter her überlieferten Klassen in den Hintergrund.

Wir sehen also, wie die moderne Bourgeoisie selbst das Produkt eines langen Entwicklungsganges, einer Reihe von Umwälzungen in der Produktions- und Verkehrsweise ist.

[1] Jede dieser Entwicklungsstufen der Bourgeoisie war begleitet von einem entsprechenden politischen Fortschritt. [2] Unterdrückter Stand unter der Herrschaft der Feudalherren, bewaffnete und sich selbst verwaltende Assoziation in der Kommune, hier unabhängige

中上两字成为"工业中的百万富翁",贴切且使百万富翁更加突出,呼应后面的同位语。die Chefs ganzer ... Ameen 直译为"整个……军队的领导",军队是复数,汉语难以表述,"军队"与"领导"也不搭配,因此取"一支一支大军的首领",更为**生动形象**,可谓神来之笔。最后是**小品词的处理**:"甚至"(auch)、"于是"(da),**意会了德语连词的含义**,符合汉语习惯。

herstellen: 制造,建立。
die Landkommunikation: 陆路交通。
unermesslich (unermeßlich): 无法度量的,不可估量的。
auf etw. (A) zurückwirken: 反作用于某事。
die Ausdehung: 扩张。
der Maße: 度,尺度。
die Eisenbahn: 铁路。
sich ausdehen: 扩展,扩张。
das Kapital: 资本。
drängen: 排挤。
von ... her: 从……起。
überliefert: 流传下来的。

[**解析**] 句 [1] 带一个 den 引导的关系从句,关联词为 Weltmarkt。句 [2] 与 VII. 中句 [2] 结构相同,即中有 geben 的"人三物四"结构。句 [3] 为简单句,diese 指离它最近的名词,在此是 Entwicklung。句 [4] 的介词结构 in demselben Maße 带一个由 worin 引导的关系从句,修饰 Maße;in demselben Maße 表同级比较;主干包含三个并列的简单句,后两个主语 sie 指代 die Bourgeoisie。

[**翻译技巧**] (Die große Industrie) hat den Weltmarkt hergestellt 直译是"大工业建立了美洲的发现准备的世界市场",显得宾语混乱,指代不明,加上**介词结构**"由……所准备好的",分隔了定语及定语修饰的成分,句子的宾语"世界市场"便一目了然。Diese 代指 Entwicklung,汉译**恢复代词所指代的名词**,意思更为明确。Diese hat wieder auf die Ausdehnung der Indnstrie züruckgeuirkt 直译为"又反过来作用于工业的扩展",到底指什么作用,意思模糊,译文干脆使其具体化为"促进"以搭配"扩展"。in demselben Maße ..., in demselben Maße ..., 直译很难处理,译文巧妙地使用了"随着……,在同一程度上……",在**意思等价**前提下,找到合适的汉语。überliefert 意为"流传下来的",词义中性,译文使用"遗留",在词义色彩上凸出旧方式的陈旧和过时。物主代词 ihr 译为"自己的"。"排挤到后面去"(in den Hintergnurd drängen)中"去"是一个**衬字**,可缓和语气,使文风更为稳健,适于在集会上选读。

der Entwicklungsgang: 发展过程。
die Produktionsweise: 生产方式。
die Verkehrsweise: 交换方式。

[**解析**] 句 [1] 带一个由 wie 引导的名词性从句,做 sehen 的宾语;Produkt 带两个第二格作为定语修饰中心词。

[**翻译技巧**] wir sehen also ... 并非实指"我们看见",而是**学术语言常用的表述**,要引出结论性的表述,故而汉语用"由此可见"即可。名词 Produkt 有两个第二格修饰语,若一气罗列仅用顿号隔开则过于冗长,译文用**排比**处理:"是……的产物,是……的产物",收放自如。在处理 Umwälzung 的介词 in 引导的修饰成分时,将 in 处理为修饰的定语,保留了原文的意涵。

die Entwicklungsstufe: 发展阶段。
entsprechend: 相应的。
bewaffnet: 武装好的。
verwaltend: 管理着的。
die Assoziation: 团体。
die Kommune: 公社。

[**解析**] 句 [2] 是一个超长句,但主干很简单:sie erkämpfte sich die ausschließliche politische Herrschaft;其中 sie 代指 die Bourgeoisie,因此意思为资产阶级通过斗争为自己赢得了完全的政治统治;erkämpfte 前的列举均做 sie 语法上的同位语,语义上呼应前句,历数资产阶级的不同发展阶段以及政治进步,通过不同身份表现

städtische Republik, dort dritter steuerpflichtiger Stand der Monarchie, dann zur Zeit der Manufaktur Gegengewicht gegen den Adel in der ständischen oder in der absoluten Monarchie, Hauptgrundlage der großen Monarchien überhaupt, erkämpfte sie sich endlich seit der Herstellung der großen Industrie und des Weltmarktes im modernen Repräsentativstaat die ausschließliche politische Herrschaft. [3] Die moderne Staatsgewalt ist nur ein Ausschuß, der die gemeinschaftlichen Geschäfte der ganzen Bourgeoisklasse verwaltet.

Die Bourgeoisie hat in der Geschichte eine höchst revolutionäre Rolle gespielt.

[1] Die Bourgeoisie, wo sie zur Herrschaft gekommen, hat alle feudalen, patriarchalischen, idyllischen Verhältnisse zerstört. [2] Sie hat die buntscheckigen Feudalbande, die den Menschen an seinen natürlichen Vorgesetzten knüpften, unbarmherzig zerrissen und kein anderes Band zwischen Mensch und Mensch übriggelassen als das nackte Interesse, als die gefühllose „bare Zahlung". [3] Sie hat die heiligen Schauer der frommen Schwärmerei, der ritterlichen Begeisterung, der spießbürgerlichen Wehmut in dem eiskalten Wasser egoistischer Berechnung ertränkt.

第3讲 马克思、恩格斯：《共产党宣言》

die Republik: 共和国。
steuerpflichtig: 有纳税义务的。
die Monarchie: 君主国。
das Gegengewicht: 配重，平衡力量。
der Adel: （封建）贵族。
die Hauptgrundlage: 主要基础。
erkämpfen: （通过斗争）取得。
der Repräsentativstaat: 代议制国家。
die Staatgewalt: 国家政权。
der Ausschuss (Ausschuß): 委员会。
gemeinschaftlich: 共同的。

patriarchalisch: 父权制的，宗法制的。
idyllisch: 田园的。
zerstören: 摧毁。
buntscheckig: 有花斑的。
das Feudalband: 封建纽带。
der Vorgesetzte: 尊长（按形容词变化）。
unbarmherzig: 无怜悯之心的，无情的。
zerreißen: 撕碎，打破。
übriglassen: 留下。
nackt: 赤裸的。
gefühllos: 无感觉的。
bar: 现金的，纯粹的，赤裸的。
die Zahlung: 付款。
der Schauer: 战栗，敬畏。
fromm: 本分的，虔诚的。
die Schwärmerei: 迷狂。
ritterlich: 骑士式的。
die Begeisterung: 热忱。
spießbürgerlich: 小市民的，市侩的。
die Wehmut: 感伤。
egoistisch: 自私的。
die Berechnung: 算计。
ertränken: 淹死。

出来：unterdrückter Stand［（在封建主统治下的）被压迫等级］，bewaffnete und sich verwaltende Assoziation［（在公社中的）武装自治组织］；在这儿（hier，一些地方）组成（独立的）städtische Republik（城市共和国，在那儿（dort，另一些地方）是（君主国中的）dritter steuerpflichtiger Stand（纳税的第三等级）；然后（在手工工场时代）是（与等级或专制君主国中的贵族）抗衡的力量，而且是（大君主国的）主要基础。句[3]带一个由der引导的关系从句，补充说明Ausschuss。

[翻译技巧] 直译"这些资产阶级各发展阶段中的每一个"会显得啰唆、欧化，译文处理为"这种发展的每一个阶段"，简练且无任何意思旁落。句[2]中的主语有太多同位语，译文化词为句用于更加清晰的列举：加代词"它"作为主语，用"组成"替换已经出现过的系动词"是"，还原名词为动词"建立"。原文表时空逻辑顺次的**小品词**hier, dort, dann和endlich，虽不起眼，但作为这一长句的分段和节奏的标志非常重要，译文注意到了，并特别明显用"后来，""最后，"分隔。并且，译文把原文的hier, dort（这儿，那儿）展开为"在一些地方""在另一些地方"，行文稳重。总之，译文通过**变单词为单句**，凸出表地点、时间顺序的小品词，并且添加连词"而且"，加用分号断句，有效对长句进行了**分割处理**，使之**条理清晰**，错落有致，便于理解。句[3]中的小品词nur（只是）被译文处理为"不过……罢了"，突出了不屑一顾的**感情色彩**。

[翻译技巧] 译文增加"曾经"二字以突出完成时态，暗示即将过时，文脉贯通。副词höchst, 最高的，这里起强调作用，译为"非常"即可。

[解析] 句[1]带一个由wo引导的状语从句，表示在此种条件下，从句省略了变位动词ist。句[2]带一个由die引导的关系从句，关联词为Feudalbande；主句主干为sie hat die Feudalbande zerrissen und kein anderes Band als das nackte Interesse, als die gefüllose bare Zahlung übriggelassen, sie指代die Bourgeoisie。句[3]是一个简单句，sie hat die heiligen Schauer (in dem eiskalten Wasser) ertränkt, Schauer带三个第二格修饰语。

[翻译技巧] 句[1]中zur Herrschaft kommen, 含功能动词kommen, 不译，针对名词"统治"**加动词**"取得了"，**搭配**为"取得了统治"。句[2]中把单数的"人"（der Mensch）处理为复数的"人们"；"有花斑的"（buntscheckig）译为等价并同样生动的"形形色色"；kein anderes ... als ... 的形式也不好处理，译文**舍简就繁**，干脆展开为"除了……，就再也没有任何别的联系了"，目的就是**使意思明确**；gefühllos（无感觉、无感情的），译为"冷酷无情"，加强**词义色彩**。句[3]带有三个第二格，为避免汉语表达过于冗长、欧化，译文按照**意思等价**原则，把**第二格处理为同位语**，使用简练的**排比格式**，变冗长为言简意赅，根据上下文添加总结性的"情感"一词，**搭配**"发作"，意思基本符合Schauer一词。译文整体把几个客观中性描述封建社会关系的词，做了

[1] Sie hat die persönliche Würde in den Tauschwert aufgelöst und an die Stelle der zahllosen verbrieften und wohlerworbenen Freiheiten (G) die eine gewissenlose Handelsfreiheit gesetzt. [2] Sie hat, mit einem Wort, an die Stelle der mit religiösen und politischen Illusionen verhüllten Ausbeutung (G) die offene, unverschämte, direkte, dürre Ausbeutung gesetzt.

[1] Die Bourgeoisie hat alle bisher ehrwürdigen und mit frommer Scheu betrachteten Tätigkeiten ihres Heiligenscheins entkleidet. [2] Sie hat den Arzt, den Juristen, den Pfaffen, den Poeten, den Mann der Wissenschaft in ihre bezahlten Lohnarbeiter verwandelt.

[1] Die Bourgeoisie hat dem Familienverhältnis seinen rührend-sentimentalen Schleier abgerissen und es auf ein reines Geldverhältnis zurückgeführt.

...

IV. Stellung der Kommunistischen zu den verschiedenen oppositionen Parteien
...
Mit einem Wort, die Kommunisten unterstützen überall jede revolutionäre Bewegung gegen die bestehenden gesellschaftlichen und politischen Zustände.

[1] In allen diesen Bewegungen heben sie die Eigentumsfrage, [2] welche mehr oder minder entwickelte Form sie auch angenommen haben möge, als die Grundfrage der Bewegung hervor.

第3讲 马克思、恩格斯：《共产党宣言》

der Tauschwert: 交换价值。
auflösen: 解开，解除。
verbriefen:（以文件等）书面确认。
wohlerworben: 很好地获得的。
gewissenlos: 无良心的。
die Handelsfreiheit: 交易自由。
die Ausbeutung: 剥削。
unverschämt: 无耻的。
dürr: 干枯的，露骨的。

die Scheu: 胆怯，畏惧。
der Heiligenschein: 圣人的光环。
entkleiden: 脱去衣服。
der Pfaffe: 神父，教士（弱变化名词）。
der Lohnarbeiter: 挣工资的工人，雇佣劳动者。
verwandeln: 转变。

das Familieverhältnis: 家庭关系。
rührend: 动人的。
sentimental: 感伤的。
der Schleier: 面纱。
abreißen: 撕下来。

hervorheben: 突出，强调。
die Eigentumsfrage: 所有制问题。
mehr oder minder: 或多或少。

倾向于贬义色彩的处理，如用"束缚"代替"联结"，用"羁绊"代替"纽带"。

[解析] 句[1]为简单句，带两个动词及其补足成分。句[2]为简单句，主干为an die Stelle der verhüllten Ausbeutung die offene gesetzt。

[翻译技巧] 译文把句[1]中介词in的宾语转化为动词auflösen的宾语，**介词宾语转化为动词宾语**，保留了德语原文的核心意涵，同时使得表达更加简洁；再次用"用……代替了……"译etw. (A) an die Stelle etw. (G) setzen，使"资产阶级"这一主语一脉相通；根据**上下文含义**，verbrieft译为"特许的"，wohlerworben译为"自力挣得的"。在句[2]中，译文用"由"代替"被"，使得被动句不显生硬；把原文"宗教和政治幻想"（religiöse und Dolitische Illusionen）拆开，"宗教幻想和政治幻想"，明确强调了两种意识形态的区分，行文稳健。

[翻译技巧] 句[1]中为**搭配**"光环"（Heiligenschein），译文将动词entkleiden（脱去，除去）译为"抹去"；把mit frommer Scheu betrachtet（带着虔诚的胆怯观看的），**简化为**"令人敬畏"；第二格补足语在汉语中"**改变格位**"，变为相当于第四格的直接宾语，而原文中的第三格则成为直接宾语的所属格。句[2]中，ihre bezahlte Lohnarbeiter直译为"它付钱的雇佣劳动者"则显突兀，译文**加字成为**"它出钱招雇的雇佣劳动者"，**符合汉语表达习惯**，前后搭配得当。

[解析] 此句为简单句，带两个动词及补足语；后半句的es指代Familienverhältnis。

[翻译技巧] dem Familienverhalthis seinen ... Schleier abreißen直译为"撕下家庭关系的面纱"，汉语可以理解，但不符合汉语思维和表达习惯，译文**加词**成为"撕下罩在……上的面纱"，更为贴切，使比喻的说法更为突出；rührend-sentimental若译为"动人的、善感的（感伤的）"则稍显冗长，汉译"温情脉脉"则十分简练、到位、富文采，然而rührend, sentimentalen二词源自18世纪下半叶，用来形容小市民家庭善感文化，是当时的流行和关键词，汉译则未特别体现出这一历史文化背景。

[解析] 句[1]主句主干为sie heben die Eigentumsfrage als die Grundfrage hervor, sie代指上句的die Kommunisten（共产党人）。句[2]是一个插入的让步从句，标志词为auch以及möge, sie代指前面的Eigentumsfrage，即无论它采取什么形式；该类型让步从句基本结构为"疑问词 + auch + 虚拟式"，小品词auch此处表让步。

[1] Die Kommunisten arbeiten endlich überall an der Verbindung und Verständigung der demokratischen Parteien aller Länder.

[1] Die Kommunisten verschmähen es, ihre Ansichten und Absichten zu verheimlichen. [2] Sie erklären es offen, daß ihre Zwecke nur erreicht werden können durch den gewaltsamen Umsturz aller bisherigen Gesellschaftsordnung. [3] Mögen die herrschenden Klassen vor einer kommunistischen Revolution zittern. [4] Die Proletarier haben nichts in ihr zu verlieren als ihre Ketten. [5] Sie haben eine Welt zu gewinnen.

Proletarier aller Länder, vereinigt euch!

第 3 讲　马克思、恩格斯：《共产党宣言》

[翻译技巧] als 通常按德文原意译为"作为"，若直译"把所有制问题作为基本问题来强调"则显得复杂、欧化；其实 als 就表示两者等价，汉译处理为"强调所有制问题是……基本问题"，**加一个系动词"是"** 即可；把表达让步的**插入语甩到句尾**，不影响主干表达。主句中的 sie 若直接译为"它"，则不知指代前面的哪个"问题"，故译文展开为"这个问题"。句 [2] 若直译为"无论它采取怎样或多或少的发展的形式"则完全不通顺，译文在**意思等价**前提下，将其**简化**为"（不管这个问题的）发展程度怎样"，貌离神合，**神似胜于貌似**。

[解析] Verbindung und Verständigung 带两个层级的第二格修饰语。

an etw. (D) arbeiten: 致力于某事，努力做某事。
die Verständigung: 相互理解。

[翻译技巧] 表顺序的小品词 endlich（最后），汉译时被**提前到句首**；alle Länder（所有国家）干脆译为"全世界"，符合宣言**文风**；加衬字"之间"，可使汉语更加通顺。

[解析] 句 [1] 为简单句，后跟带 zu 不定式成分说明主句中的 es。句 [2] 带一个由 dass 引导的从句，说明形式宾语 es, 从句为被动态。句 [3]mögen 为第一虚拟式，表祈愿。句 [4] 用了 haben + zu 的句式；nichts als 意为只有；ihr 指代句 [3] 中的 eine kommunistische Revolution。

verschmähen: 鄙夷，蔑视。
die Absicht: 意图。
verheimlichen: 隐瞒。
der Umsturz: 推翻。
zittern: 颤抖。

[翻译技巧] 在句 [1] 中，译文把"鄙夷"（verschmähen）处理为"不屑于"，**词义色彩**更显蔑视的态度。在句 [2] 中，译文在"宣布"后**加冒号**，然后**把从句变为单句**，不拖泥带水，符合宣言结尾的**文风**；从句原文是被动态，直译为"他们的目的只有通过……才能被达到"，译文为"他们的目的只有用……才能达到"，**不用被字，仅用汉语语气，也可表被动**；原文直译"通过暴力的推翻"，汉译**转化词性**，把**名词恢复为动词**，处理为"用暴力推翻"。在句 [3] 中，"让……吧"译为使动句，加语气词"吧"，表祈愿。在句 [4] 中，原文直译"在它中"，不够明确，也缺少力度，于是**把代词恢复为名词**，处理为"在革命中"；nichts als, 简练地译为"只有"。句 [5] 译文**加了一个"将"字**，表憧憬；**加了"整个"**，增加力度，属于**词义色彩**的处理。

sich vereinigen: 团结，统一，联合。

[解析] Proletarier aller Länder 为呼语，vereinigt euch 为祈使句，针对第二人称复数"你们"。

[翻译技巧] 号召，原文为反身代词，译文根据中文语用习惯**省略代词**，简洁有力。

翻译技巧

在德译汉的过程中，常常采用的策略是调句和换词。调句包括扩句、并句和拆句等，换词则包括增词、减词、词类转换和词语搭配等。在《共产党宣言》中，出现较多的实践一是将复杂的定语从句和状语成分拆为不同的单句，一是名词与动词之间的词类转换。而关于一般化的翻译理论，这里还想要提醒大家的是：不论是依照"信达雅"的纲领还是"归化"与"异化"的分类方式，译者必须始终牢记，翻译在大部分情况下绝对不是"字对字"（Wort für Wort）的替换，而是对"语境"（Kontext）的翻译。在翻译时必须始终牢记语言表情达意的最终目的，这样才不致因小失大。

全文翻译

一个幽灵，共产主义的幽灵，在欧洲游荡。为了对这个幽灵进行神圣的围剿，旧欧洲的一切势力，教皇和沙皇、梅特涅和基佐、法国的激进派和德国的警察，都联合起来了。

有哪一个反对党不被它的当政的敌人骂为共产党呢？又有哪一个反对党不拿共产主义这个罪名去回敬更进步的反对党人和自己的反动敌人呢？

从这一事实中可以得出两个结论：

共产主义已经被欧洲的一切势力公认为一种势力；

现在是共产党人向全世界公开说明自己的观点、自己的目的、自己的意图并且拿党自己的宣言来反驳关于共产主义幽灵的神话的时候了。

为了这个目的，各国共产党人集会于伦敦，拟定了如下的宣言，用英文、法文、德文、意大利文、弗拉芒文和丹麦文公布于世。

一、资产者和无产者

至今一切社会的历史都是阶级斗争的历史。

自由民和奴隶、贵族和平民、领主和农奴、行会师傅和帮工，一句话，压迫者和被压迫者，始终处于相互对立的地位，进行不断的、有时隐蔽有时公开的斗争，而每一次斗争的结局都是整个社会受到革命改造或者斗争的各阶级同归于尽。

在过去的各个历史时代，我们几乎到处都可以看到社会完全划分为各个不同的等级①，看到社会地位分成多种多样的层次。在古罗马，有贵族、骑士、平民、奴隶，在中世纪，有封建主、臣仆、行会师傅、帮工、农奴，而且几乎在每一个阶级内部又有一些特殊的阶层。

从封建社会的灭亡中产生出来的现代资产阶级社会并没有消灭阶级对立。它只是用新的阶级、新的压迫条件、新的斗争形式代替了旧的。

但是，我们的时代，资产阶级时代，却有一个特点：它使阶级对立简单化了。整个社会日益分裂为两大敌对的阵营，分裂为两大相互直接对立的阶级：资产阶级和无产阶级。

从中世纪的农奴中产生了初期城市的城关市民②；从这个市民等级中发展出最初的资产阶级分子。

美洲的发现、绕过非洲的航行，给新兴的资产阶级开辟了新天地。东印度和中国的市场、美洲的殖民化、对殖民地的贸易、交换手段和一般商品的增加，使商业、航海业和工业空前高涨，因而使正在崩溃的封建社会内部的革命因素迅速发展。

以前那种封建的或行会的工业经营方式已经不能满足随着新市场的出现而增加的需求了。工场手工业代替了这种经营方式。行会师傅被工业的中间等级排挤掉了；各种行业组织之间的分工随着各个作坊内部的分工的出现而消失了。

但是，市场总是在扩大，需求总是在增加。甚至工场手工业也不再能满足需要了。于是，蒸汽和机器引起了工业生产的革命。现代大工业代替了工场手工业；工业中的百万富翁、一支一支产业大军的首领、现代资产者，代替了工业的中间等级。

大工业建立了由美洲的发现所准备好的世界市场。世界市场使商业、航海业和陆路交通得到了巨大的发展。这种发展又反过来促进了工业的扩展，同时，随着工业、商业、航海业和铁路的扩展，资产阶级也在同一程度上发展起来，增加自己的资本，把中世纪遗留下来的一切阶级都排挤到后面去。

由此可见，现代资产阶级本身是一个长期发展过程的产物，是生产方式和交换方式的一系列变革的产物。

资产阶级的这种发展的每一个阶段，都伴随着相应的政治上的进展。它在封建主统治下是被压迫的等级，在公社里是武装的和自治的团体，在一些地方组成独立的城市共和国，在另一些地方组成君主国中的纳税的第三等级；后来，在工场手工业时期，它是等级君主国或专制君主国中同贵族抗衡的势力，而且是大君主国的主要基础；最后，从大工业和世界市场建立的时候起，它在现代的代议制国家里夺得了独占的政治统治。现

---

① 注意德语中 Stand 和 Klasse 两个词的区别：Stand 译为"等级"，对应中世纪的等级结构；Klasse 译为"阶级"，是马克思对社会结构的划分，对应无产阶级和资产阶级。

② 在城墙外的界桩内做生意的农民，享有一定城市居民权，如不交贡赋、不服兵役等。

代的国家政权不过是管理整个资产阶级的共同事务的委员会罢了。

资产阶级在历史上曾经起过非常革命的作用。

资产阶级在它已经取得了统治的地方把一切封建的、宗法的和田园诗般的关系都破坏了。它无情地斩断了把人们束缚于天然尊长的形形色色的封建羁绊，它使人和人之间除了赤裸裸的利害关系，除了冷酷无情的"现金交易"，就再也没有任何别的联系了。它把宗教虔诚、骑士热忱、小市民伤感这些情感的神圣发作，淹没在利己主义打算的冰水之中。它把人的尊严变成了交换价值，用一种没有良心的贸易自由代替了无数特许的和自力挣得的自由。总而言之，它用公开的、无耻的、直接的、露骨的剥削代替了由宗教幻想和政治幻想掩盖着的剥削。

资产阶级抹去了一切向来受人尊崇和令人敬畏的职业的神圣光环。它把医生、律师、教士、诗人和学者变成了它出钱招雇的雇佣劳动者。

资产阶级撕下了罩在家庭关系上的温情脉脉的面纱，把这种关系变成了纯粹的金钱关系。

……

四、共产党人对各种反对党派的态度

……

总之，共产党人到处都支持一切反对现存的社会制度和政治制度的革命运动。

在所有这些运动中，他们都强调所有制问题是运动的基本问题，不管这个问题的发展程度怎样。

最后，共产党人到处都努力争取全世界民主政党之间的团结和协调。

共产党人不屑于隐瞒自己的观点和意图。他们公开宣布：他们的目的只有用暴力推翻全部现存的社会制度才能达到。让统治阶级在共产主义革命面前发抖吧。无产者在这个革命中失去的只是锁链。他们获得的将是整个世界。

全世界无产者，联合起来！

拓展阅读

这些论点中的第一个，在第一部分的开头一句就得到了表达："至今一切社会的历史就是阶级斗争的历史。"在任何有记载的时代，人都被划分成剥削者与被剥削者、主人与奴隶、贵族与平民，到了我们这个时代，就被划分成了无产者和资本家。人类在发现和发明方面的巨大成就已经改变了现代人类社会的经济体系：行会给本地制造业让路，反过来本地制造业又给大型工业企业让路。这个扩张过程中的每一个阶段都伴随着特定的政治与文化形式。现代国家的结构反映了资产阶级的统治地位——实际上就是一个管理整个资产阶级事务的委员会。资产阶级在它自己的时代扮演了高度革命的角色，它推翻了封建主义社会，并在此过程中摧毁了将某人与其"自然主人"联系起来的那种老旧的、如画的、家族式的关系，而仅仅保留了他们之间的唯一实际关系——即金钱关系，赤裸裸的利己主义。它将个人尊严变成了可以讨价还价的商品，供人买卖；它创造了自由贸易，取代了古时候通过官方命令与许可证加以保障的自由权利；它用直接的、愤世嫉俗的、毫无廉耻的剥削取代了用宗教和政治面具掩饰的剥削。以前被认为荣耀的职业、被视为为社会服务的形式，也被它变成了简单的雇佣劳动。它在追求自己目标的过程中过于贪婪，使各种形式的生活降低了层次。

这些是通过大量挖掘新自然资源而达成的，封建主义的架构无法承受新的进步，因而分崩离析。如今轮到这个过程再次重复了。因为生产过剩而频繁发生的经济危机就预示着这样一个事实：此时轮到资本主义无法控制自己的资源了。当社会秩序被迫毁掉自己的产品，以防止自己的生产基地扩张得太快、太大时，那就是它临近破产和灭亡的明确征兆。资产阶级秩序创造了无产阶级，也就是它的后继者和埋葬者。资产阶级成功地摧毁了所有以其他形式组织的势力，包括贵族阶级、小型工匠和贸易商，却无法摧毁无产阶级，因为无产阶级是它自己的生存所不可或缺的，是它整个体系中的有机组成部分，他们构成了被剥夺掉生产资料的大军，这支大军正是在资产阶级的一切剥削行为中，不可避免地得到训练和组织的。

资本主义越是国际化（随着它的扩张，自然会越来越如此），它自动组织工人阶级的规模也就越加广泛，越加国际化，这些工人的联合与团结终会将其推翻。资本主义的国际化自然催生了工人阶级的国际化，这也是它自身所必需的补充。这个辩证过程是无情的，没有什么力量能够阻止或控制它。因此，试图恢复中世纪时期的古老田园生活，满怀着回到过去的怀旧思想编造那些乌托邦计划，像农民、工匠、小型贸易商中的思想家热切盼望的那种回归，都是徒劳无功的。过去已逝，曾经的社会阶级都被历史的车轮彻底击垮；他们对于资产阶级的敌意（经常被误称为社会主义）就是一种反动态度，是想要扭转人类发展方向的无用企图。他们唯一能成功打败敌人的希望，就在于放弃自己的独立性，与无产阶级联合起来，后者的发展直接从内部就瓦解了资产阶级；因为危机和失业的增加迫使资产阶级去养活自己的雇员，而不是靠这些雇员来养活自己（这是它的自然功能），最终导致元气耗尽。

《宣言》从进攻转入防守。社会主义的敌人宣称，废除私有财产将会破坏自由，颠覆宗教、道德和文化的基础。这一点是确信无疑的。但是它如此摧毁的价值只不过是那些和旧秩序有着密切关系的价值，即资产阶级自由和资产阶级文化——它们在所有时间和地点的绝对合法性只不过是一个幻想，仅仅因为它们在阶级斗争中充当着武器而已。个人的自由是对独立行为权力的拥有，而这一点是工匠、小型贸易商和农民长久以来被资本主义所剥夺了的。至于文化，"他们痛惜失去的文化，对于大多数人来说，不过是训练成为机器的练习"。随着阶级斗争的完全废除，这些错误的想法必然会消失，并且会被一种全新的、更宽广的、建立在一个无阶级的社会基础之上的生活所取代。哀叹它们的失去，就是哀叹某种旧的常见疾病的失去。

革命在不同环境中必然有所不同，但在任何地方，其首要措施必定是实现土地、银行、交通的国有化，废除继承权，增加税收，加强生产，消除城镇与乡村间的障碍，引入全民义务劳动和免费义务教育制度。只有如此，真正的社会重建才算开始。

以塞亚·伯林：《卡尔·马克思》，李寅译，
译林出版社，2018年，第186—189页。

课后练习

[1] Die Bourgeoisie kann nicht existieren, ohne die Produktionsinstrumente, also die Produktionsverhältnisse, also sämtliche gesellschaftlichen Verhältnisse fortwährend zu revolutionieren. [2] Unveränderte Beibehaltung der alten Produktionsweise war dagegen die erste Existenzbedingung aller früheren industriellen Klassen. [3] Die fortwährende Umwälzung der Produktion, die ununterbrochene Erschütterung aller gesellschaftlichen Zustände, die ewige Unsicherheit und Bewegung zeichnet die Bourgeoisieepoche vor allen anderen aus. [4] Alle festen eingerosteten Verhältnisse mit ihrem Gefolge von altehrwürdigen Vorstellungen und Anschauungen werden aufgelöst, alle neugebildeten veralten, ehe sie verknöchern können. [5] Alles Ständische und Stehende verdampft, alles Heilige wird entweiht, [6] und die Menschen sind endlich gezwungen, ihre Lebensstellung, ihre gegenseitigen Beziehungen mit nüchternen Augen anzusehen.

Aus dem *Manifest der Kommunistischen Partei*

1. 分析句[1]的结构。
2. 分析句[4]、句[5]的结构。
3. 翻译本段。

第3讲 马克思、恩格斯：《共产党宣言》

附录

● 政治经济学术语及马克思使用的概念

1. Sozialismus: 社会主义

2. Kommunismus: 共产主义

3. Hegelianismus: 黑格尔派

4. Politische Ökonomie: 政治经济学

5. paradigmatisch: 范式性的

6. Arbeit: 劳动

7. Kapital: 资本

8. Grundeigentum: 土地所有制

9. Entfremdung: 异化；Wesensentfremdung: 本质异化

10. Anthropologie: 人学，人类学

11. Idealismus: 唯心主义

12. gesellschaftliche Produktionskraft: 社会生产力

13. Ideologie: 意识形态

14. materielle Produktion: 物质生产

15. materieller Verkehr: 物质交换

16. gesellschaftliche Arbeitsteilung: 社会分工

17. Aufhebung: 扬弃

18. Bund der Kommunisten: 共产主义者同盟

19. wissenschaftlicher Sozialismus: 科学社会主义

20. Industriekapitalismus: 工业资本主义

21. Mehrwertproduktion: 剩余价值生产；absoluter Mehrwert: 绝对剩余价值；relativer Mehrwert: 相对剩余价值

22. Dialektik: 辩证法

23. Materialismus: 唯物主义；dialektischer Materialismus: 辩证唯物主义

24. Distributionsverhältnis: 分配关系

25. Proletariat: 无产阶级；Bourgeoisie: 资产阶级

26. Produktionsmittel: 生产资料

27. Klassengegensatz: 阶级对立

28. Repräsentativstaat: 代议制国家

29. Produktionsinstrument: 生产工具；Produktionsverhältnis: 生产关系；Produktionsweise: 生产方式

● 选文和参考译文

Karl Marx u. Friedrich Engels: Manifest der Kommunistischen Partei, in: *Marx-Engels Werke,* Bd. 4, Berlin 1974, S. 459—493.

马克思、恩格斯:《共产党宣言》,中共中央马克思恩格斯列宁斯大林著作编译局编译,人民出版社,2018年,第26—30、65—66页。

● 马克思重要著作一览

Differenz der demokritischen und epikureischen Naturphilosophie (1841)(《德谟克利特的自然哲学和伊壁鸠鲁的自然哲学的差别》)

Philosophische Manifest der historischen Rechtsschule (1842)(《历史法学派的哲学宣言》)

Zur Kritik der Hegelschen Rechtsphilosophie (1843)(《黑格尔法哲学批判》)

Thesen über Feuerbach (1845)(《关于费尔巴哈的提纲》)

Zur Kritik der Politischen Ökonomie (1859)(《政治经济学批判》)

Theorien über den Mehrwert (1862—1863)(《剩余价值理论》)

Das Kapital (1867—1894)(《资本论》)

● 拓展阅读

Karl Marx u. Friedrich Engels: *Marx-Engels Werke, 44 Bände*, Berlin 1956—1990.

马克思、恩格斯:《马克思恩格斯全集(第一版)》(1—50卷),中共中央马克思恩格斯列宁斯大林著作编译局编译,人民出版社,1956—1986年。

马克思、恩格斯:《德意志意识形态(节选本)》,中共中央马克思恩格斯列宁斯大林著作编译局编译,人民出版社,2018年。

安东尼·吉登斯:《资本主义与现代社会理论:对马克思、涂尔干和韦伯著作的分析》,郭忠华、潘华凌译,上海译文出版社,2013年。

路易·阿尔都塞:《保卫马克思》,顾良译,商务印书馆,2010年。

戴维·麦克莱伦:《马克思传(第4版)》,王珍译,中国人民大学出版社,2016年。

特里·伊格尔顿:《马克思为什么是对的》,李杨、任文科、郑义译,新星出版社,2011年。

● 翻译理论参考

王京平编著:《新德汉翻译教程》,上海外语教育出版社,2008年。

桂乾元编著:《实用德汉翻译教程》,同济大学出版社,2009年。

王滨滨编著:《德汉—汉德综合翻译教程》,东华大学出版社,2006年。

第4讲 尼采：
《敌基督者》
Lektion 4 Friedrich Nietzsche:
Der Antichrist

作者学术生平

Friedrich Wilhelm Nietzsche (1844—1900) war ein deutscher klassischer Philologe, Philosoph.

Nietzsche wurde als Sohn eines evangelischen Pastors geboren und studierte evangelische Theologie und klassische Philologie in Bonn und Leipzig.

In Nietzsches Buch-Erstling *Die Geburt der Tragödie aus dem Geist der Musik* (1872) entdeckt er die tiefe „Duplicität des Apollinischen und des Dionysischen" als die Grundstruktur der griechischen Tragödie.

In der kleinen Abhandlung *Über Wahrheit und Lüge im außermoralischen Sinn* (1872) begreift Nietzsche lange vor dem „linguistic turn" Erkenntniskritik als Sprachanalyse: Sprache kann in keinem verlässlichen Verhältnis zum Sein stehen. Weil sie unmöglich „der adäquate Ausdruck aller Realitäten" sein kann.

Die „Grundconception" von *Also sprach Zarathustra* (1883—1885) ist „der ewige-Wiederkunfts-Gedanke". Das ist eine von Nietzsches paradoxen Formeln für ein radikales Denken der Zeitlichkeit und der Immanenz von Welt.

Der Übermensch hält den Gedanken der ewigen Wiederkehr des Immergleichen aus. Anders als der letzte Mensch, der nach dem Tod Gottes ständig auf der Suche nach Ersatzgöttern ist, weiss der Übermensch, dass das Immergleiche der Wille zur Macht ist.

弗里德里希·威廉·尼采（1844—1900），德国古典语文学者，哲学家。

尼采是新教牧师之子，曾在波恩和莱比锡学习新教神学和古典语文学。

在处女作《悲剧的诞生》（1872）中，尼采发现，"日神精神和酒神精神深刻的二元性"是古希腊悲剧的基本结构。

早在"语言学转向"发生之前，尼采在一篇题为《真理和谎言之非道德论》（1872）的短文中就把认识批判视为语言分析：语言与存在之间不可能存在可靠的关系，因为语言不可能是"一切现实的等价表达"。

尼采的另一部著作《查拉图斯特拉如是说》（1883—1885）提出的"基本思想"是"永恒轮回"。这是尼采式的悖论性公式之一，他用此术语表示对世界的时间性和内在性（Immanenz）所进行的极端思考。

超人可以忍受"同一事物永恒轮回"的思想。与在上帝死后不断寻找神的替代品的最后的人不同，超人认为，永恒轮回的同一事物即是权力意志。

编者导读

"敌基督者"是《圣经·新约》（"约翰一书""约翰二书"）中提到的形象，是一个终末意义上的概念。它指的是在耶稣基督复临前与之敌对的人或势力或假扮基督的魔鬼和恶势力，它们散布假学说与基督作对。从教父时代到现代，这一概念在每个时期都各有所指，通常被用于指责教派和政治斗争中的异己分子。

《敌基督者》是尼采晚期的作品。作品有过不同的副标题，如"重估一切价值""对基督教的批判"，最后改为"对基督教的诅咒"。作品包括前言和正文六十二章，其思想与"主人道德""奴隶道德"一脉相承。作者以敌基督者的姿态认为，基督教的怜悯伦理使其成为弱者的宗教，这无异于用道德束缚了人一切积极的自我意识，遏制了生命的力量。

选文以《摩奴法典》为比兴，认为等级制是"自然秩序"，优秀的人只能是优秀的人，平庸者只能是平庸者，人们各有各的"本能"和"幸福"。选文依次描述了第一种类型的人（即最具精神气质的人）、第二种类型的人（即以国王为首的律法保护者）、第三种类型的人（即从事职业活动的中间等级，也就是平庸者）。在这个意义上，特权和权利相辅相成，若没有特权，人人平等就没有权利可言。

基督教试图拉平等级之间的距离，在这个意义上，基督徒与无政府主义者——提倡消除等级制、实现社会平等的人——同宗同源，而且具有政治破坏力量。

尼采对20世纪的哲学留下深刻的影响。尼采不仅深刻影响后来的存在主义，而且影响到解构主义、后现代主义、解释学等。尼采所提出的"上帝已死"成了存在主义的

第4讲 尼采：《敌基督者》

中心论点：如果没有上帝，那么就没有必然的价值或道德律；如果没有必然的价值或道德律，那么人类应该如何自处。《敌基督者》突出表现了尼采"反对一切"的论战风格。

选文纵览①

[1] Man ertappt die Unheiligkeit der christlichen Mittel in flagranti, wenn man den christlichen Zweck einmal an dem Zweck des Manu-Gesetzbuches② misst, – wenn man diesen grössten Zweck-Gegensatz unter starkes Licht bringt. [2] Es bleibt dem Kritiker des Christenthums nicht erspart, das Christenthum verächtlich zu machen. –

[1] Ein solches Gesetzbuch, wie das des Manu, entsteht wie jedes gute Gesetzbuch: es resümirt die Erfahrung, Klugheit und Experimental–Moral von langen Jahrhunderten, es schliesst ab, es schafft nichts mehr. [2] Die Voraussetzung zu einer Codification seiner Art ist die Einsicht, dass die Mittel, einer langsam und kostspielig erworbenen Wahrheit Autorität zu schaffen, grundverschieden von denen sind, [3] mit denen man sie beweisen würde.

[1] Ein Gesetzbuch erzählt niemals den Nutzen, die Gründe, die Casuistik in der Vorgeschichte eines Gesetzes: [2] eben damit würde es den imperativischen Ton einbüssen, das „du sollst", die Voraussetzung dafür, dass gehorcht wird. Das Problem liegt genau hierin. –

[1] An einem gewissen Punkte der Entwicklung eines Volks erklärt die umsichtigste, das heisst rück- und hinausblickendste Schicht desselben, die Erfahrung, nach der gelebt werden soll – das heisst kann –, für abgeschlossen. [2] Ihr Ziel geht dahin, die Ernte möglichst reich und vollständig von den Zeiten des Experiments und der schlimmen Erfahrung heimzubringen.

[1] Was folglich vor allem jetzt zu verhüten ist, das ist das Noch-Fort-Experimentiren, die Fortdauer des flüssigen Zustands der Werthe, das Prüfen, Wählen, Kritik-Üben der Werthe in infinitum. [2] Dem stellt man eine doppelte Mauer entgegen: einmal die Offenbarung, das ist die Behauptung, die Vernunft jener Gesetze sei nicht menschlicher Herkunft, nicht langsam und unter Fehlgriffen gesucht und gefunden, sondern, als göttlichen Ursprungs, ganz, vollkommen, ohne Geschichte, ein Geschenk, ein Wunder, bloss mitgetheilt ...

---

① 选文文本保留了原文写法，未按今日正字法修改，但在讲解单词、句子时均遵循今日正字法。下同。选文有删节。
② Manu-Gesetzbuch：《摩奴法典》，印度婆罗门教法典，传为天神之子、人类始祖梵天所作（可类比摩西律法），实据吠陀经与习俗而编，公元前 2 世纪至公元 2 世纪成文，12 章，2684 条，其中以种姓制度影响最大。

第4讲 尼采：《敌基督者》

in flagranti ertappen: 当场拿获，抓个现形。
etw. (A) an etw.(D) messen: 把某事与某事做对比。
unter starkes Licht bringen: 仔细考察。
ersparen: 节约，避免。
verächtlich: 轻蔑的，可鄙的。

[解析] 句[1]包含两个并列的条件从句，均由wenn引导。句[2]带一个不定式，做ersparen的补足语；es bleibt jm. nicht erspart, etw. zu machen: 某人不会放过机会做某事。

resümieren: 总结，概括。
abschließen: 结束。
die Kordifikation (Codification): 法典编纂。
die Einsicht: 洞察，深刻的认识。
kostspielig: 耗资巨大的，昂贵的。

[解析] 句[1]含4个简单句。句[2]带一个名词性从句，由dass引导，说明die Einsicht；该从句带一个不定式成分，补充说明die Mittel；jm./etw. (D) etw. (A) schaffen（为……创造……），这个不定式的主干成分是der Wahrheit die Autorität schaffen（给真理赋予权威）。句[3]为关系从句，由 (mit) denen引导，sie代指die Wahrheit。

die Kasuistik (Casuistik): 引述理论、社会习俗惯例等进行判断。
imperativisch: 命令式的，强制的。
einbüssen: 丧失。

[解析] 句[1]为简单句，带三个宾语补足语。句[2]句的宾语补足语为den imperativischen Ton, das „du sollst"和die Voraussetzung做同位语，同时带起一个名词性从句，由dass引导，呼应dafür。

erklären: 宣布。
umsichtig: 审慎。
rückblickend: 回顾式的。
hinausblickend: 前瞻式的。
die Ernte: 收获。
heimbringen: 把某物带回家。

[解析] 句[1]主干为die Schicht erklärt die Erfahrung für abgeschlossen；desselben指代之前提到的ein Volk的第二格des Volkes (das Volk)；die Erfahrung引导一个关系从句，由 (nach) der引导，解释Erfahrung的内容；das heißt为插入语。句[2]中ihr代指die Schicht，带一个dahin要求的带zu 不定式（die Ernte heimzubringen）。

verhüten: 避免。
in infinitum: 无休止地。
die Offenbarung: 启示。
der Fehlgriff: 错误的做法。

[解析] 句[1]前半部分是was引导的名词性从句，之后的das指代之前的从句；das句包含一系列第一格（表语）补足语，注意der Werthe是Noch-Fort-Experimentiren, Fortdauer, Prüfen, Wählen, Kritik-Üben等词的第二格。句[2]是一个简单句，dem指代前面的das句中所有的表语；冒号后是对doppelte Mauer的说明：这里首先出现的主词是Offenbarung，之后直到句末都是对Offenbarung的解释，sei是第一虚拟式，表示转述他人观点；ganz前省略一个sei；menschlicher Herkunft和göettlichen Ursprungs是第二格，表示来源或出处。

[1] Sodann die Tradition, das ist die Behauptung, dass das Gesetz bereits seit uralten Zeiten bestanden habe, dass es pietätlos, ein Verbrechen an den Vorfahren sei, es in Zweifel zu ziehn. [2] Die Autorität des Gesetzes begründet sich mit den Thesen: Gott gab es, die Vorfahren lebten es.
—

[1] Die höhere Vernunft einer solchen Procedur liegt in der Absicht, das Bewusstsein Schritt für Schritt von dem als richtig erkannten (das heisst durch eine ungeheure und scharf durchgesiebte Erfahrung bewiesenen) Leben zurückzudrängen: [2] so dass der vollkommne Automatismus des Instinkts erreicht wird, – diese Voraussetzung zu jeder Art Meisterschaft, zu jeder Art Vollkommenheit in der Kunst des Lebens.

[1] Ein Gesetzbuch nach Art des Manu aufstellen heisst einem Volke fürderhin zugestehn, Meister zu werden, vollkommen zu werden, – die höchste Kunst des Lebens zu ambitioniren. [2] Dazu muss es unbewusst gemacht werden: dies der Zweck jeder heiligen Lüge. – [3] Die Ordnung der Kasten, das oberste, das dominirende Gesetz, ist nur die Sanktion einer Natur-Ordnung, Natur-Gesetzlichkeit ersten Ranges, [4] über die keine Willkür, keine „moderne Idee" Gewalt hat.

[1] Es treten in jeder gesunden Gesellschaft, sich gegenseitig bedingend, drei physiologisch verschieden-gravitirende Typen auseinander, [2] von denen jeder seine eigne Hygiene, sein eignes Reich von Arbeit, seine eigne Art Vollkommenheits-Gefühl und Meisterschaft hat.

[1] Die Natur, nicht Manu, trennt die vorwiegend Geistigen, die vorwiegend Muskel- und Temperaments-Starken und die weder im Einen, noch im Andern ausgezeichneten Dritten, die Mittelmässigen, von einander ab, – die letzteren als die grosse Zahl, die ersteren als die Auswahl.

[1] Die oberste Kaste – ich nenne sie die Wenigsten – hat als die vollkommne auch die Vorrechte der Wenigsten: dazu gehört es, das Glück, die Schönheit, die Güte auf Erden darzustellen. [2] Nur die geistigsten Menschen haben die Erlaubniss zur Schönheit, zum Schönen: nur bei ihnen ist Güte nicht Schwäche. [3] Pulchrum est paucorum hominum: das Gute ist ein Vorrecht.

[1] Nichts kann ihnen dagegen weniger zugestanden werden, als hässliche Manieren oder ein pessimistischer Blick, ein Auge, [2] das verhässlicht –, oder gar eine Entrüstung über

bestehen: 存在。
pietätlos: 不虔敬的。
das Verbrechen: 犯罪。
der Vorfahre: 祖先（弱变化名词）。
in Zweifel ziehen: 怀疑。
sich begründen mit: 建立在……基础上，用……证明。

durchsieben: 精心筛选。
zurückdrängen: 挡住，遏制。
der Instinkt: 本能，直觉。

aufstellen: 订立。
fürderhin: 未来，今后。
zustehen: 有权利，应当得到。
ambitionieren: 努力争取。
die Kaste: 种姓。
die Sanktion: 批准，核准。
die Willkür: 任性，专断。
über etw. (A) Gewalt haben: 有权统辖某物。

auseinandertreten: 相互避开。
gravierend: 重大的。
die Hygiene: 卫生学，保健。

von einander abtrennen: 相互分离。
der Mittelmäßige: 中间、中等的人，平庸、庸常的人。

das Vorrecht: 特权。
dre Güte: 善良，善意。
die Schönheit: 美。
das Schöne: 美的事物。
pulchrum est paucorum hominum: 拉丁语，德语翻译为 das Schöne ist den wenigen Menschen, 美属于少数人。

die Manier: 态度，举止。
verhässlichen: 让……变丑。
die Entrüstung: 愤怒。

[解析] 句[1]中das ist die Behauptung解释的是Tradition；Behauptung带两个由dass引导的名词性从句，解释Behauptung的内容，均用第一虚拟式（habe, sei）；其中第二个从句包含一个带zu不定式成分，进一步说明dass之后的形式主语es；不定式中的es代指das Gesetz。句[2]为简单句，冒号后是两个并列关系的简单句，说明die Thesen的内容。

[解析] 句[1]主干为die höhere Vernunft liegt in der Absicht, 之后的不定式结构das Bewusstsein vom Leben zurückzudrängen解释Absicht的内容；括号为原文自带，进一步说明erkannt在此处的含义。句[2]是由so dass引导的结果从句；diese Voraussetzung做der vollkommene Automatismus des Instinkts的同位语。

[解析] 句[1]ein Gesetzbuch ... aufstellen为第一格补足语（主语）；zustehen引出三个带zu不定式结构。句[2]中dies后省略一个 ist: dies ist der Zweck ...。句[4]是由 (über) die引导的一个关系从句，关联词为Natur-Ordnung, Natur-Gesetzlichkeit。

[解析] 句[1]中es为占位词，真正主语是drei Typen；sich gegenseitig bedingend为插入语，做伴随状态。句[2]是由 (von) denen引导的关系从句，关联词为Typen。

[解析] 句[1]中的weder im Einen, noch im Andern指既不同于第一种类型（die Geistigen），也不同于第二种类型（die Muskel- und Temperaments-Starken），也就是die Dritten（第三种类型的人）；die letztere（之前最后提到的）也指第三种类型，即die Dritten或die Mittelmassigen; die ersteren（之前先提到的）指前面两种。

[解析] 句[1]后半部分的dazu指zu den Vorrechten, 之后的带zu不定式解释说明es, das Glück, die Schönheit, die Güte做darstellen的第四格补足语。

[解析] 句[1]注意nichts weniger ... als ... 这个双重否定结构的理解和翻译；句[2]是一个简短的关系从句，由das引导，关联词是ein Auge。句[4]的gehören有四个主语；der Tschandala selbst是Pathos的第二格。

den Gesammt-Aspekt der Dinge. [3] Die Entrüstung ist das Vorrecht der Tschandala; der Pessimismus desgleichen. [4] „Die Welt ist vollkommen – so redet der Instinkt der Geistigsten, der Jasagende Instinkt: die Unvollkommenheit, das Unter-uns jeder Art, die Distanz, das Pathos der Distanz, der Tschandala selbst gehört noch zu dieser Vollkommenheit."

[1] Die geistigsten Menschen, als die Stärksten, finden ihr Glück, worin Andre ihren Untergang finden würden: im Labyrinth, in der Härte gegen sich und Andre, im Versuch; ihre Lust ist die Selbstbezwingung: der Asketismus wird bei ihnen Natur, Bedürfniss, Instinkt. [2] Die schwere Aufgabe gilt ihnen als Vorrecht, mit Lasten zu spielen, die Andre erdrücken, eine Erholung ... Erkenntniss – eine Form des Asketismus. –

[1] Sie sind die ehrwürdigste Art Mensch: das schliesst nicht aus, dass sie die heiterste, die liebenswürdigste sind. [2] Sie herrschen, nicht weil sie wollen, sondern weil sie sind; es steht ihnen nicht frei, die Zweiten zu sein. –

[1] Die Zweiten: das sind die Wächter des Rechts, die Pfleger der Ordnung und der Sicherheit, das sind die vornehmen Krieger, das ist der König vor Allem als die höchste Formel von Krieger, Richter und Aufrechterhalter des Gesetzes. [2] Die Zweiten sind die Exekutive der Geistigsten, das Nächste, was zu ihnen gehört, das, was ihnen alles Grobe in der Arbeit des Herrschens abnimmt, – ihr Gefolge, ihre rechte Hand, ihre beste Schülerschaft. –

[1] In dem Allem, nochmals gesagt, ist Nichts von Willkür, Nichts „gemacht"; was anders ist, ist gemacht, – die Natur ist dann zu Schanden gemacht ... [2] Die Ordnung der Kasten, die Rangordnung, formulirt nur das oberste Gesetz des Lebens selbst; die Abscheidung der drei Typen ist nöthig zur Erhaltung der Gesellschaft, zur Ermöglichung höherer und höchster Typen, – die Ungleichheit der Rechte ist erst die Bedingung dafür, dass es überhaupt Rechte giebt. –

[1] Ein Recht ist ein Vorrecht. In seiner Art Sein hat Jeder auch sein Vorrecht. Unterschätzen wir die Vorrechte der Mittelmässigen nicht. Das Leben nach der Höhe zu wird immer härter, – die Kälte nimmt zu, die Verantwortlichkeit nimmt zu. [2] Eine hohe Cultur ist eine Pyramide: sie kann nur auf einem breiten Boden stehn, sie hat zu allererst eine stark und gesund consolidirte Mittelmässigkeit zur Voraussetzung.

die Chandala (Tschandala): 旃陀罗，贱民。
desgleichen: 同样地。

das Labyrinth: 迷宫。
die Selbstbezwingung: 自我抑制。
der Asketismus: 禁欲，禁欲主义。

[解析] 句[1]带由worin引导地点状语从句，主句中省略一个关联词dort (finden dort ihr Glück, worin ...)，冒号后的im Labyrith ...是具体说明，也就是dort的真正含义。句[2]中mit Lasten zu spielen ...是一个与前句并列的句子，此句结尾省略了一个ist (mit Lasten zu spielen ... ist eine Erholung); die 引导关系从句，解释Lasten, die 做从句主语；Erkenntnis后用"–"代替ist (Erkenntnis ist eine Form ...)。

ehrwürdig: 值得尊敬的。
ausschließen: 排除。
liebenswürdig: 可爱的。

[解析] 句[1]中有一个dass引导的名词性从句，做ausschließen的宾语补足语。句[2]带两个原因状语从句，均由weil引导；nicht ... sondern ... 表转折；es jm. frei stehen后接带zu不定式，意为有做某事的自由，之后的不定式即是要做的事情。

der Aufrechterhalter: 维护者，保持者。
die Exekutive: 行政机构，执行者。
grob：粗鄙的。
das Gefolge: 随从。

[解析] 句[1]中的注意排比句和并列成分。句[2]带两个关系从句，均由was引导，关联词分别为das Nächste和das，均指第二类人。

die Schande: 耻辱。
die Rangordnung: 等级秩序。
die Abscheidung: 分离，分化。

[解析] 句[2]最后有一个dass引导的名词性从句，关联词为dafür。

unterschätzen: 低估。
zunehmen: 增加。
die Pyramide: 金字塔。
zu allererst: 首先。
konsolidieren (consolidiren): 巩固，加强。

[解析] 句[2]最后hat ... zur Voraussetzung是"以……为前提"的意思。

[1] Das Handwerk, der Handel, der Ackerbau, die Wissenschaft, der grösste Theil der Kunst, der ganze Inbegriff der Berufstätigkeit mit Einem Wort, verträgt sich durchaus nur mit einem Mittelmaass im Können und Begehren: [2] dergleichen wäre deplacirt unter Ausnahmen, der dazugehörige Instinkt widerspräche sowohl dem Aristokratismus als dem Anarchismus.

[1] Dass man ein öffentlicher Nutzen ist, ein Rad, eine Funktion, dazu giebt es eine Naturbestimmung: nicht die Gesellschaft, die Art Glück, deren die Allermeisten bloss fähig sind, macht aus ihnen intelligente Maschinen. [2] Für den Mittelmässigen ist mittelmässig sein ein Glück; die Meisterschaft in Einem, die Specialität ein natürlicher Instinkt.

[1] Es würde eines tieferen Geistes vollkommen unwürdig sein, in der Mittelmässigkeit an sich schon einen Einwand zu sehn. [2] Sie ist selbst die erste Notwendigkeit dafür, dass es Ausnahmen geben darf: eine hohe Cultur ist durch sie bedingt. [3] Wenn der Ausnahme-Mensch gerade die Mittelmässigen mit zarteren Fingern handhabt, als sich und seines Gleichen, so ist dies nicht bloss Höflichkeit des Herzens, – es ist einfach seine Pflicht ...

[1] Wen hasse ich unter dem Gesindel von Heute am besten? [2] Das Socialisten-Gesindel, die Tschandala-Apostel, die den Instinkt, die Lust, das Genügsamkeits-Gefühl des Arbeiters mit seinem kleinen Sein untergraben, – die ihn neidisch machen, die ihn Rache lehren ...

[1] Das Unrecht liegt niemals in ungleichen Rechten, es liegt im Anspruch auf „gleiche" Rechte ... Was ist schlecht? [2] Aber ich sagte es schon: Alles, was aus Schwäche, aus Neid, aus Rache stammt. – Der Anarchist und der Christ sind Einer Herkunft ...

第4讲 尼采：《敌基督者》

der Ackerbau: 农耕，农业。
der Inbegriff: 全部，典型。
sich vertragen mit etw.(D)/jm.: 与某物 / 某人和谐共处。
dergleichen: 这样的，此类的。
deplacirt: 位置不对的，不适当的。
der Aristokratismus: 贵族制（贵族指优秀的人，非中世纪意义上的贵族）。
der Anarchismus: 无政府主义，无秩序，无等级制。

die Naturbestimmung: 自然规定。
die Meisterschaft: 精通（某门手艺）。

unwürdig: 无尊严的，有失体面或身份的。
der Einwand: 异议，反对。
handhaben: 操作，运用。
die Höflichkeit: 礼貌，客气。
die Pflicht: 义务。

das Gesindel: 流氓无赖。
die Genügsamkeit: 知足。
untergraben: 损害，销蚀。
neidisch: 嫉妒。
die Rache: 复仇。

der Anspruch: 要求。
der Neid: 嫉妒。
stammen: 出自。
der Anarchist: 无政府主义者。

[解析] 注意句[2]中两处虚拟式：wäre, wiederspräche; dazugehörig指属于Mittelmaass.

[解析] 句[1]开头的dass从句关联后面的dazu; nicht die Gesellschaft, die Art Glück逗号后省略了sondern; fähig sein 表示有能力做某事，后接第二格，此处deren代指die Art。句[2]中的mittelmässig sein整体是一个成分，充当主语; in Einem, 今作in einem, 意为在某项领域，某一方面。

[解析] 句[1]中的eines tieferen Geistes是第二格，是unwürdig所要求的配价；unwürdig sein后接带zu不定式；in etw. (D) einen Einwand sehen意为对某事表示抗议。句[2]带一个由dass引导的名词性从句，关联为dafür。句[3]的wenn ..., so ...为条件从句。

[解析] 句[2]中的关系从句包括了三个第四格补足语，分别是den Instinkt, die Lust和das Gefühl，整个从句由die引导；mit seinem kleinen Sein中的sein (seinem) 指Arbeiter。

[解析] 句[2]alles, was ...为关系从句；einer Herkunft (G) sein是"是一个来源"的意思。

75

修辞赏析

选文多用短句，表现出作者斩钉截铁、不容置疑的语气，富有雄辩力度，逻辑上因循精英式的思维方式。不难看出，通过将较短的简单句甚至是句中的某一部分词组进行并置，尼采进一步提升了其文字的流畅度与论战风格。

在学术德语的写作中，代副词扮演着重要的角色。代副词指的是通过"wo/da (+r) + 介词"这一规则所创出的词，如worüber/darüber, wofür/dafür等。以wo带起的代副词常常引导关系从句，而以da带起的代副词在主句中一旦出现，后面往往紧跟dass从句解释"da"所代替的内容。如：

eben damit würde es den imperativischen Ton einbüssen, das „du sollst", die Voraussetzung dafür, dass gehorcht wird.

代副词的使用往往可以展现出论证的严密逻辑，但相应的缺点便是句子会显得冗余，这就要求我们阅读时抓住关键词，理解主句与从句之间的关系。

全文翻译

如果把基督教的目的与《摩奴法典》的目的作一下比较，仔细考察两者目的的最大不同，便能立即看到基督教手段的非神圣性。基督教的批判者断不会放过这个轻蔑基督教的机会。像《摩奴法典》这样一部法典，其产生如每一部好的法典一样，即它总结了成百上千年的经验、聪明才智和实验——道德；它编好了就不再[继续]创造。编纂此类形式的法典的前提，是深刻地认识到，为缓慢而耗时耗力获得的真理赋予权威所使用的手段从根本上与人们用来证明真理的手段不同。一部法典从不说明用途、根据、某条法律如何而来，因为这样一来，它就会丧失命令式的口气，也就是"你应当"的口气，丧失它让人服从的前提。而问题恰恰就在这里。

——当某个民族发展到某个节点时，其中最审慎也就是最善于回顾历史、最远见卓识的阶层就会宣告，人们当按之或曰能按之生活的经验已经完备。这个阶层的目标就是，把进行实验的时代或有着糟糕经验的时代结出的果实，尽量丰富而完整地带回家。故而此时首先要避免的是再继续实验，让价值不稳定的状态继续持续，无休止地对价值进行检验、择选和评判。为此人们设立了两道防线：一个是启示，就是宣称那些律法的理性[基础]不是来自人，也不是缓慢地在错误的实践中找寻到的，而是它拥有神性起源，它完整、完美、没有历史、是一个馈赠、一个奇迹，人仅仅是被告知而已……

另一个是传统，就是宣称律法自古有之，若对之有所怀疑则是大不敬，是对祖先的犯罪。

律法的权威性建立在两个命题之上：神赋予了律法，祖先践行了它。——这一过程所包含的更高一级的理性是这样的意图：逐步让意识退后，以凸显已被正确认识到的生命（亦即由大量和严格筛选而来的经验所证明的生命）；如此一来，本能便成为完全的自然而然——这才是生命艺术中每一种杰出和完善的前提。按《摩奴法典》的方式订立法典，意味着赋予大众日后成为大师、趋于完善的权利——努力争取最高生命艺术的权利。为此，必须要让它成为无意识的：这是所有神圣谎言的目的。——种姓制度，亦即最高的、占主导地位的律法，不过是准立了第一流的自然—秩序、自然法则，任何专断或任何"现代理念"都不得凌驾于它。

在每一个健康的社会里，都有三种生理上侧重点不同的类型，它们互为条件又相互分隔，每一种都有自己的卫生、自己的工作领域、自己对于完善和杰出的感受方式。是自然，而非摩奴，把富精神气质的人、以膂力和血性取胜的人，与两者都不擅长的第三种人，也就是中等人[平庸的人]分开——后者是大多数，前两者则是遴选出来的。最高的种姓——我称之为极少数人——是最完善的种姓，便也拥有极少数人当享有的特权，包括展现尘世的幸福、美和善。只有最具精神气质的人才允许谈美，谈美的东西：只有在他们身上，善良才不是懦弱。美属于少数人：善是特权。

相反，没有什么比丑陋的举止、悲观的目光或让一切变丑的眼睛，甚或对一视同仁看待事物的做法感到愤怒，更不属于他们的权利。愤怒是贱民的特权，悲观同样如此。"世界是完善的——最具精神气质的人的本能暨他们肯定一切的本能如是说：不完善，各种低于—我们者，差距以及对差距、对贱民的激情本身，都是完善的一部分。"最具精神气质的人是最强大的人，他们在那些让别人毁灭的东西中找到自己的幸福：在迷宫中，在对自己和他人的严酷中，在尝试中；自我抑制是他们的乐趣所在：禁欲对于他们来说是自然，是需要，是本能。艰难的使命对于他们来说是特权，与那些对于别人来说是重负的东西游戏是休息……认知——禁欲的一种形式。——他们是最可敬的一类人：但这不排除，他们是最开朗、最可爱的人。他们做主人，并非因为他们愿意，而是因为他们天生如是；他们没有做第二等人的自由。

——第二类人：他们是法的守护者，是秩序和安全的维护者，是高雅的战士，位于万人之上的是国王，亦即战士、法官和法的维护者的最高形式。第二类人是最具精神气质者的执行者，是仅次于他们并隶属于他们的人，是为他们承担统治中所有粗鄙工作的人——是他们的随从、左膀右臂和最好的学生。换言之，所有这一切都绝非专断，绝非"人力所为"；非此，才是人力所为——自然便会受辱……种姓制度，或称等级秩序，只是表达了生命本身的最高法则；划分为三种类型是为维持社会、为使更高以及最高类型成为可能所必需的——权利的不平等才是权利终究得以存在的条件。

权利就是特权。每个人就其存在方式都有其特权。我们不要低估中间等级的特权。朝向高处的生命会越来越艰辛——越来越寒冷，责任越来越重大。高级文化是一个金字塔：它只能坐落在一个宽广的基底上，它的首要前提是一个强大、健康、稳固的中间等级。手工业、商业、农业、学术以及大多数技艺，一言以蔽，整个职业活动，基本上只适用于能力和抱负方面的中间等级：同样情况并不适用于特殊的人，属于中间等级的本能既与贵族制相悖，也与无政府主义相悖[与高等级和低等级的不同]。是自然的规定性，使他们成为对公共有用的东西，成为螺丝钉，或具有功能性；并非社会，而是绝大多数人能且仅能感受到的那种幸福，把他们变成有智识的机器。

对于中间等级的人来说，处于平庸就是幸福；精通某门手艺，具有专业本领，便是其自然的本能。对于一个更为深沉的有头脑的人来说，若对平庸本身提出异议，则完全有失身份。平庸是首要的必然条件，有了它才允许有特例：一个高级文化以平庸为条件。倘若特殊的人反而比对待自己或同类更温和地对待平庸之人，那么这不仅是出于他内心的礼貌——这索性就是他的义务……在今天的一干人等中我最恨谁？……他们埋葬了工人低微存在的本能、乐趣和知足感——让他变得嫉妒，教给他复仇……不公正从来都不在于权利不平等，而是在于要求"平等"权利……什么是坏的？我已经说过：所有源自懦弱、嫉妒和复仇的东西。——无政府主义者和基督徒同宗同源……

拓展阅读

在我看来，《善恶的彼岸》（*Beyond Good and Evil*）似乎是尼采写得最漂亮的书。这种印象或许与尼采本人的判断不一致，因为他倾向于认为他的《扎拉图斯特拉如是说》（*Zarathustra*）①是以德语写就的最深刻的书，就其语言来说也是最完美的。但是，"最漂亮"与"最深刻"甚至和"语言上的最完美"并不是一个意思。可以通过一个可能并不是过于牵强的例子来部分地对此加以说明。一般都同意这样的看法，即柏拉图的《王制》（*Republic*）、《斐德若》（*Phaedrus*）和《会饮》（*Banquet*）是他最漂亮的作品，虽然不一定是他最深刻的作品。然而，柏拉图没有在其作品当中就其或深刻或漂亮或语言上的完美作出区分。他[柏拉图]并不关注柏拉图——不关注他的私己性（ipsissimosity）——因而也不关注他的作品，而是指向自身之外的东西。而尼采则非常强调自己，强调他"尼采先生"。尼采"就个人而言"（personally）更为看好的不是《善恶的彼岸》，而是《朝霞》（*Dawn of Morning*）和《快乐的科学》（*Gay*

---

① 全名 *Also sprach Zarathustra*，又译《查拉图斯特拉如是说》。

Science），这恰恰是因为这两本书是其"最具个人性的"作品（见尼采1888年6月21日致Karl Knortz的信）。因为"个人的"（personal）这个词最终来源于表示"脸"的希腊词，这表明"个人的"与"深刻的"或者"语言上完美的"没有任何关系。

通过我们的判断，《善恶的彼岸》中被模糊地感觉到、但却没有充分表达出来的东西，在尼采自己《瞧，这个人》（*Ecce Homo*）里对《善恶的彼岸》的说明中得到了清晰的陈述：《善恶的彼岸》恰好是"充溢灵感的""酒神颂般［狂放恣肆］的"（dithyrambic）《扎拉图斯特拉如是说》的反面，正如扎拉图斯特拉是极富远见的，而在《善恶的彼岸》中，眼睛却被迫去逼真地抓取那些最近的、即时的（在场的）和周围的东西。这种关注点的变化要求在所有的方面——"首要地也是在形式的方面"——同样的任意性脱离使《扎拉图斯特拉如是说》得以可能的各种本能：形式上、意图上以及沉默艺术上的优雅的微妙（graceful subtlety）在《善恶的彼岸》中处于最显著的位置（in the foreground），这等于说，这些品性没有出现在《扎拉图斯特拉如是说》的最显著位置，尼采的其他著作就更不用提了。

列奥·施特劳斯：《柏拉图式政治哲学研究》，张缨等译，
华夏出版社，2012年，第234—235页。

课后练习

[1] In der Tat, es macht einen Unterschied, zu welchem Zweck man lügt: ob man damit erhält oder zerstört. [2] Man darf zwischen Christ und Anarchist eine vollkommne Gleichung aufstellen: [3] ihr Zweck, ihr Instinkt geht nur auf Zerstörung.

[4] Den Beweis für diesen Satz hat man aus der Geschichte nur abzulesen: [5] sie enthält ihn in entsetzlicher Deutlichkeit. [6] Lernten wir eben eine religiöse Gesetzgebung kennen, deren Zweck war, die oberste Bedingung dafür, daß das Leben gedeiht, eine große Organisation der Gesellschaft zu „verewigen" – [7] das Christenturn hat seine Mission darin gefunden, mit eben einer solchen Organisation, weil in ihr das Leben gedieh, ein Ende zu machen.

[8] Dort sollte der Vernunft-Ertrag von langen Zeiten des Experiments und der Unsicherheit zum fernsten Nutzen angelegt und die Ernte so groß, so reichlich, so vollständig wie möglich heimgebracht werden: [9] hier wurde, umgekehrt, über Nacht die Ernte vergiftet ...

Aus ***Der Antichrist***

1. 指出句[1]es所指代的内容。
2. 分析句[6]中的从句结构。
3. 找出该选段中所有的代副词。
4. 翻译句[8]。

附录

● 尼采使用的概念

1. das Apollinische: 阿波罗精神/日神精神；das Dionysische: 狄奥尼索斯精神/酒神精神
2. Immanenz: 内在性，固有性（与Transzenden相对应）
3. Wille zur Macht: 权力意志
4. Casuistik: 判例
5. Ordnung der Kasten: 种姓制度
6. Tschandala: 贱民
7. Aristokratismus: 贵族制
8. Anarchismus: 无政府主义

● 选文和参考译文：

Friedrich Nietzsche: *Sämtliche Werke. Kritische Studienausgabe*, Bd. 6, hrsg. v. G. Colli u. M. Montinari, München 1999, S. 241—244.

吴增定：《〈敌基督者〉讲稿》，生活·读书·新知三联书店，2012年，第248—253页。

● 尼采重要著作一览

Die Geburt der Tragödie aus dem Geiste der Musik (1872)（《悲剧的诞生》）

Unzeitgemäße Betrachtungen (1873—1876)（《不合时宜的考察》）

Also sprach Zarathustra (1883—1885)（《查拉图斯特拉如是说》）

Jenseits von Gut und Böse (1886)（《善恶的彼岸》）

Zur Genealogie der Moral (1887)（《道德的谱系》）

Götzen-Dämmerung oder Wie man mit dem Hammer philosophiert (1889)（《偶像的黄昏》）

● 拓展阅读

Friedrich Nietzsche: *Sämtliche Werke. Kritische Studienausgabe in 15 Bänden*, hrsg. v. G. Colli u. M. Montinari, München 1999.

朗佩特：《尼采的使命——〈善恶的彼岸〉绎读》，李致远、李小均译，华夏出版社，2009年。

马丁·海德格尔：《尼采》（上、下卷），孙周兴译，商务印书馆，2003年。

奥弗洛赫蒂著等编：《尼采与古典传统》，田立年译，华东师范大学出版社，2007年。
戴维·罗宾逊：《尼采与后现代主义》，程炼译，北京大学出版社，2005年。
吴增定：《尼采与柏拉图主义》，上海人民出版社，2005年。
刘小枫选编：《尼采在西方（重订本）》，华东师范大学出版社，2014年。
张文涛：《尼采六论——哲学与政治》，华东师范大学出版社，2007年。
陈鼓应：《悲剧哲学家尼采》，上海人民出版社，2006年。
刘小枫选编：《尼采与古典传统续编》，黄立年译，华东师范大学出版社，2008年。
列奥·施特劳斯：《柏拉图式政治哲学研究》，张缨等译，华夏出版社，2012年。

第5讲 韦伯：
《以学术为业》
Lektion 5 Max Weber: *Wissenschaft als Beruf*

作者学术生平

Max (Maximilian Carl Emil) Weber (1864—1920) war ein deutscher Soziologe und Nationaloekonom. Er gilt als einer der Klassiker der Soziologie sowie der gesamten Kultur- und Sozialwissenschaften. Mit seinen Theorien und Begriffsprägungen hatte er großen Einfluss insbesondere auf die Wirtschafts-, die Herrschafts- und die Religionssoziologie. Mit seinem Namen verknüpft sind die „Protestantismus-Kapitalismus-These", das Prinzip der „Werturteilsfreiheit" sowie die Unterscheidung von „Gesinnungs-" und „Verantwortungsethik".

Weber studierte von 1882 bis 1886 Jura, Nationaloekonomie, Philosophie und Geschichte in Heidelberg, Goettingen und Berlin. 1909 gründete er zusammen mit F. Toennies, G. Simmel und W. Sombart die Deutsche Gesellschaft für Soziologie (DGS).

Zu seinen bekanntesten und den weltweit verbreiteten Werken der Soziologie zählen die 1904 und 1905 unter dem Titel *Die protestantische Ethik und der „Geist" des Kapitalismus* veröffentlichten Abhandlungen. Den Kern der Weberschen Analyse bildet sein Nachweis, dass eine erhöhte Wahrscheinlichkeit für die Entstehung des modernen, betriebswirtschaftlichen Kapitalismus besteht, wenn bestimmte ökonomische Komponenten mit einem religiös „fundamentierten", innerweltlich-asketischen Berufsethos zusammentreffen.

Das besondere „Wahlverwandtschaftsverhältnis" zwischen Protestantismus und Kapitalismus ist z. B. nach Weber durch einzelne religiöse Motive – Beruf als „Berufung" und das daraus sich bildende Ethos „rationaler", innerweltlich-asketischer Lebensführung – bedingt.

Eine direkte Ableitbarkeit des kapitalistischen Wirtschaftshandelns aus protestantischen Mentalitätsursprüngen behauptet Weber nicht.

马克斯·韦伯（1864—1920），德国社会学家、国民经济学家，社会学和整个文化及社会科学的经典理论家之一。韦伯提出的理论和概念对经济社会学、管理社会学和宗教社会学产生了尤为重大的影响。他的名字与"新教与资本主义"命题、"价值判断自由"原则及"信念伦理"与"责任伦理"的区分紧密相连。

韦伯于1882年至1886年先后在海德堡、哥廷根和柏林学习法学、国民经济学、哲学和历史。1909年，他与滕尼斯、齐美尔和桑巴特一同成立了德国社会学协会（DGS）。

韦伯最著名并广泛流传的社会学著作是1904及1905年以《新教伦理与资本主义精神》为题出版的论文集。其分析的核心是证明：当某些经济因素与一种以宗教"为基础"的入世禁欲主义的职业伦理相结合时，现代企业经济式的资本主义出现的可能性就会增加。

韦伯认为，新教与资本主义之间特殊的"亲和关系"取决于个别的宗教动机，其中重要的是把职业当作"天职"，以及由此形成的"理性的"、入世禁欲主义的生活方式。然而韦伯并未宣称，资本主义的经济行为可以直接从新教精神气质的源头推演出来。

编者导读

"以学术为业"，按字面意思且用韦伯的术语解释，便是"学术暨天职"，这里的学术有科学、知识总和的意思。这是一篇演讲稿。韦伯于1917年在慕尼黑大学应学生邀请作同名讲演，1919年发表，旋即引起热烈讨论。韦伯所关心的是他所处时代中学术的意义，或曰科学、理性和宗教（价值）的关系。

选文涉及学术与价值判断，表明学术与价值和伦理分属不同界域，价值判断只有神才能做到，学术、大学和教师只能理解，却无法左右。

韦伯几个著名的术语，如职业伦理、入世禁欲主义等，均出现在选文中，读者可根据上下文更透彻地理解。同时，作为韦伯思想的一个基本思维模式，现代社会中宗教与世俗化之间的相互转换也是选文的底色。

1917年是一个极其敏感的年份，在韦伯针对德国时局（党派、教派纷争）所作的演讲中也有很多未被点破的难言之隐。

选文纵览[①]

Ich frage nur: [1] Wie soll auf der einen Seite ein gläubiger Katholik, auf der anderen Seite ein Freimaurer in einem Kolleg über die Kirchen- und Staatsformen oder über Religionsgeschichte, – wie sollen sie jemals über diese Dinge zur gleichen Wertung gebracht werden?! Das ist ausgeschlossen.

[1] Und doch muß der akademische Lehrer den Wunsch haben und die Forderung an sich selbst stellen, dem einen wie dem andern durch seine Kenntnisse und Methoden nützlich zu sein. [2] Nun werden Sie mit Recht sagen: der gläubige Katholik wird auch über die Tatsachen des Herganges bei der Entstehung des Christentums niemals die Ansicht annehmen, die ein von seinen dogmatischen Voraussetzungen freier Lehrer ihm vorträgt. Gewiß!

[1] Der Unterschied aber liegt in folgendem: die im Sinne der Ablehnung religiöser Gebundenheit „voraussetzungslose" Wissenschaft kennt in der Tat ihrerseits das „Wunder" und die „Offenbarung" nicht. [2] Sie würde ihren eigenen „Voraussetzungen" damit untreu. [3] Der Gläubige kennt beides. Und jene „voraussetzungslose" Wissenschaft mutet ihm nicht weniger – aber: auch *nicht mehr* – zu als das Anerkenntnis: daß, *wenn* der Hergang ohne jene übernatürlichen, für eine empirische Erklärung als ursächliche Momente ausscheidenden Eingriffe erklärt werden solle, er so, wie sie es versucht, erklärt werden müsse. [4] Das aber kann er, ohne seinem Glauben untreu zu werden.

[1] Aber hat denn nun die Leistung der Wissenschaft gar keinen Sinn für jemanden, dem die Tatsache als solche gleichgültig und nur die praktische Stellungnahme wichtig ist? Vielleicht doch. Zunächst schon eins. [2] Wenn jemand ein brauchbarer Lehrer ist, dann ist es seine erste Aufgabe, seine Schüler unbequeme Tatsachen anerkennen zu lehren, solche, meine ich, die für seine Parteimeinung unbequem sind; und es gibt für jede Parteimeinung – z. B. auch für die meinige – solche äußerst unbequeme Tatsachen.

---

① 选文摘自 1919 年第一版原文，故未采用新的正字法。

der Katholik: 天主教徒。
der Freimauer: 共济会成员。

[解析] 两个wie引导的句子表达同一意思，可以整合为一句话；"-"号前可视为句子的前半部分，即说明双方的身份的背景；"-"后面是句子的后半部分，即主要的动词；sie代指Katholik和Freimauer，diese Dinge代指Kirchen- und Staatsformen和Religionsgeschichte；jn. über etw. (A) zur gleichen Wertung bringen意为让某人就某事取得一致的价值评判。

die Forderung: 要求。
nützlich: 有用的。
der Hergang: 过程。
die Ansicht annehmen: 接受某种观点。
vortragen: 讲授。

[解析] 句[1]后接带zu不定式，关联词是Wunsch和Forderung，带zu不定式解释两者的具体内容。句[2]的主语Sie意为"您"，针对的是在座全体听众；die引导关系从句，关联词为die Ansicht；ein von ... freier Lehrer为复合定语结构，意为"一个不受……限制的教师"。

die Offenbarung: 启示。
zumuten: 对某人过高要求，苛求某人。
ausscheidend: 排除在外的。
der Eingriff: 侵犯，干涉。

[解析] 句[1]中Ablehnung religiöser Gebundenheit，意为拒绝宗教束缚；ihrerseits指的是voraussetzungslose Wissenschaft，即从科学的角度看。句[2]为虚拟式，省略了前提"如果科学了解认识奇迹和启示的话"。句[3]中的ihm指上句的Gläubiger；dass从句关联词为Anerkenntnis，此句的主干为dass er so erklärt werden müsse，在句中插入了一个wenn引导的条件从句，其主干与dass句主干成分相同，因此er代替Hergang，之后的sie代替的是本段论述的主体，即Wissenschaft；wie引导一个比较从句，关联词为so，此处强调方式。句[4]包含ohne ... zu ...结构。

gleichgültig: 无所谓的。
die Stellungnahme: 表态。
unbequem: 不舒服的。

[解析] 句[1]中的dem引导关系从句，关联词为jemanden，在从句中做第三格。句[2]中的wenn引导条件从句，用带zu的不定式说明Aufgabe的内容；solche做Tatsachen的同位语，后接die引导的关系从句。

[1] Ich glaube, wenn der akademische Lehrer seine Zuhörer nötigt, sich daran zu gewöhnen, daß er dann mehr als eine nur intellektuelle Leistung vollbringt, [2] ich würde so unbescheiden sein, sogar den Ausdruck „sittliche Leistung" darauf anzuwenden, wenn das auch vielleicht etwas zu pathetisch für eine so schlichte Selbstverständlichkeit klingen mag.

[1] Bisher sprach ich nur von *praktischen* Gründen der Vermeidung eines Aufdrängens persönlicher Stellungnahme. Aber dabei bleibt es nicht. [2] Die Unmöglichkeit „wissenschaftlicher" Vertretung von praktischen Stellungnahmen – außer im Falle der Erörterung der Mittel für einen als fest *gegebenen* vorausgesetzten Zweck – folgt aus weit tiefer liegenden Gründen.

[1] Sie ist prinzipiell deshalb sinnlos, weil die verschiedenen Wertordnungen der Welt in unlöslichem Kampf untereinander stehen. [2] Der alte Mill, dessen Philosophie ich sonst nicht loben will, aber in diesem Punkt hat er recht, sagt einmal: [3] wenn man von der reinen Erfahrung ausgehe, komme man zum Polytheismus. [4] Das ist flach formuliert und klingt paradox, und doch steckt Wahrheit darin.

[1]Wenn irgend etwas, so wissen wir es heute wieder: daß etwas heilig sein kann nicht nur: obwohl es nicht schön ist, sondern: weil und insofern es nicht schön ist, – in dem 53. Kapitel des Jesaiasbuches und im 22. Psalm können Sie die Belege dafür finden; – [2] und daß etwas schön sein kann nicht nur: obwohl, sondern: in dem, worin es nicht gut ist, das wissen wir seit Nietzsche wieder, [3] und vorher finden Sie es gestaltet in den „Fleurs du mal", wie Baudelaire seinen Gedichtband nannte; – [4] und eine Alltagsweisheit ist es, daß etwas wahr sein kann, obwohl und indem es nicht schön und nicht heilig und nicht gut ist.

[1] Aber das sind nur die elementarsten Fälle dieses Kampfes der Götter der einzelnen Ordnungen und Werte. [2] Wie man es machen will, „wissenschaftlich" zu entscheiden zwischen dem *Wert* der französischen und deutschen Kultur, weiß ich nicht. Hier streiten eben auch verschiedene Götter miteinander, und zwar für alle Zeit.

[1] Es ist wie in der alten, noch nicht von ihren Göttern und Dämonen entzauberten Welt, nur in anderem Sinne: [2] wie der Hellene einmal der Aphrodite opferte und dann dem Apollon und vor allem jeder den Göttern seiner Stadt, so ist es, entzaubert und entkleidet der mythischen, aber innerlich wahren Plastik jenes Verhaltens, noch heute.

nötigen: 力请，强迫。
unbescheiden: 不谦虚的。
pathetisch: 激昂慷慨的。

[解析] 句[1]中的nötigen后接一个带zu不定式；dass引导名词性从句，与之前的daran呼应，解释daran代替的内容。句[2]语义上从属句[1]，也就是进一步解释mehr als intellektuelle Leistung的含义，即sittliche Leistung；语法上wenn auch 带一个让步从句，结构倒装；主句unbescheiden sein后接带zu不定式，说明动作anzuwenden。

aufdrängen: 强加。
die Erörterung: 探讨。

[解析] 句[1]中的Gründen后有三层结构的第二格：der Vermeidung, eines Aufdrängens, persönlicher Stellungnahme。句[2]主干为Die Unmöglichkeit folgt aus ..., 破折号中为插入语。

unlöslich: 难解难分的。
der Polytheismus: 多神论。

[解析] 句[1]带一个由weil引导的原因从句；sie代指上文提到的Vertretung，即用实际立场代替学术立场。句[2]主干为der alte Mill ... sagt einmal; dessen引导关系从句，关联词为Mill；aber句则为插入语，表明dessen从句的作用。句[3]带一个由wenn引导的条件从句，主从句都用第一虚拟式（ausgehe, komme），表示引述他人（Mill）观点。

insofern: 只要（表条件）。
der Beleg: 证据。

[解析] 句[1]开头wenn irgend etwas只是一个口语插入成分，非实际条件句，引出和呼应之后wir wissen的内容；此句的主干是wir wissen es, dass...; dass从句又带一个让步从句、一个原因从句，两者被nicht nur ..., sondern (auch) ...结构连接起来；破折号内的部分为插入语，为前文提供证据。句[2]主干结构与句[1]相同：dass ..., das wissen wir seit ..., 宾语从句提前；in dem, worin是一个关系从句。句[3]中的es指前文"不善但美"的情况，wie引导一个比较从句。句[4]带两级从句，dass从句后接obwohl和indem。此段核心是在论述人们对于"真、美与神圣的关系"之认识的变化。

elementar: 基本的。

[解析] 句[1]die Fälle带三层结构的第二格：dieses Kampfes, der Götter, der einzelnen Ordnungen und Werte。句[2]带一个由wie引导的方式从句，从句中machen后接一个带zu不定式。

der Dämon: 魔。
entzaubert: 祛了魅的。
der Hellene: 希腊人。
opfern: 献祭。
entkleiden: 脱衣。
mythisch: 神话式的，神话般的。
die Plastik：雕塑，造型。

[解析] 句[1]中的noch nicht von ...是entzaubert要求的补足语，为entzaubern的内容。句[2]主干wie der Hellene ..., so ist es noch heute, wie引导一个比较从句表方式，从句中jeder与der Hellene并列；entzaubert und entkleidet为插入成分，表状态，der mythischen und wahren Plastik是entzaubert和entkleidet要求的第二格成分。

[1] Und über diesen Göttern und in ihrem Kampf waltet das Schicksal, aber ganz gewiß keine „Wissenschaft". [2] Es läßt sich nur verstehen, *was* das Göttliche für die eine und für die andere oder: in der einen und der anderen Ordnung ist. [3] Damit ist aber die Sache für jede Erörterung in einem Hörsaal und durch einen Professor schlechterdings zu Ende, so wenig natürlich das darin steckende gewaltige *Lebens*problem selbst damit zu Ende ist.

[1] Aber andere Mächte als die Katheder der Universitäten haben da das Wort. [2] Welcher Mensch wird sich vermessen, die Ethik der Bergpredigt, etwa den Satz: „Widerstehe nicht dem Übel" oder das Bild von der einen und der anderen Backe, „wissenschaftlich widerlegen" zu wollen?

[1] Und doch ist klar: es ist, innerweltlich angesehen, eine Ethik der Würdelosigkeit, die hier gepredigt wird: [2] man hat zu wählen zwischen der religiösen Würde, die diese Ethik bringt, und der Manneswürde, die etwas ganz anderes predigt: [3] „Widerstehe dem Übel, – sonst bist du für seine Übergewalt mitverantwortlich."

[1] Je nach der letzten Stellungnahme ist für den Einzelnen das eine der Teufel und das andere der Gott, [2] und der Einzelne hat sich zu entscheiden, welches für ihn der Gott und welches der Teufel ist. [3] Und so geht es durch alle Ordnungen des Lebens hindurch.

[1] Der großartige Rationalismus der ethisch-methodischen Lebensführung, der aus jeder religiösen Prophetie quillt, hatte diese Vielgötterei entthront zugunsten des „Einen, das not tut" – [2] und hatte darin, angesichts der Realitäten des äußeren und inneren Lebens, sich zu jenen Kompromissen und Relativierungen genötigt gesehen, die wir alle aus der Geschichte des Christentums kennen.

[1] Heute aber ist es religiöser „Alltag". [2] Die alten vielen Götter, entzaubert und daher in Gestalt unpersönlicher Mächte, entsteigen ihren Gräbern, streben nach Gewalt über unser Leben und beginnen untereinander wieder ihren ewigen Kampf.

[解析] 句[2]带一个由was引导的主语从句，was从句就是主句中es的内容，从句的主干为was das Göttliche ist，für die eine und für die andere后省略了Ordnung。句[3]带一个由so wenig引导的让步从句，darin指in der Sache。

die Katheder: 讲台。
das Wort haben: 有发言权。
sich vermessen: 胆敢，敢于。
die Bergpredigt: 圣山宝训。
widerstehen: 抵抗。
widerlegen: 反驳。

[解析] 句[2]主干为welcher Mensch wird sich vermessen, die Ethik, den Satz oder das Bild widerlegen zu wollen, Ethik, Satz和Bild是同位成分。

innerweltlich: 入世的。
die Würde: 尊严。
predigen: 布道。

[解析] 句[1]主干为es ist eine Ethik der Würde-losigkeit, die引导关系从句，关联词为Würdelosigkeit, innerweltlich angesehen为插入成分。句[2]主干为man hat zu wählen zwischen der religiösen Würde und der Manneswürde, Würde和Manneswürde分别带起一个die引导的关系从句。

je nach: 根据不同的……。
der Teufel: 鬼，魔鬼。
hindurchgehen: 贯穿。

[解析] 句[1]主干为das eine (ist) der Teufel und das andere (ist) Gott。句[2]中的welches引导从句做entscheiden的宾语。

die Prophetie: 预言。
quellen: 流出，涌出。
die Vielgötterei: 多神。
entthronen: 赶下台，罢黜。
zugunsten: 对……有利。
not tut: 需要。
angesichts: 鉴于。

[解析] 句[1]主干为der Rationalismus hatte diese Vielgötterei entthront, der引导关系从句，关联为Rationalismus; das引导一个关系从句not tut, das关联des Einen (das Eine)。句[2]的主语仍然是Rationalismus; 主干为der Rationalismus hatte darin (代das Eine, das not tut) sich genötigt gesehen; die引导关系从句，关联词为Kompromissen und Relativierungen。zugunsten和angesichts为后接第二格名词的介词。

entsteigen: 升起。
nach etw. (D) streben: 追求某物。

[解析] 句[2]主干为die Götter entsteigen, streben und beginnen, 主语带三个动词; entzaubert部分为插入成分。

[1] Das aber, was gerade dem modernen Menschen so schwer wird, und der jungen Generation am schwersten, ist: einem solchen *Alltag* gewachsen zu sein. [2] Alles Jagen nach dem „Erlebnis" stammt aus dieser Schwäche. [3] Denn Schwäche ist es: dem Schicksal der Zeit nicht in sein ernstes Antlitz blicken zu können.

[1] Schicksal unserer Kultur aber ist, daß wir uns dessen wieder deutlicher bewußt werden, nachdem durch ein Jahrtausend die angeblich oder vermeintlich ausschließliche Orientierung an dem großartigen Pathos der christlichen Ethik die Augen dafür geblendet hatte.

gewachsen: 能胜任的。
das Jagen: 追逐。
das Antlitz: 面容。

bewusst: 意识到的。
angeblich: 所谓的。
vermeintlich: 臆想的，假想的。
ausschließlich: 独有的，特有的。

[解析] 句[1]主干为das ist: gewachsen zu sein; was引导关系从句，关联词为das。句[3]dem Schicksal (D) in sein（代Schicksal）Antlitz (A) blicken意为看到命运的面容。

[解析] 该句带一个由dass引导的名词性从句，说明Schicksal的内容；dessen指Schicksal；nachdem引导时间从句，主干为nachdem die Orientierung die Augen geblendet hatte; dafür指für das Schicksal。

修辞赏析

这篇选文是一篇演讲稿，其语言特点是口语性强，存在很多插入语或说了一半的、缩略的句子。这给阅读理解造成了一定的困难。

如开篇第一句就是一个完整句子的拆分：

Ich frage nur: Wie soll auf der einen Seite ein gläubiger Katholik, auf der anderen Seite ein Freimaurer in einem Kolleg über die Kirchen- und Staatsformen oder über Religionsgeschichte, – wie sollen sie jemals über diese Dinge zur gleichen Wertung gebracht werden?!

这个句子看似是由两个wie引导，但含义上却只是一个完整的句子。韦伯用第一个wie解释了他即将引出用于对比的两个对象，一位天主教徒和一位共济会成员；而全句的动词及动词结构在第二个wie后才出现。因此，如果我们将其整合，可以得到以下的结果：

Wie sollen auf der einen Seite ein gläubiger Katholik und auf der anderen Seite ein Freimaurer in einem Kolleg über die Kirchen- und Staatsformen oder über Religionsgeschichte zur gleichen Wertung gebracht werden?!

在实际沟通中，一次性说出一个结构和成分如此复杂的句子并不容易，因此，常见的做法反而是对句子进行拆分，对重点的部分进行强调，也即韦伯采取的表达策略。

在口语中常见的另外一类结构就是插入语。插入语往往是对条件或者论述的情况加以补充的限定，有时是状语结构，有时则是完整的句子。在某些情况下，关系从句也起到了插入语的作用。例如：

Die Unmöglichkeit „wissenschaftlicher" Vertretung von praktischen Stellungnahmen – außer im Falle der Erörterung der Mittel für einen als fest gegebenen vorausgesetzten Zweck – folgt aus weit tiefer liegenden Gründen.

这句话中的außer部分就是一个较长的状语结构，对论述的前提进行进一步的限定。

在文段中较多口语化表达的情况下，结合上下文多朗读几遍是很好的方法。在朗读的过程中，语感和上下文之间的关联就会自然呈现出来。

第5讲 韦伯:《以学术为业》

全文翻译

我的问题是,若在一门课上,一方是虔诚的天主教徒,一方是共济会成员,那么就教会和国家形式或宗教史问题,如何让他们达成同样的价值判断呢?!这是绝不可能的。然而,大学教师必须要有愿望,且对自己提出要求,用自己的知识和方法,让一方和另一方都有所获益。在座的诸位很可能会说,就基督教形成过程的事实,虔诚的天主教徒断不会接受一位不以教义为前提的教师所言。诚然如是!因两者的区别在于:在摒除宗教束缚意义上的"无预设的"学术,确实不认"奇迹"和"启示",否则它就会不忠实于自己的"各项前提"。而信仰者则承认这两点。无预设的学术对他的苛求更多——或无非——是让他承认,倘若形成过程不应当通过超自然的干涉来解释的话,抑或经验性解释不应当把超自然干涉视为原始因素的话,那么这个过程则可以像[无预设的]学术所致力的那样解释。他可以这样做却仍然忠实于自己的信仰。

然而这样一来,对于那些不关心事实本身的人来说,或对于那些只重视实际立场的人来说,学术的成就不就毫无意义了吗?或许有。至少在一点上。某人若是可用的教师,那么他的首要任务就是,教自己的学生学会认可那些让人感到不舒服的事实,即那些对于其所属党派而言不舒服的事实。而对于每一个党派意见,就比如对于我自己的党派意见,都有一些令人极不舒服的事实。我认为,大学教师当要求自己的听众习惯于:教师不仅要教授知识,而且——恕我不谦虚地说——还要教授"道德习俗",虽然如此抬高这样一件简单而理所应该的事显得有点夸张。

至此,我仅谈到要避免把个人立场强加给他人的实际原因。这还不够。之所以不可用学术代表实际立场——除非在探讨为达某既定目的所采取的手段的时候[这时就不存在立场问题]——实有着更为深厚的原因。用学术代表实际立场是无意义的,因为世上各种价值秩序本就纠缠不清。我虽不赞成老密尔①的哲学观点,但认为他在一点上说得有理:若从纯粹的经验出发,就会得出多神论。这句话说得直白,听起来矛盾,却包含着真理。而今我们重又认识到,某些事物能够成为神圣的,不仅是因为它尽管不美但却神圣,而且是因为并正因为它不美——如以赛亚53和诗篇22中所写。自尼采起我们也重又认识到,某些事物能够成为美的,不仅是在于尽管它不善,而且恰在于它不善。在尼采之前,这种认识出现在波德莱尔的诗集《恶之花》中。至于某些事物可以是真的,尽管或正因为它不美、不神圣、不善,则更是习以为常了。然而这些都不过是代表各自秩序和价值的众神之间争执的最基本情况。再如我且不知,如何"学术地"对法国文

---

① 指詹姆斯·密尔(James Mill, 1773—1836),英国政治家和哲学家,提倡功利主义。称之为老密尔是为与《论自由》(《群己权界论》)的作者密尔(John Stuart Mill, 1806—1873,旧译穆勒)区分。

化和德国文化的价值进行裁决。在此原也有不同的神明互相争吵，而且永无休止。这正如在古老的、尚未祛除神魔的世界，不过是在另一个意义上：好比希腊人先是向阿芙洛狄特、后又向阿波罗献祭，或好比人人都向自己城的神明献祭，这在今天莫不如此，只是祛除和褪去了古人献祭时神话式却又不乏内在真实的形式。在这些神明之上或裁决其斗争的是命运，并非"学术"。人们无非就只能认识到，对于这种那种秩序，或在这种那种秩序中，神性是什么。对于教室中所有由教授引导的讨论而言，事情就结束了，尽管其中所包含的重大生命问题本身还远远没有结束。对此有发言权的是不同于大学讲台的势力。有谁胆敢自不量力，"用学术来反驳"圣山宝训的伦理，反对"不要与恶人作对"或关于右脸和左脸的比喻呢？然而显然，若入世地看，此处所宣讲的是某种无视尊严的伦理。人们需得在两种尊严之间进行选择：一种是此类伦理背后的宗教的尊严，一种是宣扬完全不同东西的世俗的人的尊严："要抵抗恶——否则你要为恶的得逞分担责任。"鉴于不同的终极立场，对每个个人来讲，都一个是魔鬼另一个则是上帝；每个个人都要自行裁决，对于他来说哪个是上帝哪个是魔鬼。这种选择涉及生活中所有的秩序。有一种了不起的理性主义，它源自宗教预言，表现在伦理—循道的生活方式中，它为有利于"某一种必须遵从的因素"而摒除了多神形式——并且，它鉴于外在和内在生活的现实，又被迫接受种种妥协和相对化，诚如我们所知道的基督教历史中的那些妥协和相对化。然而如今带有宗教色彩的"日常生活"却成为常态。很多古老的神明，祛了魅并因此以各种非人格势力的形态，从坟墓中走出来，努力掌控我们的生活，并再次开始他们之间永恒的斗争。此时，对于现代人非常困难、对于年轻一代最为困难的恰是：很好地应对这样的日常生活。所有追逐"体验"的做法都由这一弱点所致。因为所谓弱点是：不能直面时代命运的严肃面孔。

　　我们文化的命运，即是在千年来热诚于基督教伦理，且看上去似乎把它视为唯一参照因而失明后，再次明确地意识到这一命运问题。

拓展阅读

　　在这里，当韦伯跨越他本人的专业学术界限来表达自己的观点时，他表现出一种令人吃惊的消极的教条主义，而在其他场合下，这并不是韦伯的特点。今天我们对于真理概念所做的认识论定义，肯定会与柏拉图的定义不同。但是，即使以必要的谨慎来开始工作，人们也有十足的理由认为，通过哲学，不但可以追求"真正的"存在和"真正的"自然，并且也能追求"真正的"艺术、"真正的"幸福和"真正的"上帝，也就是说，在尊重所有这些生活中美好的事物和价值的同时，努力做到理论上的清醒。由此产生的是真正的、科学的哲学，对于其中的问题，人类是绝不会漠然视之的。这里我们必须指出，韦伯本人同他明白表示的看法相比，更接近于他所反对的观点。当他说，现代科学能给予人类的最好的东西就是清明的头脑的时候，他正是在用柏拉图的声音说话。可以说，对于存在、自然、艺术、幸福和上帝，凡是做到了理论上清楚的事情，从原则上说也同样能纳入今天的科学。但是，科学在人类生活的价值方面所达到的清明，也同时提供了关于它们的"真理"。这并不意味着我们可以期待理论中存在着"关于来世的教诲"，但我们可以说，科学并不必然导致解除这个世界的神秘性，因为它有着足够的能力，让我们充分意识到生活的"神秘"，由此造成的清明，对于一个具备理论头脑的人来说，仍然可以给他带来幸福和喜悦，其程度绝不亚于柏拉图的阳光带给人的欢乐和幸福。

……

确实，如果考虑到韦伯谈到的理论家和实践者的关系，就会引起具有哲学性质的更大困难。他本人并不想只做一名学者，他也想发挥政治作用；他越是严守自己在概念清晰和价值中立的纯理论上的科学理想，他在生活中的整个立场就越会发生困难。如果他在为自己规定目标时，不是遵循概念思维的途径，而是以某种直觉或"直观"的方式，然后便肯定它们的价值，那么他只能做到政治上的积极。当然，为了使别人追随他，他必须担当起"布道者"的角色，然而他又认为这同科学工作是不相容的，为此只能将追求理解的理论家同必须采取行动的实践者做明确的区分，不仅从概念上要如此，从他本人人格的真实性讲也要如此，这就是说，撰写学术文章或讲课的他，同在一般报纸或公众集会上表达信念的他，在行动上要尽量做到判若两人。

李凯尔特：《马克斯·韦伯的科学观》，
马克斯·韦伯：《学术与政治》，冯克利译，
生活·读书·新知三联书店，2013年，第139—140页。

课后练习

[1] Sie werden schließlich die Frage stellen: wenn dem so ist, was leistet denn nun eigentlich die Wissenschaft Positives für das praktische und persönliche „Leben"? [2] Und damit sind wir wieder bei dem Problem ihres „Berufs". [3] Zunächst natürlich: Kenntnisse über die Technik, wie man das Leben, die äußeren Dinge sowohl wie das Handeln der Menschen, durch Berechnung beherrscht: – [4] nun, das ist aber doch nur die Gemüsefrau des amerikanischen Knaben, werden Sie sagen.

[5] Ganz meine Meinung. [6] Zweitens, was diese Gemüsefrau schon immerhin nicht tut: Methoden des Denkens, das Handwerkszeug und die Schulung dazu. [7] Sie werden vielleicht sagen: nun, das ist nicht Gemüse, aber es ist auch nicht mehr als das Mittel, sich Gemüse zu verschaffen. [8] Gut, lassen wir das heute dahingestellt. [9] Aber damit ist die Leistung der Wissenschaft glücklicherweise auch noch nicht zu Ende, sondern wir sind in der Lage, Ihnen zu einem Dritten zu verhelfen: zur Klarheit.

Aus *Wissenschaft als Beruf*

1. 分析句[1]的从句结构。
2. 找出选段中的三处口语化表达。
3. 找出该选段中韦伯提及的学术的三点作用。
4. 翻译句[9]。

附录

● 社会学术语和韦伯使用的概念

1. Soziologe: 社会学家；Soziologie: 社会学
2. Wirtschaftssoziologie: 经济社会学；Herrschaftssoziologie: 管理社会学；Religionssoziologie: 宗教社会学
3. Protestantismus-Kapitalismus-These: 新教与资本主义命题
4. Werturteilsfreiheit: 价值判断自由
5. Gesinnungsethik: 信念伦理；Verantwortungsethik: 责任伦理
6. Deutsche Gesellschaft für Soziologie (DGS): 德国社会学协会
7. Lebensführung: 生活方式
8. innerweltlich-asketisch: 入世禁欲主义的
9. Berufsethos: 职业伦理
10. Berufung: 天职

● 选文和参考译文

M. Weber: *Wissenschaft als Beruf*, München/ Leipzig 1919, S. 499—502.

马克斯·韦伯：《学术与政治》，冯克利译，生活·读书·新知三联书店，2013年，第38—41页。

第 5 讲 韦伯：《以学术为业》

● 韦伯重要著作一览

Die protestantische Ethik und der Geist des Kapitalismus (1904—1905)（《新教伦理与资本主义精神》）

Wissenschaft als Beruf (1917)（《以学术为业》）

Politik als Beruf (1919)（《以政治为业》）

Die Wirtschaftsethik der Weltreligionen (1915—1920)（《世界宗教的经济伦理》）

Wirtschaft und Gesellschaft (1921)（《经济与社会》）

● 拓展阅读

Max Weber-Gesamtausgabe, hrsg. v. Bayerischer Akademie der Wissenschaften, Mohr-Siebeck 2020.

莱茵哈特·本迪克斯：《马克斯·韦伯思想肖像》，刘北成等译，上海人民出版社，2002年。

弗里茨·林格：《韦伯学术思想评传》，马乐乐译，北京大学出版社，2011年。

玛丽安妮·韦伯：《马克斯·韦伯传》，简明译，人民大学出版社，2014年。

马克斯·韦伯：《新教伦理与资本主义精神》，阎克文译，上海人民出版社，2018年。

马克斯·韦伯：《马克斯·韦伯社会学文集》，阎克文译，人民出版社，2010年。

第6讲 弗洛伊德：
《梦的解析》
Lektion 6 Sigmund Freud: *Die Traumdeutung*

作者学术生平

Sigmund Freud (1856—1939) war Neurologe, Tiefenpsychologe, Kulturhistoriker, und Religionskritiker, Begründer der Psychoanalyse. Freud, Sohn jüdischer Eltern, wurde in Freiberg in Mähren, damals Teil des Kaisertums Österreich, heute Příbor, in Tschechien geboren. Er studierte Medizin und wurde 1881 zum Doktor der Medizin promoviert. In der früheren Phase arbeitete er im Laboratorium für Gehirnanatomie im Bereich der Neurophysiologie.

Im Anschluss von Hypnose entwickelte Freud als alternative Methode, um in unbewusste Bereiche vorzudringen, seine Behandlungsform, die vor allem auf freie Assoziationen der Patienten und Traumdeutung beruhte, um die seelische Struktur des Menschen zu verstehen und zu behandeln: die Psychoanalyse, die schließlich in der *Traumdeutung* ihren gültigen Ausdruck fand.

In der *Traumdeutung* demonstrierte Freud, dass die scheinbar sinnlosen, chaotischen Produktionen, die der Traum hervorbringt, durchaus einen „Sinn" haben, freilich einen, der ihm auf spezifische Weise abgelesen werden muss.

Nach Freuds Tod hat sich die Psychoanalyse vielfältig weiterentwickelt und differenziert. Über den Kreis der praktizierenden und wissenschaftlich forschenden Psychoanalytiker hinaus haben psychoanalytische Erkenntnisse und Methoden längst Eingang in Soziologie und Politologie, in Pädagogik, Ethnologie und Religionswissenschaft, in Literaturwissenschaft und Philosophie gefunden.

Viele von ihm geprägte Begriffe wie „Es", „Ich", „Über-Ich", „das Bewusstsein", „Unbewusstsein", „Unterbewusstsein" oder der „Oedipuskomplex" sowie „Trieb" und „Libido" finden sich heute im allgemeinen Sprachgebrauch.

第6讲 弗洛伊德：《梦的解析》

西格蒙德·弗洛伊德（1856—1939），神经病学家、深度心理学家、文化史学家、宗教批评家，精神分析的奠基人。

弗洛伊德出生于一个犹太家庭。他出生在摩拉维亚的弗莱贝格，当时属奥地利帝国，现为捷克普日博尔。弗洛伊德在大学学习医学，1881年获医学博士学位，早年在实验室从事神经生理学领域的大脑解剖研究。

在催眠术的基础上，弗洛伊德发展出另一种进一步介入无意识领域的替代方法。他的这种治疗方式主要以病人的自由联想和对梦的解析为基础，目的在于理解和治疗人的心理结构。这就是所谓的精神分析。弗洛伊德在《梦的解析》中对精神分析进行了详细阐述。

在《梦的解析》中，弗洛伊德展示了看似无意义的、混乱的梦的产品完全拥有某种"意义"。当然，这种意义必须用特殊方式加以解读。

在弗洛伊德逝世后，精神分析继续发展，流派和方向更加多元细致。精神分析的认知和方法，除对临床和学术研究型心理分析师产生影响外，早已进入社会学、政治学、教育学、民族学、宗教学、文学和哲学等多个领域。很多弗洛伊德使用的概念，如"本我""自我""超我""意识""无意识""潜意识"，或"俄狄浦斯情结""冲动""力比多"等，今天已进入了日常生活语言。

编者导读

课文选自《梦的解析》附录一"论梦"（Über den Traum）第二节，围绕"梦是被压抑的欲望的隐蔽性的满足"这一命题展开，讲述梦的根源、与精神疾病的类似以及用何种方法能够让人接近对梦的认识。

本段以作者本人的一个梦为例，展示了如何通过自由联想法把看似不相关的梦境内容恢复到一个有逻辑关系和有意义的框架中，从而得出合理解释。自由联想机制的实质是不断以新的联想置换原发的联想，直到出现可以被人的意识所理解的内容。

选文力图说明精神分析—梦的解析的方法，因而包含了对梦的描述和解析。在文段篇幅较长的情况下，不得已而略有删节（比如对梦的解析可以得出某些共同规律，驱使一个梦是此非彼的重要因素是自私—不自私、无偿—欠债等心理活动或者更为隐私、隐秘的活动等）。

这段文字总体而言是对现象的描述、分析和总结，属于经验科学的范畴而非逻辑推理和形而上学，文段的语言相对简单明了。文中出现了一系列生理学、病理学等术语。

选文纵览

[1] Zu meiner großen Überraschung entdeckte ich eines Tages, daß nicht die ärztliche, sondern die laienhafte, halb noch im Aberglauben befangene Auffassung des Traumes der Wahrheit nahe kommt. [2] Ich gelangte nämlich zu neuen Aufschlüssen über den Traum, indem ich eine neue Methode der psychologischen Untersuchung auf ihn anwendete, die mir bei der Lösung der Phobien, Zwangsideen, Wahnideen u. dgl. hervorragend gute Dienste geleistet hatte, und die seither unter dem Namen „Psychoanalyse" bei einer ganzen Schule von Forschern Aufnahme gefunden hat.

[1] Die mannigfaltigen Analogien des Traumlebens mit den verschiedenartigsten Zuständen psychischer Krankheit im Wachen sind ja von zahlreichen ärztlichen Forschern mit Recht bemerkt worden. [2] Es erschien also von vorneherein hoffnungsvoll, ein Untersuchungsverfahren, welches sich bei den psychopathischen Gebilden bewährt hatte, auch zur Aufklärung des Traumes heranzuziehen. [3] Die Angst- und Zwangsideen stehen dem normalen Bewußtsein in ähnlicher Weise fremd gegenüber wie die Träume dem Wachbewußtsein; ihre Herkunft ist dem Bewußtsein ebenso unbekannt wie die der Träume.

[1] Bei diesen psychopathischen Bildungen wurde man durch ein praktisches Interesse getrieben, ihre Herkunft und Entstehungsweise zu ergründen, [2] denn die Erfahrung hatte gezeigt, daß eine solche Aufdeckung der dem Bewußtsein verhüllten Gedankenwege, durch welche die krankhaften Ideen mit dem übrigen psychischen Inhalt zusammenhängen, einer Lösung dieser Symptome gleichkommt, die Bewältigung der bisher unhemmbaren Idee zur Folge hat. [3] Aus der Psychotherapie stammte also das Verfahren, dessen ich mich für die Auflösung der Träume bediente.

[1] Dieses Verfahren ist leicht zu beschreiben, wenngleich seine Ausführung Unterweisung und Übung erfordern dürfte. [2] Wenn man es bei einem anderen, etwa einem Kranken mit einer Angstvorstellung, in Anwendung zu bringen hat, so fordert man ihn auf, seine Aufmerksamkeit auf die betreffende Idee zu richten, aber nicht, wie er schon so oft getan, über sie nachzudenken, sondern alles *ohne Ausnahme* sich klar zu machen und dem Arzt mitzuteilen, *was ihm zu ihr einfällt.*

laienhaft: 外行的。
befangen: 囿于束缚的。
zu etw. (D) gelangen: 达到。
etw. (A) auf etw. (A) anwenden: 把某物用于某事。
die Phobie: 恐惧症。
die Zwangsidee: 强迫症。
die Wahnidee：妄想症。
bei etw. (D) Dienste leisten: 服务于某物。
Aufnahme bei jm. finden: 被某人接受。

[解析] 句[1]包含一个dass从句，做entdecken的宾语，从句主干为dass die Auffassung der Wahrheit (D) nahe kommt。句[2]中indem引导方式从句，ihn代指Traum；句末两个die引导并列的关系从句，关联词均为Methode。

die Analogie: 类似，相似。
psychopathetisch: 精神病理的，精神变态的。
sich bewähren: 经过考验（证明有效）。
die Angstidee: 恐惧症。

[解析] 句[1]主干为die Analogien sind (von Forschern) bemerkt worden［类比关系（即相似之处）（被研究者）发现］。句[2]主干为es erschien hoffnungsvoll, ein Untersuchungsverfahren heranzuziehen, welches引导关系从句，关联词为Untersuchungsverfahren。句[3]主干为die Ideen stehen dem Bewusstsein (D) gegenüber; in ähnlicher Weise wie构成一个比较结构，wie之后的结构也遵从gegenüberstehen的配价要求（第三格与第四格）；ihre代指die Angst- und Zwangsideen，die代指Herkunft。

ergründen: 探究.
die Aufdeckung: 揭示。
verhüllt: 被遮蔽的。
die Bewältigung: 制胜，克服，解决。
unhemmbar: 不可阻止的。
zur Folge haben: 取得……结果。
die Psychotherapie: 心理治疗。
sich etw. (G) bedienen: 运用某物。

[解析] 句[1]主干为man wurde getrieben, ... zu ergründen（人被驱使去探究……）。句[2]带一个dass引导的从句，做zeigen的宾语；从句由两个并列成分组成，其两个并列成分的主干分别为：dass eine Aufdeckung einer Lösung (D) gleichkommt以及die Bewältigung zur Folge hat; Gedankenwege关联之后由durch welche引导的关系从句。句[3]包含一个dessen引导的关系从句，关联词为Verfahren，dessen做sich bedienen要求的第二格。

die Unterweisung: 指导。
etw. (A) in Anwendung bringen: 使用某物。

[解析] 句[1]中的wenngleich引导让步状语从句。句[2]包含一个由wenn引导的条件从句；ander-指与做梦者不同的患其他病症的人；主句中auffordern带了一系列带zu的不定式；was引导的从句做mitteilen的宾语；从句中ihm指代ein Kranke，ihr指代Idee。

[1] Die dann etwa auftretende Behauptung, daß die Aufmerksamkeit nichts erfassen könne, schiebt man durch eine energische Versicherung, [2] ein solches Ausbleiben eines Vorstellungsinhaltes sei ganz unmöglich, zur Seite. [3] Tatsächlich ergeben sich sehr bald zahlreiche Einfälle, an die sich weitere knüpfen, die aber regelmäßig von dem Urteil des Selbstbeobachters eingeleitet werden, sie seien unsinnig oder unwichtig, gehören nicht hierher, seien ihm nur zufällig und außer Zusammenhang mit dem gegebenen Thema eingefallen.

[1] Man merkt sofort, daß es diese *Kritik* ist, welche all diese Einfälle von der Mitteilung, ja bereits vom Bewußtwerden, ausgeschlossen hat. [2] Kann man die betreffende Person dazu bewegen, auf solche Kritik gegen ihre Einfälle zu verzichten und die Gedankenreihen, die sich bei festgehaltener Aufmerksamkeit ergeben, weiter zu spinnen, [3] so gewinnt man ein psychisches Material, welches alsbald deutlich an die zum Thema genommene krankhafte Idee anknüpft, deren Verknüpfungen mit anderen Ideen bloßlegt, und in weiterer Verfolgung gestattet, die krankhafte Idee durch eine neue zu ersetzen, die sich in verständlicher Weise in den seelischen Zusammenhang einfügt.

[1] Es ist hier nicht der Ort, die Voraussetzungen, auf denen dieser Versuch ruht, und die Folgerungen, die sich aus seinem regelmäßigen Gelingen ableiten, ausführlich zu behandeln. [2] Es mag also die Aussage genügen, daß wir bei jeder krankhaften Idee ein zur Lösung derselben hinreichendes Material erhalten, wenn wir unsere Aufmerksamkeit gerade den „*ungewollten*", den „*unser Nachdenken störenden*", den sonst von der Kritik als wertloser Abfall beseitigten Assoziationen zuwenden. [3] Übt man das Verfahren an sich selbst, so unterstützt man sich bei der Untersuchung am besten durch sofortiges Niederschreiben seiner anfänglich unverständlichen Einfälle.

[1] Ich will nun zeigen, wohin es führt, wenn ich diese Methode der Untersuchung auf den Traum anwende. [2] Es müßte jedes Traumbeispiel sich in gleicher Weise dazu eignen; [3] aus gewissen Motiven wähle ich aber einen eigenen Traum, der mir in der Erinnerung undeutlich und sinnlos erscheint, und der sich durch seine Kürze empfehlen kann. [4] Vielleicht wird gerade der Traum der letzten Nacht diesen Ansprüchen genügen. [5] Sein unmittelbar nach dem Erwachen fixierter Inhalt lautet folgendermaßen:

第6讲 弗洛伊德：《梦的解析》

sich ergeben: 出现。
der Einfall: 瞬间想法。
sich an etw.(A) knüpfen: 与某物相连。

[解析] 句[1]主干为die Behauptung schiebt man zur Seite，意为把这种宣称放到一边，置之不顾；dass引导宾语从句，做Behauptung的内容。句[2]是一个独立句，相当于Versicherung的内容，也即是说以Versicherung的内容去取代前文所提到的Behauptung的内容，sei为第一虚拟式，表转述别人观点。句[3]带两个由die引导的关系从句，关联词为Einfälle；sie seien ..., gehören ..., seien ...同样是独立句。

auf etw. (A) verzichten: 放弃某物/某事。
spinnen: 编织。
an etw.(A) anknüpfen: 与某物相连。
bloßlegen: 揭开，暴露出。
gestatten: 允许。
sich in etw. (A) einfügen: 嵌入某物。

[解析] 句[1]dass引导从句做merken的宾语；welche引导关系从句，关联词为Kritik。句[2]是一个变位动词提前（从而省略引导词wenn）的条件从句，动词bewegen要求后接带zu不定式；die进一步引导关系从句，关联词为之前不定式结构中出现的Gedankenreihen。句[3]为句[2]的主干，同时又带一个welches引导的关系从句，关联词为Material；该从句带三个动词：welches ... anknüpft, deren（代指Idee）Vernüpfung bloßlegt, ... gestattet；gestatten后接带zu不定式，不定式再由die引出一个关系从句，关联词为eine neue (Idee)。

sich aus etw. (D) ableiten: 从某事中推导出。
hinreichend: 足够的。
Aufmerksamkeit etw.(D) zuwenden: 把注意力转移到某物。
sich unterstützen durch etw. (A): 通过某事支持自己。

[解析] 句[1]主干为es ist nicht der Ort, die Voraussetzungen und die Folgerungen zu behandeln。句[2]包含一个dass引导的从句，做Aussage的内容；derselb-指代jene krankhafte Idee；在dass从句之后又有wenn引导的关系从句，主干为wenn wir Aufmerksamkeit den Assoziationen (D) zuwenden。句[3]带一个变位动词提前（省略wenn）的条件从句。

sich eignen: 合适。
die Kürze: 短小。
sich empfehlen: 合适。
genügen: 符合，满足。
unmittelbar: 直接。
das Erwachen: 醒来。

[解析] 句[3]带两个并列的由der引导的关系从句，关联词均为Traum。

103

„Eine Gesellschaft, Tisch oder Table d'hôte ... Es wird Spinat gegessen ... Frau E. L. sitzt neben mir, wendet sich ganz mir zu und legt vertraulich die Hand auf mein Knie. Ich entferne die Hand abwehrend. Sie sagt dann: Sie haben aber immer so schöne Augen gehabt ... Ich sehe dann undeutlich etwas wie zwei Augen als Zeichnung oder wie die Kontur eines Brillenglases ..."

[1] Dies ist der ganze Traum oder wenigstens alles, was ich von ihm erinnere. [2] Er erscheint mir dunkel und sinnlos, vor allem aber befremdlich. [3] Frau E. L. ist eine Person, zu der ich kaum je freundschaftliche Beziehungen gepflogen, meines Wissens herzlichere nie gewünscht habe. [4] Ich habe sie lange Zeit nicht gesehen und glaube nicht, daß in den letzten Tagen von ihr die Rede war. [5] Irgendwelche Affekte haben den Traumvorgang nicht begleitet.

[1] Nachdenken über diesen Traum bringt ihn meinem Verständnis nicht näher. [2] Ich werde aber jetzt absichts- und kritiklos die Einfälle verzeichnen, die sich meiner Selbstbeobachtung ergeben. [3] Ich bemerke bald, daß es dabei vorteilhaft ist, den Traum in seine Elemente zu zerlegen und zu jedem dieser Bruchstücke die anknüpfenden Einfälle aufzusuchen.

[...]

[1] Ein zweiter Einfall zur Table d'hôte: Vor einigen Wochen habe ich mich an einer Gasthaustafel in einem Tiroler Höhenkurort heftig über meine liebe Frau geärgert, die mir nicht reserviert genug gegen einige Nachbarn war, mit denen ich durchaus keinen Verkehr anknüpfen wollte. [2] Ich bat sie, sich mehr mit mir als mit den Fremden zu beschäftigen. [3] Das ist ja auch, als ob ich an der Table d'hôte zu kurz gekommen wäre. [4] Jetzt fällt mir auch der Gegensatz auf zwischen dem Benehmen meiner Frau an jener Tafel und dem der Frau E. L. im Traum, „die sich ganz mir zuwendet".

[1] Weiter: Ich merke jetzt, daß der Traumvorgang die Reproduktion einer kleinen Szene ist, die sich ganz ähnlich so zwischen meiner Frau und mir zur Zeit meiner geheimen Werbung zugetragen hat. [2] Die Liebkosung unter dem Tischtuch war die Antwort auf einen ernsthaft werbenden Brief. [3] Im Traum ist aber meine Frau durch die mir fremde E. L. ersetzt.

第6讲 弗洛伊德：《梦的解析》

Table d'hôte：预定的餐桌。
vertraulich：信任的，亲热的。
abwehrend：防卫地，拒绝地。
die Kontur：轮廓。

befremdlich：令人感到诧异的。
pflegen：保持，打理。
meines Wissens：据我所知。
von jm. die Rede sein：谈论某人。

[解析] 句[3]中herzlichere后省略Beziehungen，关系从句主干为zu der ich kaum ... gepflogen, ... nie gewünscht habe，nie gewünscht habe的宾语省略，仍为之前出现的freundschaftliche Beziehung。

absichtslos：无意图的。
verzeichnen：记录。
zerlegen：分割。

[解析] 句[1]主干为Nachdenken bringt ihn (指代Traum) meinem Verständnis (D) nicht näher。句[2]包含一个die引导的关系从句，关联词为Einfälle；sich meiner Selbstbeobachtung (D) ergeben意为从我的自我观察得出。句[3]dieser Bruchstücke为复数第二格。

Tirol：蒂罗尔，奥地利联邦州，位于奥地利西部。
der Höhenkurort：高山疗养地。
sich über jn. ärgern：生某人的气。
reserviert：矜持的。
mit jm. Verkehr anknüpfen：与某人交往。
zu kurz kommen：未受到足够重视。

[解析] 句[1]包含一个die引导的关系从句，关联词为Frau；denen引导关系从句，关联词为Nachbarn。句[3]中als ob的用法为第二虚拟式，表示非现实的比较。句[4]主干为jetzt fällt mir der Gegensatz zwischen ... und ... auf；dem代指dem Benehmen。

sich zutragen：发生。
die Werbung：求婚。
die Liebkosung：亲热，摩挲。
das Tischtuch：桌布。
ersetzen：替换。

[解析] 句[1]包含一个dass从句，做merken的宾语；之后为die引导的关系从句，关联词为Szene。

[1] Frau E. L. ist die Tochter eines Mannes, dem ich Geld geschuldet habe! [2] Ich kann nicht umhin zu bemerken, daß sich da ein ungeahnter Zusammenhang zwischen den Stücken des Trauminhalts und meinen Einfällen enthüllt. [3] Folgt man der Assoziationskette, die von einem Element des Trauminhaltes ausgeht, so wird man bald zu einem anderen Element desselben zurückgeführt. [4] Meine Einfälle zum Traume stellen Verbindungen her, die im Traume selbst nicht ersichtlich sind.

[1] Pflegt man nicht, wenn jemand erwartet, daß andere für seinen Vorteil sorgen sollen, ohne eigenen Vorteil dabei zu finden, diesen Weltunkundigen höhnisch zu fragen: Glauben Sie denn, daß dies oder jenes *um Ihrer schönen Augen willen* geschehen wird? [2] Dann bedeutet ja die Rede der Frau E. L. im Traume: „Sie haben immer so schöne Augen gehabt" nichts anderes als: Ihnen haben die Leute immer alles zu Liebe getan; Sie haben alles *umsonst gehabt*. [3] Das Gegenteil ist natürlich wahr: Ich habe alles, was mir andere etwa Gutes erwiesen, teuer bezahlt. [4] Es muß mir doch einen Eindruck gemacht haben, daß ich gestern den Wagen *umsonst gehabt habe,* in dem mich mein Freund nach Hause geführt hat.

[...]

[1] Ich werde hier haltmachen, um die bisherigen Ergebnisse der Traumanalyse zu überblicken. [2] Indem ich den Assoziationen folgte, welche sich an die einzelnen, aus ihrem Zusammenhang gerissenen Elemente des Traumes anknüpften, bin ich zu einer Reihe von Gedanken und Erinnerungen gelangt, in denen ich wertvolle Äußerungen meines Seelenlebens erkennen muß.

[...]

[1] Die Auffassung, die sich mir schon jetzt aufdrängt, geht dahin, daß der Traum eine Art *Ersatz* ist für jene affektvollen und sinnreichen Gedankengänge, zu denen ich nach vollendeter Analyse gelangt bin. [2] Ich kenne den Prozeß noch nicht, welcher aus diesen Gedanken den Traum hat entstehen lassen, aber ich sehe ein, daß es Unrecht ist, diesen als einen rein körperlichen, psychisch bedeutungslosen Vorgang hinzustellen, der durch die isolierte Tätigkeit einzelner, aus dem Schlaf geweckter Hirnzellgruppen entstanden ist.

第6讲 弗洛伊德:《梦的解析》

schulden: 欠。
nicht umhinkönnen, zu tun: 不得不做某事。
sich enthüllen: 暴露。
die Assoziationskette: 联想链条。
herstellen: 建立。
ersichtlich: 可见的，明显的。

[解析] 句[3]是一个变位动词提前（省略引导词wenn）的条件从句；desselben代指des Trauminhalts。

der Weltunkundige: 不谙世事者（弱变化名词）。
höhnisch: 嘲讽地。
um etw. (G) Willen (willen): 看在某物的份上。
zu Liebe tun: 无偿劳动，效力。

[解析] 句[1]主干为pflegt man nicht diesen Weltunkundigen zu fragen。句[4]中的muss表推测。

haltmachen: 停下，驻足。

[解析] 句[2]中的indem引导方式从句。

etw. (N) drängt sich jm. auf: 不由得产生某种看法。
einsehen: 深刻认识到。
etw. (A) als etw. (A) hinstellen: 把某物当作某物。
die Hirnzellgruppe: 脑细胞群。

[解析] 句[1]中的denen引导关系从句，关联词为Gedankengängen。句[2]注意hat entstehen lassen的动词顺序，三个及以上动词同时出现时变位动词至于最前，从句与主句的动词语序相同；Unrecht ist之后的diesen代指Traum。句[3]中的der引导关系从句，关联词为der Vorgang。

107

修辞赏析

弗洛伊德是欧洲文明传统的集大成者之一，在其中后期的研究中，社会、宗教等与人类文明有关的议题越发重要。因此，弗洛伊德的论述语言既有科学的精密性，又有文学的可读性。他讲述故事时往往娓娓道来，善用各种修辞。选文虽短，但不乏复杂的从句和关联结构，这也显示出弗洛伊德的写作风格。

"条件句的变位动词提前"是在选文中多次出现的一个语法现象。实际上，由于学术德语的写作中往往需要做出各种假设或是对先定条件进行规范，条件句往往不可或缺。写作者为了避免用词的重复，就会采用将变位动词提前从而省略引导词wenn的做法，如：

Übt man das Verfahren an sich selbst, so unterstützt man …

从句部分的正常语序为：wenn man das Verfahren an sich selbst übt。

在另一些情况下，多个条件句同时出现，则必须要省略其中的一些，从而使句式结构不至于太冗杂，如：

Pflegt man nicht, wenn jemand erwartet, daß andere für seinen Vorteil sorgen sollen, ohne eigenen Vorteil dabei zu finden, diesen Weltunkundigen höhnisch zu fragen: Glauben Sie denn, daß dies oder jenes um Ihrer schönen Augen willen geschehen wird?

在本身作为前提的pflegen这一动作中，又包含了一个条件，即对jemand的假设，此时就必须省略第一个wenn。

条件句的引导词省略不只适用于真实条件句，也可以用于非真实的虚拟句。此时提前的就是动词的虚拟式了。

全文翻译

某一天我惊讶地发现，不是医生的，而是非专业甚至半迷信的对梦的看法，更接近真实。于是我得到了关于梦的新的启示。我的做法是，把一种新的心理学研究方法运用到梦的解析。这种新方法曾很好地帮助我解决恐惧症、强迫症、妄想症等问题，并自此被称为"精神分析"，为整个一派研究者所接受。很多临床研究者已正确注意到，在

第6讲 弗洛伊德：《梦的解析》

梦的世界与清醒时精神疾病的形形色色状态之间存在多种多样的相似之处。因此从一开始就可抱希望，把精神病理结构研究中被证明有效的方法用于对梦的解释。恐惧症、强迫症对于正常意识来说是陌生的，同样，梦对于清醒时的意识也是陌生的；恐惧症、强迫症的根源对于意识是陌生的，同样，梦的根源对于意识也是陌生的。就这些精神病理结构，人们被某种临床兴趣驱使而去探究它们的根源和形成方式。因为经验显示，如此揭示出对于意识来说被遮蔽的思想路径——通过这些路径各种病症与其他精神内容相连——相当于解开了这一系列症候，解决了到目前为止不可阻止的各种症状。因此，由心理治疗中派生出我用于解开梦的方法。

该方法很容易描述，即便运用起来需要指导和练习。倘要把该方法运用到其他人，比如患恐惧症的病人身上，那么就要要求他，将注意力集中到所涉及的意念上[恐惧的意念]，但不是像往常那样去思考这一意念，而是毫无例外地搞清楚一切，并告诉医生，关于这个意念他想起了什么。然后病人可能会称，其注意力什么也捕捉不到。此时就要让他确凿地认识到，头脑中根本不可能没有想象的内容，他的宣称不成立。这样一来，病人果然很快就想起很多事情，接着又想起一连串事情；而通常情况下，自我观察者[病人]总是先说，那些事情都毫无意义且毫不重要，与此刻无关，他只不过偶然想起，与目下的主题并无关联。人们很快注意到，是病人的批判把所有想起来的事排除在讲述乃至意识之外了。倘若人们能够动员病人放弃对他偶然想起之事的批判，并继续编织那些因注意力集中而产生的联想链条，那么人们就可以赢得某种心理材料，这种材料显然与所讨论的病症意念相关，可以暴露意念与其他意念的关联，并在接下来的跟踪中允许用新的意念置换病症的意念，而新意念又能够以可理解的方式嵌入心灵关联。

在此，对于此类试验所依据的前提、其经常性成功带来的结论，恕不展开。只说一点就足够了，即我们会从每一个病症意念中都得出去解决该病症的充足的材料，如果我们把注意力转向那些恰恰是"不情愿的""扰乱我们思想的"、被批判视为无价值垃圾而扫除的联想。谁若想在自己身上试验这种方法，那么就最好在做的时候马上记下自己一开始不理解的想到的事。

以下将展示，若把这种考察方法运用到梦上，会出现什么结果。每一个梦都可以作为合适的例子。出于某些动机，我选一个我自己的梦。它在我记忆中显得不重要且无意义，又因为它短小，故而适于做例子。或许昨夜的梦就很符合要求。我醒来后马上记住的内容如下：

"一群人围坐，桌子或餐桌……有菠菜……E.L.女士坐在我旁边，完全转向我，亲密地把手放在我膝盖上。我不客气地把她的手拿开。她说：您有一双美丽的眼睛……我模糊看到像是素描的两只眼睛或眼镜框……"

这就是梦的全部内容，至少是我记住了的。梦看起来晦暗而无意义，尤其是让人感到惊诧。E.L.女士，我与她之间几乎从未有过什么交情，据我所知我也从未希望与她有更真心的关系。我好久没见过她了，也不记得那天餐桌上谈到过她。整个做梦过程没有什么感情波动。

对这个梦进行思考并没有增进我对它的理解。于是我要毫无意图、不带任何批判地把在我的自我观察中想起来的东西都记录下来。我马上发现，很有助益的是，把梦分割成元素，然后分头去寻找与每一个片段相关联的想起来的东西。

[……]

说到餐桌，我第二个想起来的是：几周前，在蒂罗尔高山疗养院的餐桌旁，我亲爱的太太让我大为光火。我觉得她在邻桌几个我丝毫不想与之来往的陌生人面前表现得不够矜持。我请她更多在意我而不是陌生人。这也显得我仿佛在餐桌上没受到足够重视。此刻我便也同样注意到我太太在彼餐桌的行为与E.L.女士在此餐桌的行为之间的区别，那位女士是"完全转向我"的。

接着，我注意到，梦的经过是一个类似小场景的再造，它发生在我和我太太之间，那时候我正在偷偷向她求婚。桌布下的亲热是对我严肃的求婚信的回应。只是在梦中，一个对于我来说陌生的E.L.女士取代了我太太。

E.L.女士是一个我欠了钱的人的女儿！我不能不注意到，在梦境的元素和我想起来的事之间，存在某种事先无法预知的联系。若跟随这个由某个梦境元素引发的联想链条，就会很快被带回到梦的另一个元素。梦让我想起来的各种事产生关联，而这些关联在梦中并不明显。

若有人盼望着别人为他得益而操劳却不计较个人得失，难道人们不会习惯于嘲讽地问这个不谙世事的人：您以为，所有这些都是看在您美丽的眼睛的份上的吗？这样一来，梦中E.L.女士所言"您有一双美丽的眼睛"的意思莫过于：人们总是无偿为您服务；您无偿得到了一切。而事实正好相反：我对别人向我表示的好处都高价买了单。昨天我朋友打车送我回家，我白白搭车，肯定给我留下深刻印象。

[……]

我在此稍作停顿，把到目前为止对梦的解析得出的结果进行一下总结。我用跟随自由联想的方法——所谓自由联想，就是把那些个别的、割裂了与整体关联的梦的元素联系起来——得出一系列思想和回忆，在这些思想和回忆中，我必定认识到自己心灵生活的有价值的表达。[……]

目前自然而然得出的观点让我看到，梦是替代品，替代那些感情饱满、意义丰富的思想过程，后者是我在完成心理分析后才认识到的。我还不清楚，究竟是怎样的程序，让梦从这些思想中产生；但可以深刻认识到，把梦当作纯身体的、心理上无意义的过程，或认为它不过产生于个别的、从熟睡状态被唤醒的脑细胞群的孤立行动，是不正确的。

拓展阅读

弗洛伊德认为，"持续至今的原始而永恒的生存斗争"造成并维持了本能在现实原则支配下的压抑性变化。缺乏这个事实使人们懂得，他们不可能自由地满足其本能冲动，不可能按照快乐原则生活。因此促使对本能结构作重大改变的社会动机是"经济的动机。如果社会成员不去工作，社会就无法为他们提供足够的生活资料。因此社会必须努力限制其成员的数目，并把他们的能量从性活动转移到工作上去"。

这个看法与文明本身一样古老。正是它一直有效地证明着压抑的合理性。弗洛伊德的理论在很大程度上也在提供这种证明，因为弗洛伊德把"原始的生存斗争"看成是"永恒的"，所以他相信，快乐原则与现实原则的对立也是永恒的。他的一个理论基石就是认为，不可能存在非压抑性文明。但他的理论也包含一些与这种合理性证明相悖的东西。正是这些东西打破了在西方占统治地位的思想传统，甚至暗示了这种传统的逆转。弗洛伊德研究的一个特征就是，坚持不懈地揭示文化的最高价值标准和最高成就中的压抑性内容。在这一点上，他反对把理性等同于作为文化意识形态基础的压抑。弗洛伊德的元心理学企图重新考察和揭示最终体现为爱欲和死欲关系的文明与野蛮、进步与苦难、自由与不幸之间的可怕的、必然的内在联系。在考察文化时，弗洛伊德所根据的不是浪漫主义的或乌托邦式的观点，而是根据由于推行这种观点而导致的苦难和贫困。因此，文化自由是通过不自由来表现的，而文化进步则是通过压制来实现的。但文化并没有因此而被否弃，因为不自由和压制是必须支付的代价。

赫伯特·马尔库塞：《爱欲与文明：对弗洛伊德思想的哲学探讨》，黄勇、薛民译，上海译文出版社，2005年，第11—12页。

课后练习

[1] Welche Auffassung der Traum in den Urzeiten der Menschheit bei den primitiven Völkern gefunden und welchen Einfluß er auf die Bildung ihrer Anschauungen von der Welt und von

der Seele genommen haben mag, das ist ein Thema von so hohem Interesse, daß ich es nur ungern von der Bearbeitung in diesem Zusammenhange ausschließe. [2] Ich verweise auf die bekannten Werke von Sir J. Lubbock, H. Spencer, E. B. Tylor u. a. und füge nur hinzu, daß uns die Tragweite dieser Probleme und Spekulationen erst begreiflich werden kann, nachdem wir die uns vorschwebende Aufgabe der »Traumdeutung« erledigt haben. [3] Ein Nachklang der urzeitlichen Auffassung des Traumes liegt offenbar der Traumschätzung bei den Völkern des klassischen Altertums zugrunde. [4] Es war bei ihnen Voraussetzung, daß die Träume mit der Welt übermenschlicher Wesen, an die sie glaubten, in Beziehung stünden und Offenbarungen von Seiten der Götter und Dämonen brächten. [5] Ferner drängte sich ihnen auf, daß die Träume eine für den Träumer bedeutsame Absicht hätten, in der Regel, ihm die Zukunft zu verkünden.

Aus *Die Traumdeutung,* Kapitel 1

1. 分析句[1]的结构。
2. 指出句[2]中的两个从句类型。
3. 翻译句[4]。

附录

● 心理学术语及弗洛伊德使用的概念
1. Neurologe: 神经病学家
2. Tiefenpsychologe: 深层心理学家
3. Psychoanalyse: 精神分析
4. Gehirnanatomie: 大脑解剖
5. Neurophysiologie: 神经生理学
6. Neuropathologie: 神经病理学
7. freie Assoziationen: 自由联想
8. Traumdeutung: 梦的解析
9. pansexualistisch: 泛性论的
10. Unbewusst: 潜意识
11. Oedipuskomplex: 俄狄浦斯情结
12. Es: 本我
13. Ich: 自我

14. Über-Ich: 超我

15. Bewusstsein: 意识

16. Unbewusstsein: 潜意识

17. Unterbewusstsein: 下意识

18. Psychische Struktur: 心理结构

19. Trieb: 冲动

20. Libido: 力比多

21. Phobie (Angstidee): 恐惧症

22. Zwangsidee: 强迫症

23. Wahnidee: 妄想症

24. psychopathetisch: 精神病理的，精神变态的

25. Psychotherapie: 心理治疗

● 选文和参考译文

S. Freud: *Sigmund Freud Gesammelte Werke,* Bd. 2-3, hrsg. von Anna Freud, E. Bibring usw., London 1961, S. 647—653.

弗洛伊德：《释梦》，车文博主编，长春出版社，2004年，第388—391页。

● 弗洛伊德重要著作一览

Die Traumdeutung (1899)（《梦的解析》）

Drei Abhandlungen zur Sexualtheorie (1905)（《性学三论》）

Totem und Tabu (1913)（《图腾与禁忌》）

Jenseits des Lustprinzips (1920)（《超越快乐原则》）

Die Zukunft einer Illusion (1927)（《一种幻想的未来》）

Das Unbehagen in der Kultur (1930)（《文明及其不满》）

Der Mann Moses und die monotheistische Religion (1939)（《摩西与一神论》）

Abriß der Psychoanalyse (1940)（《精神分析纲要》）

● 拓展阅读

Sigmund Freud: *Studienausgabe. 10 Bände und ein Ergänzungsband*, hrsg. von Alexander Mitscherlich, Angela Richards, James Strachey, Frankfurt am Main 1969—1975.

弗洛伊德：《释梦》，孙名之译，商务印书馆，1996年。

弗洛伊德：《精神分析引论》，高觉敷译，商务印书馆，1984年。

彼得·盖伊：《弗洛伊德传》，龚卓军、高志仁、梁永安译，商务印书馆，2015年。

约瑟夫·施瓦茨：《卡桑德拉的女儿：欧美精神分析发展史》，陈系贞译，上海译文出版社，2015年。

约翰·奥尼尔：《灵魂的家庭经济学：弗洛伊德五案例研究》，孙飞宇译，浙江大学出版社，2016年。

玛丽·雅各布斯：《精神分析和阅读的风景》，陈平译，商务印书馆，2010年。

赫伯特·马尔库塞：《爱欲与文明：对弗洛伊德思想的哲学探讨》，黄勇、薛民译，上海译文出版社，2005年。

第7讲 海德格尔：
《荷尔德林和诗的本质》①
Lektion 7　Martin Heidegger:
Hölderlin und das Wesen der Dichtung

作者学术生平

Martin Heidegger (1889—1976) war ein deutscher Philosoph. Als Priesterseminarist begann Heidegger das Studium der Theologie und Philosophie an der Universität Freiburg. Dann gab er das Theologiestudium auf und wurde 1913 zum Doktor der Philosophie promoviert.

Die zentrale Stellung des Fragens in Heideggers Werk hat ihren Grund darin, dass er die Philosophiegeschichte vor allem als eine Geschichte der Verdeckung der grundsätzlichen Fragen – die Frage nach dem Sein – interpretierte.

Mit dem Ansatz, als phänomenologische Hermeneutik der Faktizität bezeichnet, versucht Heidegger in seinem erstem Hauptwerk *Sein und Zeit* (1927) zu zeigen, dass die Zeit eine wesentliche Bedingung für ein Verständnis des Seins ist, da sie einen Verständnishorizont darstellt, in dessen Rahmen die Dinge in der Welt erst sinnhafte Bezüge zwischen einander ausbilden können.

Das Sein des Menschen nennt Heidegger Dasein, die Untersuchung dieses Daseins Fundamentalontologie. Um die Überwindung der neuzeitlichen auf dem Subjekt-Objekt-Schema basierenden Ontologie voranzutreiben, führte Heidegger den Begriff des In-der-Welt-seins ein.

In *Sein und Zeit* erarbeitet Heidegger Strukturzusammenhänge der menschlichen Existenz

---

① 《荷尔德林和诗的本质》为海德格尔1936年在罗马的演讲，1944年出版，副标题为"纪念1916年12月14日阵亡的诺贝特·封·亥林格拉持"。此人是荷尔德林全集第一位编者。荷尔德林（1770—1843），德国诗人。

und des menschlichen Weltbezuges. Da das Dasein als Sorge offensichtlich immer aus einer Vergangenheit her bestimmt ist und sich auf Zukünftiges richtet, folgt im zweiten Teil des Werkes eine erneute Interpretation der Existenzialien unter dem Aspekt der Zeit.

Auch vor einer Zerstörung der natürlichen Umwelt warnte Heidegger. Die Verwüstung der Erde durch die globalen technischen Machtmittel sei ein doppelter Verlust: Nicht allein die biologischen Lebensgrundlagen seien der Zerstörung ausgesetzt, auch die heimatliche, also geschichtliche.

马丁·海德格尔（1889—1976）是德国哲学家。他作为神父候选人开始在弗莱堡大学学习神学和哲学，后放弃神学，并于1913年获得哲学博士学位。

"发问"占据海德格尔著作的核心地位，其原因在于，他把哲学史解释为一部掩盖基本问题——如存在问题——的历史。

海德格尔探讨问题的切入点被称为对事实的现象学解释学，他在处女作《存在与时间》（1927）中试图以此出发阐明，时间对于理解存在是一个本质条件。时间构成了一个理解视域：只有在这个理解视域的框架中，世界上的事物才可以建构起相互之间的意义联系。

"人的存在"被海德格尔称为"此在"，对该"此在"的研究被称为"基础存在论"。为继续克服近代建立在主客体模式上的本体论，海德格尔提出"在世界中存在"的概念。

在《存在与时间》中，海德格尔试图探讨人的存在以及人与世界产生关联的结构关系。作为忧虑的此在显然总是为过去所决定并且朝向未来，因此，著作的第二部分再次从时间角度解释了存在的关联。

海德格尔也对破坏自然环境提出警告。全球技术制造手段对地球的肆虐意味着双重损失：并非只是生物的生存基础，还有家乡的和历史的生存基础也面临毁灭。

编者导读

1930年前后，海德格尔更加关注语言、文学和广义的艺术，认为它们是奠基历史的力量。他在艺术中找到了与形而上学、与现代文明中泛滥的理性计算、科学技术等不同的与世界的关联。艺术是与技术制衡的手段。

由此，海德格尔与诗人荷尔德林产生了共鸣。荷尔德林同样认为，人虽然获得了很多知识，是"知道很多的人"，却荒废了一种丰富的、多样的和本真的人的生活。这一丧失是神性的丧失。海德格尔认为自己从事思而荷尔德林从事诗，二者的思考殊途同归，均在探讨存在本质的问题。此外，二人都有神学学习的经历和思维基础。

选文中海德格尔的阐释表明，对于荷尔德林来说，诗的本质就是神性。诗人是替神说话的人：他介于神和人之间，传达神的旨意。换言之，诗人即先知，把神的赐予用歌的形式传达给人。诗人居中，连接神、诸神、神性事物与大众、此在、人，上听下达。"人诗意地栖居"即是人通过诗人与神沟通地栖居。

选文中运用语文学方法，对荷尔德林的诗歌进行了阐释。语言多为简单句，难点在于海德格尔的哲思，或者说他（与神学类比可以更好理解）的思维方式。文中亦有不少海德格尔自造词。

[1] Dieses fünfte Leitwort finden wir in dem großen und zugleich ungeheuren Gedicht, das beginnt:

[2] „In lieblicher Bläue blühet mit dem
Metallenen Dache der Kirchthurm." (VI, 24 ff.)

[1] Hier sagt Hölderlin (v. 32 f.):
[2] „Voll Verdienst, doch dichterisch wohnet
Der Mensch auf dieser Erde."

[1] Was der Mensch wirkt und betreibt, ist durch eigenes Bemühen erworben und verdient. [2] „Doch" – sagt Hölderlin in harter Entgegensetzung dazu – [3] all das berührt nicht das Wesen seines Wohnens auf dieser Erde, all das reicht nicht in den Grund des menschlichen Daseins. [4] Dieses ist in seinem Grund „dichterisch".

[1] Dichtung verstehen wir aber jetzt als das stiftende Nennen der Götter und des Wesens der Dinge. [2] „Dichterisch wohnen" heißt: in der Gegenwart der Götter stehen und betroffen sein von der Wesensnähe der Dinge. [3] „Dichterisch" ist das Dasein in seinem Grunde – das sagt zugleich: [4] es ist als gestiftetes (gegründetes) kein Verdienst, sondern ein Geschenk.

[1] Dichtung ist nicht nur ein begleitender Schmuck des Daseins, nicht nur eine zeitweilige Begeisterung oder gar nur eine Erhitzung und Unterhaltung. [2] Dichtung ist der tragende Grund der Geschichte und deshalb auch nicht nur eine Erscheinung der Kultur und erst recht nicht der bloße „Ausdruck" einer „Kulturseele".

[1] Unser Dasein sei im Grunde dichterisch, das kann am Ende auch nicht meinen, es sei eigentlich nur ein harmloses Spiel. [2] Aber nennt Hölderlin nicht selbst in dem zuerst angeführten Leitwort die Dichtung „diss unschuldigste aller Geschäffte"? [3] Wie geht das zusammen mit dem jetzt entfalteten Wesen der Dichtung?

第7讲 海德格尔：《荷尔德林和诗的本质》

ungeheuer: 巨大的，非凡的，惊人的。

blühen:（鲜花）绽放。
der Kirchturm: 教堂尖顶，钟楼。

der Verdienst: 功劳，功绩。

erwerben: 获得。
berühren: 触碰。
dichterisch: 虚构的，文学的，诗意的。

[解析] 句[4]中的dieses代指前句das menschliche Dasein。

die Wesensnähe: 接近本质。
das Geschenk: 礼物。

[解析] 句[1]中的verstehen ... als ...意为将……理解为……。句[4]中的gestiftetes后省略Dasein。

der Schmuck: 装饰物。
die Erhitzung: 鼓动。

harmlos: 无关痛痒的。
unschuldig: 无辜的。
zusammengehen: 联合行动，相配合。
entfalten: 展开，发展。

[1] Damit kommen wir zu jener Frage zurück, die wir zunächst beiseite stellten. [2] Indem wir diese Frage jetzt beantworten, versuchen wir zugleich in einer Zusammenfassung das Wesen der Dichtung und des Dichters vor das innere Auge zu bringen.

[1] Zuerst ergab sich: der Werkbereich der Dichtung ist die Sprache. [2] Das Wesen der Dichtung muß daher aus dem Wesen der Sprache begriffen werden. [3] Nachher aber wurde deutlich: Dichtung ist das stiftende Nennen des Seins und des Wesens aller Dinge – kein beliebiges Sagen, sondern jenes, wodurch erst all das ins Offene tritt, was wir dann in der Alltagssprache bereden und verhandeln.

[1] Daher nimmt die Dichtung niemals die Sprache als einen vorhandenen Werkstoff auf, sondern die Dichtung selbst ermöglicht erst die Sprache. [2] Dichtung ist die Ursprache eines geschichtlichen Volkes. [3] Also muß umgekehrt das Wesen der Sprache aus dem Wesen der Dichtung verstanden werden.

[1] Der Grund des menschlichen Daseins ist das Gespräch als eigentliches Geschehen der Sprache. [2] Die Ursprache aber ist die Dichtung als Stiftung des Seins. [3] Die Sprache jedoch ist „der Güter Gefährlichstes". [4] Also ist die Dichtung das gefährlichste Werk – und zugleich das „unschuldigste aller Geschäffte".

[1] In der Tat – erst wenn wir diese beiden Bestimmungen in Eins zusammendenken, begreifen wir das volle Wesen der Dichtung. [2] Aber ist denn die Dichtung das gefährlichste Werk? In dem Brief an einen Freund unmittelbar vor dem Aufbruch zur letzten Wanderung nach Frankreich schreibt Hölderlin:

[1] „O Freund! Die Welt liegt heller vor mir, als sonst, und ernster da! es gefällt mir, wie es zugeht, es gefällt mir, wie wenn im Sommer, der alte heilige Vater mit gelassener Hand aus röthlichen Wolken seegnende Blize schüttelt'.① [2] Denn unter allem, was ich schauen kann von Gott, ist dieses Zeichen mir das auserkorene geworden. [3] Sonst konnt ich jauchzen über eine neue Wahrheit, eine bessere Ansicht dess, das über uns und um uns ist, [4] jezt fürcht ich, daß es mir nicht geh am Ende, wie dem alten Tantalus, dem mehr von den Göttern ward, als er verdauen konnte." (V, 321.)

---

① 原文中引用荷尔德林的诗句，均用了荷尔德林版本中古旧的写法，而非后来的正字法。

第7讲 海德格尔：《荷尔德林和诗的本质》

die Zusammenfassung: 总结。
vor das Auge bringen: 展示。

[解析] 句[1]中的die引导关系从句，关联词为Frage，beiseite stellen意为置于一旁。句[2]中的indem引导方式状语从句，versuchen后跟带zu不定式。

begreifen: 理解，把握。
beliebig: 随心所欲的。
ins Offene treten: 公开，表明。

[解析] 句[2]是带情态动词的被动式。句[3]中的wodurch代指durch jenes (Sagen)；was引导关系从句，关联词是all das。

aufnehmen: 接受。
ermöglichen: 使……成为可能。
umgekehrt: 反过来。

[解析] 句[3]是带情态动词的被动式。

das Gut: 财产，财富。

[解析] 句[3]中的der Güter Gefährlichstes为第二格提前，中心词Gefährlichstes在第二格之后，正常语序应为gefährlichstes Gut der Güter。

die Bestimmung: 规定，规定性。
der Aufbruch: 启程。

zugehen:（无人称时）发生，进行。
segnend: 祝福的。
schütteln: 抖落。
das Zeichen: 符号，记号（在此指神的记号）。
auserkoren: 选中的。
jauchzen: 欢呼（一般用于赞美诗对神的欢呼）。
verdauen: 消化。

[解析] 句[1]中的wie wenn意为"仿佛"，一般接虚拟式，此处则表直陈语气下的比较。句[3]中的das引导关系从句，关联词为dess，即dessen，之后的das从句用于说明dessen，也即Ansicht的所有者，为Ansicht的第二格补足语。句[4]中的geh(e)为第一虚拟式，表推测；wie dem的dem与mir同位；dem引导关系从句，关联词为Tantalus，在从句中做ward (wurde的古旧写法) 要求的第三格；als呼应上层主句中mehr，引导比较从句。

[1] Der Dichter ist ausgesetzt den Blitzen des Gottes. Davon sagt jenes Gedicht, das wir als die reinste Dichtung des Wesens der Dichtimg erkennen und das beginnt:

[2] „Wie wenn am Feiertage, das Feld zu sehn Ein Landmann geht, des Morgens, ..."
(IV, 151 ff.)

[1] Hier heißt es in der letzten Strophe:

[2] „Doch uns gebührt es, unter Gottes Gewittern,
Ihr Dichter! mit entblößtem Haupte zu stehen,
Des Vaters Stral, ihn selbst, mit eigner Hand
Zu fassen und dem Volk ins Lied
Gehüllt die himmlische Gaabe zu reichen."

[1] Und ein Jahr später, nachdem Hölderlin als ein vom Wahnsinn Getroffener in das Haus der Mutter zurückgekehrt ist, schreibt er an denselben Freund aus der Erinnerung an den Aufenthalt in Frankreich:

[1] „Das gewaltige Element, das Feuer des Himmels und die Stille der Menschen, ihr Leben in der Natur, und ihre Eingeschränktheit und Zufriedenheit, hat mich ständig ergriffen, und wie man Helden nachspricht, kann ich wohl sagen, daß mich Apollo geschlagen." (V, 327.)

[1] Die übergroße Helle hat den Dichter in das Dunkel gestoßen. [2] Bedarf es noch weiterer Zeugnisse für die höchste Gefährlichkeit seines „Geschäftes"? [3] Das eigenste Schicksal des Dichters sagt alles. [4] Wie ein Vorherwissen klingt dazu das Wort in Hölderlins Empedokles:

[5] „ ... Es muß
Bei Zeiten weg, durch wen der Geist geredet." (III, 154.)

[1] Und dennoch: die Dichtung ist das „unschuldigste aller Geschaffte". [2] Hölderlin schreibt so in seinem Brief, nicht nur um die Mutter zu schonen, sondern weil er weiß, daß diese harmlose Außenseite zum Wesen der Dichtung gehört gleich wie das Tal zum Berg; [3] denn wie wäre dieses gefährlichste Werk zu wirken und zu bewahren, wenn der Dichter nicht „hinausgeworfen"

第7讲 海德格尔：《荷尔德林和诗的本质》

der Landmann: 农夫。

[解析] 句[2]中的des Morgens为第二格做时间状语。

die Strophe: 诗节。

es gebührt jm.: 对某人合适。
entblößen: 脱光。
der Strahl (Stral): 光芒。
hüllen: 遮盖，隐蔽。
die Gabe (Gaabe): 馈赠。

[解析] 句[2]主干结构为es gebührt uns, ihr Dichter unter ... mit ... zu stehen, Stral, ihn ... zu fassen und die Gabe (A) ins Lied gehüllt dem Volk (D) zu reichen; gehüllt 是hüllen的第二分词，表状态，修饰die himmlische Gaabe, 转化为关系从句表示为die himmlische Gaabe, die ins Lied gehüllt wird。

der Wahnsinn: 精神失常。
der Aufenthalt: 逗留。

[解析] 句[1]中的nachdem引导时间状语从句，由于主句为一般时态，从句须比主句提前一个时态，因而使用完成时。

das Element: 在此指四大元素之一的火元素。
die Eingeschränktheit: 局限。
nachsprechen: 跟在后面说（后接第三格）。

stießen: 踢，推，撞。
bedürfen: 需要（后接第二格）。
das Zeugnis: 证明。
das Vorherwissen: 事先知道。

[解析] 句[2]中的es bedarf weiterer Zeugnisse, bedürfen要求第二格，此处为复数。句[5]中的wen引导关系从句，关联词为es (er)，指诗人。

schonen: 保护……不受侵害。
hinauswerfen: 扔出去。

[解析] 句[3]中的wäre为第二虚拟式，表假设、推测；(gegen) dieses 代指das Gewöhnliche (des Tages)。主句主干结构为sein后接带zu不定式表示被动。

123

(Empedokles III, 191) wäre aus dem Gewöhnlichen des Tages und gegen dieses geschützt, durch den Anschein der Harmlosigkeit seines Geschäfts?

[1] Dichtung sieht aus wie ein Spiel und ist es doch nicht. [2] Das Spiel bringt zwar die Menschen zusammen, aber so, daß dabei jeder gerade sich vergißt. [3] In der Dichtung dagegen wird der Mensch gesammelt auf den Grund seines Daseins. [4] Er kommt darin zur Ruhe; freilich nicht zur Scheinruhe der Untätigkeit und Gedankenleere, sondern zu jener unendlichen Ruhe, in der alle Kräfte und Bezüge regsam sind (vgl. den Brief an den Bruder vom 1. Januar 1799. III, 368f.).

[1] Dichtung erweckt den Schein des Unwirklichen und des Traumes gegenüber der greifbaren und lauten Wirklichkeit, in der wir uns heimisch glauben. [2] Und doch ist umgekehrt das, was der Dichter sagt und zu sein übernimmt, das Wirkliche. [3] So bekennt es Panthea von Empedokles aus dem hellen Wissen der Freundin (III, 78):

[4] „ ... Er selbst zu seyn, das ist

Das Leben und wir andern sind der Traum davon. – "

[1] So scheint das Wesen der Dichtung im eigenen Schein ihrer Außenseite zu schwanken und steht doch fest. [2] Ist sie ja doch selbst im Wesen Stiftung – das heißt: feste Gründung.[3] Zwar bleibt jede Stiftung eine freie Gabe, und Hölderlin hört sagen: „Frei sei'n, wie Schwalben, die Dichter" (IV, 168). [4] Aber diese Freiheit ist nicht ungebundene Willkür und eigensinniges Wünschen, sondern höchste Notwendigkeit.

[1] Die Dichtung ist als Stiftung des Seins zweifach gebunden. [2] Im Blick auf dieses innigste Gesetz fassen wir erst ihr Wesen ganz.[3] Dichten ist das ursprüngliche Nennen der Götter. [4] Aber dem dichterischen Wort wird erst dann seine Nennkraft zuteil, wenn die Götter selbst uns zur Sprache bringen. [5] Wie sprechen die Götter?

[6] „ ... und Winke sind

Von Alters her die Sprache der Götter." (IV, 135.)

[1] Das Sagen des Dichters ist das Auffangen dieser Winke, um sie weiter zu winken in sein Volk. [2] Dieses Auffangen der Winke ist ein Empfangen und doch zugleich ein neues Geben;

第7讲 海德格尔：《荷尔德林和诗的本质》

das Gewöhnliche: 习惯的事物。
gegen etw. schützen: 保护不受……侵害。
der Anschein: 表象，假象。

zusammenbringen: 聚集。
zur Ruhe kommen: 得到安宁。
der Bezug: 关联。

[解析] 句[2]中so ..., dass ...带结果从句，so之后无形容词或副词，这里指"以这种方式"。句[3]中的auf den Grund sammeln意为聚集到根基上。句[4]中的darin即in der Dichtung，最后一个Ruhe作为关联词引导关系从句，解释此种Ruhe的特征。

den Schein erwecken: 给人某种表象。
heimisch: 在家的，踏实的。
bekennen: 自白，承认，忏悔。

[解析] 句[1]中的der引导关系从句，关联词为Wirklichkeit; wir glauben uns heimisch意为我们以为自己在家中，我们感到踏实。句[2]主句为das ist umgekehrt, was从句解释das的内容，das Wirkliche则为was从句的同位语。句[3]Freundin即指Panthea。

schwanken: 摇摆不定。
die Schwalbe: 麻雀。
ungebunden: 无约束的。
die Willkür: 任意妄为。
die Notwendigkeit: （与自由相对的）必然性。

[解析] 句[1]主干结构为das Wesen der Dichtung scheint zu schwanken。

ursprünglich: 原始的，原初的。
zuteil: 用于短语etw. (N) wird jm. zuteil, 某人获得某物。
jn. zur Sprache bringen: 让某人讲话。

[解析] 句[4]主干结构为seine Nennkraft (N) wird dem dichterischen Wort (D) zuteil, 意为诗意话语获得命名的力量。

der Wink: 示意，指示，暗示。动词为winken。

auffangen: 接住。

[解析] 句[3]中的dieses Erschaute指das Vollendete。句[4]的语序为so fliegt der kühne Geist weissagen seinen

[3] denn der Dichter erblickt im „ersten Zeichen" auch schon das Vollendete und stellt dieses Erschaute kühn in sein Wort, um das noch-nicht-Erfüllte vorauszusagen. [4] So

„fliegt, der kühne Geist, wie Adler den

Gewittern, weissagend seinen

Kommenden Göttern voraus –" (IV, 135.)

[1] Die Stiftung des Seins ist gebunden an die Winke der Götter. [2] Und zugleich ist das dichterische Wort nur die Auslegung der „Stimme des Volkes". [3] So nennt Hölderlin die Sagen, in denen ein Volk eingedenk ist seiner Zugehörigkeit zum Seienden im Ganzen. [4] Aber oft verstummt diese Stimme und ermattet in sich selbst. [5] Sie vermag auch überhaupt von sich aus das Eigentliche nicht zu sagen, sondern sie bedarf jener, die sie auslegen.

[1] Das Gedicht, das die Uberschrift trägt „Stimme des Volks", ist uns in zwei Fassungen überliefert. [2] Vor allem die Schlußstrophen sind verschieden, jedoch so, daß sie sich ergänzen. [3] In der ersten Fassung lautet der Schluß:

[4] „Drum weil sie fromm ist, ehr' ich den Himmlischen

Zu lieb des Volkes Stimme, die ruhige,

Doch um der Götter und der Menschen

Willen sie ruhe zu gern nicht immer!" (IV, 141.)

[5] Dazu die zweite Fassung:

[6] „ ... und wohl

Sind gut die Sagen, denn ein Gedächtniss sind

Dem Höchsten sie, doch auch bedarf es

Eines, die heiligen auszulegen." (IV, 144.)

[1] So ist das Wesen der Dichtung eingefügt in die auseinander und zueinander strebenden Gesetze der Winke der Götter und der Stimme des Volkes. [2] Der Dichter selbst steht zwischen jenen – den Göttern, und diesem – dem Volk. [3] Er ist ein Hinausgeworfener - hinaus in jenes Zwischen, zwischen den Göttern und den Menschen. [4] Aber allein und zuerst in diesem Zwischen entscheidet es sich, wer der Mensch sei und wo er sein Dasein ansiedelt.

第7讲 海德格尔：《荷尔德林和诗的本质》

erschauen: 参透。
voraussagen: 预言。
jm. vorausfliegen: 飞到某人前面。
weissagen: 预言。

kommenden Göttern voraus, wie Adler den Gewittern vorausfliegt。

die Auslegung: 解释，注释，讲出其中的意思。
die Sage: 传说。
eingedenk: 想起，挂念（接第二格）。
verstummen:（说着说着忽然）无声，沉寂。
ermatten: 变得暗淡。

[解析] 句[3]中的denen引导关系从句，关联词为die Sagen。句[5]中的die引导关系从句，关联词为jener（那些人）。

die Fassung: 版本。
überliefertn: 流传。
sich ergänzen: 相互补充。

[解析] 句[2]中的so ..., dass ...引导结果从句。句[4]中的sie指代Stimme des Volks；ruhe为第一虚拟式，表祈愿。句[6]的语序为sie (die Sagen) sind dem Höchsten ein Gedächtniss。

die Himmlischen: 指天上众神。
zulieb (zu lieb): 为取悦……，为……之故。

einfügen: 嵌入，纳入。
sich entscheiden: 决定。

[解析] 句[4]中的sei为第一虚拟式，表推测。

127

[5] „Dichterisch wohnet der Mensch auf dieser Erde."

[1] Unausgesetzt und immer sicherer, aus der Fülle der andrängenden Bilder und immer einfacher hat Hölderlin diesem Zwischenbereich sein dichterisches Wort geweiht. [2] Dieses zwingt uns zu sagen, er sei der Dichter des Dichters.

[1] Werden wir jetzt noch meinen, Hölderlin sei verstrickt in eine leere und übersteigerte Selbstbespiegelung aus dem Mangel an Weltfülle? [2] Oder erkennen wir, daß dieser Dichter in den Grund und in die Mitte des Seins dichterisch hinausdenkt aus einem Übermaß des Andrangs? [3] Von Hölderlin selbst gilt das Wort, das er in jenem späten Gedicht „In lieblicher Bläue blühet..."von Oedipus gesagt hat:

[4] „Der König Oedipus hat ein
Auge zuviel vieleicht." (VI, 26.)

[1] Hölderlin dichtet das Wesen der Dichtung – aber nicht im Sinne eines zeitlos gültigen Begriffes. [2] Dieses Wesen der Dichtung gehört in eine bestimmte Zeit. [3] Aber nicht so, daß es sich dieser Zeit als einer schon bestehenden nur gemäß machte. [4] Sondern indem Hölderlin das Wesen der Dichtung neu stiftet, bestimmt er erst eine neue Zeit. [5] Es ist die Zeit der entflohenen Götter und des kommenden Gottes. [6] Das ist die dürftige Zeit, weil sie in einem gedoppelten Mangel und Nicht steht: [7] im Nichtmehr der entflohenen Götter und im Nochnicht des Kommenden.

[1] Das Wesen der Dichtung, das Hölderlin stiftet, ist geschichtlich im höchsten Maße, weil es eine geschichtliche Zeit vorausnimmt. [2] Als geschichtliches Wesen ist es aber das einzig wesentliche Wesen.

[1] Dürftig ist die Zeit, und deshalb überreich ihr Dichter – so reich, daß er oft im Gedenken an die Gewesenen und im Erharren des Kommenden erlahmen und in dieser scheinbaren Leere nur schlafen möchte. [2] Aber er hält stand im Nichts dieser Nacht. [3] Indem der Dichter so in der höchsten Vereinzelung auf seine Bestimmung bei sich selbst bleibt, erwirkt er stellvertretend und deshalb wahrhaft seinem Volke die Wahrheit. [4] Davon kündet jene siebente Strophe der Elegie „Brod und Wein" (IV, 123f.). [5] In ihr ist dichterisch gesagt, was hier nur denkerisch auseinandergelegt werden konnte. [...]

第7讲 海德格尔：《荷尔德林和诗的本质》

unausgesetzt: 不停地，不间断地。
die Fülle: 丰富。
andrängend: 蜂拥而至的。
weihen: 献给。

in etw.(A) verstrickt sein: 卷入某事。
übersteigert: 过分提高的。
die Selbstbespiegelung：自我欣赏。
hinausdenken: 想出去（系海德格尔自造词）。
gelten von: 适用于。

gemäß: 根据，按照（接第二格）。
entfliehen: 逃跑。

vorausnehmen: 预先说起，预先讨论。

das Gedenken: 怀念。
das Erharren: 急切盼望，企盼。
erlahmen: 疲倦，松弛。
standhalten: 坚守，忍耐。
erwirken:（经请求、交涉、说情而）获取。
stellvertretend: 代表性地。
die Elegie: 哀歌。

[解析] 句[2]中的sei为第一虚拟式，表转述说的内容。

[解析] 句[3]中的das引导关系从句，关联词为das Wort; 该句意为das Wort gilt von Oedipus, das gleiche Wort gilt von Hölderlin。

[解析] 句[3]中的so，dass …引导结果从句；bestehenden后省略一个Zeit。句[4]中的indem引导一个方式从句。句[7]中的des Kommenden指代des kommenden Gottes。

[解析] 句[3]中的indem引导方式从句。句[5]中的ihr代指Strophe; auseinandergelegt werden konnte为带情态动词的被动态，注意各个动词在从句中的语序。

语言课堂

- **so**

so的含义有很多，我们较为熟悉的是作为连词的"所以，那么"以及作为副词的"如此"。作为副词时so之后常常紧跟形容词或副词，如so wenig, so viel等。但so作为副词或代词也可以表示方式、方法，意为"以这样的方式、如此"。如：

Es ist so, genau wie du sagst.

在选文中也有这样的例子：

Das Spiel bringt zwar die Menschen zusammen, aber so, daß dabei jeder gerade sich vergißt.

全文翻译

第五个引导诗句见于下面这首长而令人震撼的诗。诗的开头是这样的：

在迷人的湛蓝色中如鲜花／教堂那金属般的塔楼绽放。（第六卷，第24页以下）

荷尔德林接着写道（第32行以下）：

充满劳绩，然而人诗意地／栖居在这大地。

人们劳作或经营所得，是通过自己的勤劳获得和赢得的。"然而"——荷尔德林做了一个转折——所有这一切并未触及人在这大地上栖居的本质，所有这一切并未达到人存在的根基。人的存在就其根基而言是"诗意的"。诗在此指缔造性地命名诸神和事物的本质。"诗意地栖居"意味着：在诸神的临在中，受到临近事物本质的触动。"诗意的"是根基中的此在——也就是说：它作为一个被缔造（被奠基）的在者不是劳绩，而是一份礼物。

诗并非只是伴随此在的装饰品，亦非短暂的激情，更非鼓动或娱乐。诗是承载历史的根基，因此也不只是文化的显现，就更不只是某"文化心灵"的"表达"。[1]

---

[1] 这是批判文化新教把古典文学上升为德意志民族的文化心灵的表达。

第7讲 海德格尔:《荷尔德林和诗的本质》

说我们的此在在根本上是诗意的,也终究不等于说,它其实不过是一个无关痛痒的游戏。然而,在首先引入的引导词中,荷尔德林不是自己也称诗为"所有营生中最无辜的一个"?这与此刻展开的诗的本质有何关系?这样我们就回到那个一开始被搁置的问题。我们此刻就回到该问题,同时总结性地把诗和诗人的本质展示给内在的心灵之眼。

首先已经得出:诗的作业范畴是语言。故而诗的本质必须从语言的本质出发去把握。随后又清楚看到:诗是对存在和一切事物本质的缔造性命名——并非随意的言说,而是那种言说,通过它一切才公开显露出来,然后我们再在日常语言中去谈论和协商它们。因此,诗从不把语言作为一个既有的素材来接受,而是,诗自己才让语言成为可能。诗是一个历史性民族的原始语言。也就是说,必须反过来从诗的本质出发去理解语言的本质。

人的此在的根基是谈话,作为语言本来所发生事件的谈话。而原始语言则是诗,作为存在缔造者的诗。因此,语言是"财富中的最危险者"。也就是说,诗是最危险的事业——同时也是"所有营生中最无辜的一个"。

确实如此——只有等我们合而为一地思考这两种规定性,才能够理解诗全部的本质。

然而,诗真的是最危险的事业吗?荷尔德林最后一次启程徒步去法国之前,在一封致友人的信中这样写道:

> 朋友啊!比起以往,世界在我面前更加明亮,更加严肃!我喜欢它这样子,我喜欢,仿佛夏日里"古老神圣的父,用从容的手,从泛着红色的云抖落下祝福的闪电"①。因在我所见的来自神的一切中,这个记号已成为我选中的。往常,我会欢呼一个新的真理,一个关于那些我们头上和身边之物的更好的见识,而此刻我却害怕,我终究无法消受,落得像旧日的坦塔罗斯②,诸神给了他过多,他无法消化。(第五卷,第321页)

诗人被置于神的闪电。有一首诗说的正是这个意思。我们认为它是关于诗的本质的最纯粹的诗。它是这样开头的:

> 如在节日,一个农民 / 走去看他的地,在清晨,……(第四卷,第151页)

---

① 雷电寓指上帝的临在,是源自《圣经·旧约》的古老比喻。
② 坦塔罗斯,希腊神话中主神宙斯之子,因侮辱众神被打入地狱。他想弯腰喝水,水立即就从身旁流走;想抬头够树上的果实,树枝就抬高。因此他只能永远忍受饥渴之苦。

该诗最后一节：

> 于我们理所应该，在神的雷雨中，/ 诗人啊！裸着头颅站立，/ 天父的电光，他本人，用自己的手 / 去抓住并且把这天上的赐予 / 隐蔽在歌儿中传达给大众。

一年后，荷尔德林作为一个精神失常的人回到母亲家中后，给同一位朋友写信，凭记忆讲述在法国的逗留：

> 那强大的火，那天火和人的沉寂，人在自然中的生活，以及他们的局限和满意，不断地让我激动，就如同人们说英雄，或许我也可以说，阿波罗击打了我。
> （第五卷，第327页）

过于强大的清醒把诗人推进了混沌。对于诗人"营生"最高级的危险性，还需要更多的证明吗？诗人自己的命运说明了一切。在荷尔德林的《恩培多克勒》中有一句恰似未卜先知的话：

> [……]他必须 / 及时离去，若圣灵通过他讲了话。（第三卷，第154页）

还有：诗是"所有营生中最无辜的一个"，荷尔德林在给母亲的一封信中如此写道，并非只为保护母亲不受伤害，而且也因为他知道，这无关痛痒的局外状态属于诗的本质，恰如山谷属于山；因为，如果诗人不被从日常的习惯中"抛出"（《恩培多克勒》第三场，第191页），并通过他营生的无关痛痒的假象来保护他不受这种日常习惯的侵扰，这最危险的事业如何产生作用，如何得到保存？

诗看起来像游戏，但又不是游戏。游戏虽然能把人聚到一起，但按那种方式，人人都恰恰忘了自己。而在诗中，人被聚集在其存在的根基上。人在诗中得到安宁；当然不是那种无所作为和思想空白的假安宁，而是那种无限的宁静。在那样的宁静中，一切力量和关联都活跃起来（参1799年元旦致哥哥的信，第三卷，第368页及以下）。

与那种可捕捉的、张扬的、让我们置身其中感觉踏实的真实相比，诗会给人一种不真实的、如梦的表象。然而恰恰相反，诗人所言说的、所接受的存在，才是真实。《恩培多克勒》中的潘泰娅从女友清醒的认识出发，承认（第三卷，第78页）：

> [……]作他自己，这才是 / 生命，吾等不过生命的梦。——

如此一来，诗的本质看上去在自身是局外人这一表象中摇摆不定，然而却又十分稳定。诗自己在本质上到底是创建——意思是：稳定的建立。

尽管每一个创建都是某种无偿的馈赠，荷尔德林曾经听说："自由地存在，如麻雀的，是诗人。"（第四卷，第168页）但这种自由并非无约束的任意妄为或固执己见，而是最高的必然性。诗作为对存在的创立有双重约束。只有关注这最内在的法则，我们才

第7讲 海德格尔:《荷尔德林和诗的本质》

能完全把握它的本质。

作诗是给众神进行原始命名。然而,诗意的话语只有在众神让我们讲话,才能获得其命名的力量。那众神如何讲话?

[……]暗示/自古就是众神的语言。(第四卷,第135页)

诗人的言说就是接住这些暗示,为继续向大众暗示。这样接住暗示是接受,但同时是一次新的给予;因为诗人在《第一个记号》中就已经看到那满全的,然后把这参透的大胆地置入他的言说,预言那尚未实现的。即:

大胆的精神,像鹰飞到/暴风雨前面,预言着飞到/它将临的众神前面——(第四卷,第135页)

存在的创立与众神的暗示相连。同时,诗的语词不过是对"大众的声音"①的解释。荷尔德林称这声音为传说,在这样的传说中,一个民族记挂着自己对整体在者的归属。然而,民族的声音经常是忽然就沉寂了,自行暗淡下去。它也根本不能够自行言说本质性东西,而是需要那些阐释它的人。那首标题"大众的声音"的诗,留下两个版本。两首诗的末节不同,而且刚好是互相补充。第一版结尾:

因为它虔诚,我因天上众神/之故而敬大众的声音,那安静的声音,/然而为众神和众人之故/但愿它不要情愿永远沉寂!(第四卷,第141页)

第二版结尾:

[……]大约/传说是好的,因它们是/对至高者的记忆,然而需要/有人,去解释这神圣的传说。(第四卷,第144页)

这样,诗的本质就被纳入既力争相互分离又力争相互交融的众神暗示和大众声音的法则。诗人自己立于彼——众神与此——大众之间。他是一个被掷出的人——被掷出到那个在两者之间,在众神和众人之间。然而,只有并首先在这个两者之间,决定了人是谁,人把他的此在安于何处。"人诗意地栖居在这大地。"

不间断且越来越可靠地,从丰富的涌上来的意象出发且越来越简单地,荷尔德林把自己诗意的语词献给了这一中间领域。这迫使我们说,他是诗人的诗人。

难道我们现在还要认为,荷尔德林是出于缺少世界的丰富而纠缠到空洞的、过分的自我映照?或者我们认识到,这个诗人是因过量的涌现而诗意地发散想到存在的根基

---

① 赫尔德提出"各民族的声音"(Stimme der Völker),荷尔德林是"(一个民族)大众的声音"(Stimme des Volks)。

和中心?他在那首晚期诗歌《在迷人的湛蓝色绽开……》中说俄狄浦斯的话适用于他自己:

俄狄浦斯王或许/有一只眼睛太多了。(第六卷,第26页)

荷尔德林作诗作的是诗的本质——但不是在一个无限有效的概念的意义上。这个诗的本质属于某一个特定的时代,而并非它把这个时代视为业已存在而让自己按照这个时代而作。而是,荷尔德林重新创建诗的本质,并以此来规定一个新的时代。这是一个逃逸的众神以及将临之神的时代。这是一个贫乏的时代,因为它处于双重的匮乏和无中:处于逃逸的众神的不再和将临之神的尚未之中。

荷尔德林创建的诗的本质,达到最高历史程度,因为它预先谈论一个历史时代。作为历史性的本质它确实是唯一本质性的本质。

时代是匮乏的,正因此它的诗人才是无比富有的——他如此之富有,以致他常常在怀念已有的、企盼将临的时候疲惫,并且在这看上去的空虚中只想睡去。然而他在这黑夜的虚无中坚持。诗人在最高的孤守自己的规定性中守护自己,他以此代表性地并因此真切地为他的民众获得真理。那首名为《面包与酒》(第四卷,第123页及以下)的哀歌的第七节宣告了这一点。该节诗意地言说了这里只能以哲思探讨的东西。

拓展阅读

"此在"被海德格尔用以同时指人以及人所具有的存在方式。它来自德语动词dasein,意思是"存在着"或"在那儿、在这儿"。作为名词的Dasein被其他哲学家如康德用来指实体的存在,但海德格尔用它专指人。他还强调这个名词的词根意义,即"在那儿"或"在这儿"。Da在日常德语中根据上下文的不同,有时会被译成"这里",有时会被译成"那里"。[海德格尔有时建议,"这里"(hier)是作为说话者的我所处的位置,"那里"(dort)是他或她,即说话人所谈论的对象所处的位置,da是你,也就是我的说话对象所处的位置。但他一般会把此在看成是我而不是你。]Sein这个词的意思是"存在着",作为名词是取抽象意义的"存在"。海德格尔有时(并非总是)会在存在这个词的中间加上连字符,变成"Da-sein",来强调"存在于这(或那)里"之意。

为什么他用这种方式谈论人?人的存在与世界上其他实体的存在有显著的不同。"此在是为存在本身而存在的存在体。"(《存在与时间》,191)跟其他实体不同,它没有确定的本质:

此在的本质在于它的生存。所以,在这个实体身上所能展现出来的各种性质,都不是某个实体现成在手的"属性"。这一实体"看起来"如此这般,它本身就是

第7讲 海德格尔：《荷尔德林和诗的本质》

现成在手，这些性质在各种情况下总是去存在的种种可能，仅此而已……因此我们用"此在"这个名称来指这个实体的时候，并不在表达它是"什么"（如桌子、椅子、树），而是在表达其存在。

（《存在与时间》，42）

此在的存在之所以是个问题，部分是由于其存在"总是我的"，部分由于此在应该用人称代词"我"或"你"代称。那些仅仅是"现成在手"故而不适合被称作"我"或"你"的实体，其存在对实体来说是无关紧要的。既然它们无法像此在那样负载起自身的存在，若想成为万物中的一种，它们就得有一种确定的"什么"。但人的存在无论是什么样子都是其决定或已经决定了的："此在总是作为它的可能性而存在。"（《存在与时间》，42）此在从两个方面违背了亚里士多德的本体论：首先，它不是有着本质属性和各种属性或"或然性"的某种物质。其次，此在的潜力或可能性先于其实在性：此在不是一个确定的实在之物，而是各种存在方式的可能性。

迈克尔·英伍德：《牛津通识读本：海德格尔》，刘华文译，译林出版社，2009年，第23—25页。

课后练习

[1] Indem aber die Götter ursprünglich genannt werden und das Wesen der Dinge zu Wort kommt, damit die Dinge erst aufglänzen, indem solches geschieht, wird das Dasein des Menschen in einen festen Bezug gebracht und auf einen Grund gestellt. [2] Das sagen des Dichters ist Stiftung nicht nur im Sinne der freien Schenkung, sondern zugleich im Sinne der festen Gründung des menschlichen Daseins auf seinen Grund. [3] Wenn wir dieses Wesen der Dichtung begreifen, dass sie ist die worthafte Stiftung des Seins, dann können wir etwas ahnen von der Wahrheit jenes Wortes, das Hölderlin gesprochen, als er längst in den Schutz der Nacht des Wahnsinns hinweggenommen war.

Aus *Hölderlin und das Wesen der Dichtung*

1. 分析句[1]的主、从句结构，指出从句的引导词及类型。
2. 翻译句[2]。
3. 分析句[3]的主、从句结构。

附录

● 哲学术语及海德格尔使用的概念

1. Entnazifizierung: 去纳粹化
2. Neologismus: 新造词
3. phänomenologische Hermeneutik der Faktizität: 实际性的现象学解释学；Phänomenologie: 现象学；Hermeneutik: 解释学；Faktizität: 实际性
4. Sein: 存在
5. Substanz: 实体；Materie: 物质
6. Verständnishorizont: 理解视域
7. Ontologie: 存在论，本体论
8. das Seiende: 在者
9. Dasein: 此在
10. Fundamentalontologie: 基础存在论
11. In-der-Welt-sein: 在世界中存在
12. Bedeutungsganzheit: 含义整体
13. Existenzialien: 生存结构
14. Gestell: 座架

● 选文和参考译文

Martin Heidegger: *Gesamtausgabe, Band 4: Erläuterungen zu Hölderlins Dichtung,* hrsg. v. Friedrich-Wilhelm von Herrmann, Frankfurt a. M. 1981, S. 42—48.

海德格尔：《荷尔德林诗的阐释》，孙周兴译，商务印书馆，2000年，第45—53页。

● 海德格尔重要著作一览

Sein und Zeit (1927)（《存在与时间》）

Kant und das Problem der Metaphysik (1929)（《康德与形而上学疑难》）

Die Grundbegriffe der Metaphysik (1935)（《形而上学导论》）

Erläuterungen zu Hölderlins Dichtung (1936)《荷尔德林诗的阐释》）

Der Ursprung des Kunstwerkes (1935—1936)（《艺术作品的本源》）

Holzwege (1950)（《林中路》）

● 拓展阅读

Martin Heidegger: *Gesamtausgabe. 102 Bände*, Frankfurt am Main 1975.

陈嘉映：《海德格尔哲学概论》，生活·读书·新知三联书店，1995年。

王庆节：《解释学、海德格尔与儒道今释》，中国人民大学出版社，2004年。

第7讲 海德格尔：《荷尔德林和诗的本质》

迈克尔·英伍德：《牛津通识读本：海德格尔》，刘华文译，译林出版社，2009年。

阿尔弗雷德·登克尔等主编：《海德格尔与尼采》，孙周兴、赵千帆等译，商务印书馆，2015年。

乔治·斯坦纳：《海德格尔（修订版）》，李河、刘继译，浙江大学出版社，2012年。

雅克·德里达：《论精神：海德格尔与问题》，朱刚译，上海译文出版社，2014年。

皮埃尔·布迪厄：《海德格尔的政治存在论》，朱国华译，学林出版社，2009年。

第二单元

17世纪到18世纪

第8讲 莱布尼茨：
《关于中国哲学的通信》
Lektion 8　Gottfried Leibniz:
Brief über die chinesische Philosophie

作者学术生平

Gottfried Leibniz (1646—1716) war ein deutscher Philosoph, Mathematiker, Jurist, Historiker und politischer Berater der frühen Aufklärung. Er wird oft als letzter Universalgelehrter bezeichnet und hatte einen starken Einfluss auf die nachfolgenden Aufklärer, die klassische deutsche Philosophie und den deutschen Idealismus.

Leibniz war erster Präsident der 1700 in Berlin gegründeten Königlich-Preußischen Akademie der Wissenschaften (heute Berlin-Brandenburgische Akademie der Wissenschaften). Der Akademiegedanke verkörperte Leibnizens Wissenschaftsideal, in systematischer Kooperation Theorie und Praxis zu verbinden.

Prägende Begriffe bzw. komprimierte Darstellungen zur Philosophie Leibnizens finden sich in Monadologie, Theodizee (unsere Welt ist die beste aller möglichen Welten), Harmonie, prästabilierter Harmonie, etc.

Leibniz betrachtete die Wissenschaft als eine Einheit. Seine Erkenntnisse in der Mathematik, Geometrie sowie seine biologischen und geologischen Konzeptionen entwickelten sich in enger Verbindung mit seinen philosophischen und theologischen Ansichten.

Das von Leibniz weiterentwickelte duale Zahlensystem legte den Grundstein zur rechnergestützten Informationstechnologie des 20. Jahrhunderts. In diesem Zusammenhang hat er, angeregt von den Briefen des China-Missionars, des franzoesischen Jesuiten Joachim Bouvet, intensiv mit dem Binärcode des I Gings und mit der chinesischen Philosophie überhaupt beschäftigt.

第8讲 莱布尼茨：《关于中国哲学的通信》

莱布尼茨（1646—1716），德国早期启蒙时期的哲学家、数学家、法学家、历史学家和政治顾问。他堪称最后一位通才，对后来的启蒙思想家、德国古典哲学和德国唯心主义产生了深刻影响。

1700年在柏林成立了普鲁士王家科学院（今柏林—勃兰登堡科学院），莱布尼茨担任第一任主席。科学院理念体现了莱布尼茨理论与实践系统结合的理想。

莱布尼茨的哲学，可以由这样几个概念或说明加以概括：如单子论、神义论（我们的世界是所有可能的世界中最好的）、和谐与先定和谐等。

莱布尼茨视科学为一个整体，他关于数学和几何学的认识、关于生物和地质学的构想的产生和发展均与他的哲学和神学思想密切相关。

二进制法经由莱布尼茨得到进一步发展，为20世纪计算机信息科学奠定了基础。莱布尼茨曾受法国传教士、耶稣会士白晋书信启发，深入研习过《易经》中的阴阳二爻符号以及中国哲学。

编者导读

选文是莱布尼茨与一位法国友人的通信节选，原文为法文。节选文字主要围绕两个议题展开，一个是灵魂不朽问题，一个是二进制问题。

莱布尼茨试图根据中国典籍，证明中国有灵魂不朽的思想。他认为自己在中国的"自然神学"中发现了报应思想，而所谓来世报应，其前提只能是灵魂不朽。莱布尼茨之所以关心这个问题，或许是试图在东方文化中为其神义论思想寻找借鉴和支持。

此外，中国文化中蕴含的灵魂不朽的意识，还表现在祖先和圣贤敬拜，莱布尼茨引证《中庸》并通过与德国圣人传的对比对此进行了说明。

就二进制问题，莱布尼茨基本上接受白晋的观点，认为若把伏羲八卦中的阳爻和阴爻转换为1和0，便可以与二进制匹配。此外他还指出，伏羲或《易经》已认识到二分法和组合论的问题。

选文展示了三百年前中西文化交流的高度以及相互尊重和学习的态度。17世纪的文化交流主要发生在知识精英层面：学人从自身的问题意识出发，试图在异质文化中寻找宗教、伦理、自然科学层面的借鉴，以他山之石解决当时欧洲的问题。

选文纵览

<65.> [1] Der Glaube an die Unsterblichkeit der Seele wird sich noch weiter erhellen, wenn man berücksichtigt, daß die alte chinesische Lehre besagt, die Seele habe nach diesem Leben Lohn und Strafe zu erwarten.

[1] Richtig ist allerdings, daß man unter den Gelehrten weder vom Paradies noch von der Hölle spricht; wie der Doktor Michel, ein chinesischer Christ, bedauernd zugab, wobei er zugleich die Anhänger des FOH rühmte, weil sie sowohl an das eine als auch das andere glauben (17; 95). [2] Übrigens scheinen die modernen Chinesen, die für höchst aufgeklärt gelten möchten, zu spotten, wenn man ihnen vom jenseitigen Leben spricht (17; 89).

[1] Vielleicht würden sie aber aufhören zu spotten, wenn sie bedächten, [2] daß jene höchste Substanz, die doch nach ihrer eigenen Auffassung die Quelle der Weisheit und Gerechtigkeit ist, nicht weniger umfassend auf die Geister und Seelen, [3] die sie hervorbringt, einwirken kann, [4] als ein weiser König in seinem Reich auf Untertanen einwirkt, [5] die er nicht nach seinen Wünschen schafft, und die für ihn ziemlich schwer zu lenken sind, [6] weil sie nicht völlig von ihm abhängen.

[1] Demnach kann das Reich der Geister unter jenem großen Meister nicht schlechter als das Reich der Menschen geordnet sein, [2] und daraus folgt, daß die Tugenden unter dieser Regierung belohnt und die Vergehen bestraft werden müssen, [3] was ja in diesem Leben nicht ausreichend geschieht.

<65a.> [1] Tatsächlich haben die alten Chinesen Andeutungen in dieser Richtung gemacht. [2] Wir haben schon bemerkt, daß sie dem SHANG-TI einen weisen und tugendhaften Kaiser an die Seite stellen, und daß sie die Seelen der großen Männer als Inkarnationen von Engeln betrachten.

[1] P. de S. Marie zitiert das SHI-KING (S. 27), eines der fünf grundlegenden Bücher der Gelehrten", [2] in dem einige ihrer alten Könige erwähnt werden, [3] die nach ihrem Tode in den Himmel aufstiegen, um SHANG-TI, dem höchsten König, zu leuchten und zu helfen (ich meine, man sollte übersetzen: um ihm zur Seite zu stehen und ihm zu dienen), und um sich zu seiner Rechten und zu seiner Linken niederzulassen;

第8讲 莱布尼茨:《关于中国哲学的通信》

die Unsterblichkeit: 不朽。
sich erhellen: 明亮,明朗起来。
berücksichtigen: 考虑到,顾及。
besagen: 说,表明。

das Paradies: 伊甸园,天堂。
die Hölle: 地狱。
bedauernd: 遗憾地。
zugeben: 承认。
der Anhänger: 追随者,拥护者。
aufgeklärt: 开明的。
spotten: 嘲笑。
jeseitig: 彼岸的,来世的。

die Substanz: 实体,材料,物质实质。
die Auffassung: 见解,看法。
die Quelle: 源泉。
umfassend: 全民的,广泛的。
hervorbringen: 带出来,产生,创作。
der Untertan: 臣民。
lenken: 驾驭,操纵。

demnach: 因此。
aus etw. (D) folgen: 由某事得出结论。
die Regierung: 掌管,政府。
belohnen: 酬劳,回报。
das Vergehen: 过失。
ausreichend: 充分,足够的。

die Andeutung: 暗示,影射,迹象。
bemerken: 注意到。
SHANG-TI: 上帝。
jn. jm. an die Seite stellen: 把某人与某人进行比较。
die Inkarnation: 肉体化,化身。

P.: Pater, 神父。
SHI-KING:《诗经》。
grundlegend: 基础的,奠基性的。
erwähnen: 提及。
jm. zur Seite stehen: 帮助某人,支援某人。
jm. dienen: 侍奉。
sich niederlassen: 坐下,安身。

[解析] 最后一部分从句habe为第一虚拟式,表转述观点。

[解析] 句[1]中wobei引导关系从句,rühmte与之前的bedauernd zugab为同时的关系;das eine, das andere指代前文das Paradies和die Hölle。句[2]为scheinen+zu不定式,die引导的关系从句关联Chinesen,注意Chinese为弱变化名词。

[解析] 句[3]中的die sie hervorbringt, die代指Geister und Seelen, sie代指die Substanz。句[2]的主干为dass jene höchste Substanz ... (nicht weniger umfassend auf die Geister und Seelen) einwirken kann, als ein weiser Köenig auf Untertan einwirkt, 即实体对灵魂产生的影响大于君王对臣民产生的影响;句[2]中关系从句关联Substanz。句[5]两个die引导的关系从句均指Untertanen。

[解析] 句[2]中的dass从句为本句的真正主语。句[3]中was代指前面一整句。

[解析] 句[2]中的第一个dass从句注意第三格第四格的区分。

[解析] 注意句[3]中的um ... zu结构,同时注意此句中zu本身作为介词的用法(zur Seite, zu seiner Rechten und Linken)。

143

[1] und in demselben Buch heißt es auch, [2] die von der Erde zum Himmel aufsteigenden und vom Himmel zur Erde niedersteigenden Könige könnten dem Königreich als Patrone und Schützer gnädig und förderlich sein.

<66.> [1] Der Kult der Ahnen und großen Männer, der von den alten Chinesen eingeführt wurde, kann sehr wohl den Zweck haben, [2] die Dankbarkeit der Lebenden, eine vom Himmel geschätzte und belohnte Tugend, zu zeigen und die Menschen zu Leistungen anzuspornen, [3] die sie der Anerkennung der Nachwelt würdig machen.

[1] Doch drücken die Alten sich aus, [2] als wenn die Geister der tugendhaften Ahnen, die von einem Strahlenkranz umgeben sind und zum Hofstaat des Weltenkönigs gehören, die Macht hätten, ihren Nachfahren Gutes und Böses zu bringen. [3] Hier wenigstens wird deutlich, daß sie sich vorstellten, daß die Ahnen weiterleben.

<66a.> [1] Es ist aufschlußreich zu sehen, wie die Alten sich ausdrückten. [2] Nach dem Bericht von P. de S. Marie nennt Konfuzius im 17. Kapitel seines Buches CHUNG-YUNG als Urheber des Ahnenkults den Kaiser SHUN. [3] Zufolge der Chronologie der Könige, die den Titel T'UNG-KIEN, das heißt Universalgeschichte, trägt (und zu den klassischen Schriften zählt), war dieser König der fünfte seit Gründung der Monarchie.

[1] Konfuzius rühmt ihn aufs höchste; [2] er führt den Wohlstand des Reiches auf diesen Kult zurück (an der genannten Stelle sowie im 78. Kapitel) und stellt die alten Könige in diesem Punkt als Vorbild auf für die Nachwelt.

[1] Gegen Ende des Kapitels sagt er auch, ein König, [2] der vollkommen verstünde, was die Verehrung des Himmels und der Erde in sich schließt, [3] und den wahren Grund wüßte, warum den Ahnen geopfert wird, [4] könnte einen gesicherten Wohlstand und eine weise Verwaltung im ganzen Reich mit ebenso großer Sicherheit erwarten, als hielte er sie in der Hand.

<67.> [1] Zwar sprechen die chinesischen Gelehrten weder von der Hölle noch vom Fegefeuer, [2] aber möglicherweise glauben manche von ihnen oder haben wenigstens früher geglaubt, [3] daß die umherirrenden Seelen, die in den Bergen und Wäldern hin und her streifen, eine Art Fegefeuer erleiden.

第8讲 莱布尼茨：《关于中国哲学的通信》

niedersteigen: 降下。
der Patron: 保护。
förderlich: 促进的。

der Kult: 偶像崇拜。
der Ahne: 先祖，祖先。
einführen: 引入。
schätzen: 欣赏。
zu etw. (D) anspornen: 鼓励去做某事。
die Anerkennung: 承认，认可，赏识。
jn. etw. (G) würdig machen: 让某人值得拥有某物。

der Strahlenkranz: 光环。
umgeben: 环绕。
der Hofstaat: 全体朝臣，宫廷侍臣。
der Nachfahre: 后代。

aufschlussreich: 富有启发意义的。
Konfuzius: 孔子。
CHUNG-YUNG:《中庸》。
der Urheber: 原创者，发起人。
der Ahnenkult: 祖先敬拜。
SHUN: 舜。
zufolge: 根据，遵照（后接第二格/前加第三格）。
die Chronologie: 编年顺序，编年史。
T'UNG-KIEN:《资治通鉴》。
die Universalgeschichte: 通史。
die Schrift: 作品，著作。

aufs höchste: 极高，极大，极力。
etw. (A) auf etw. (A) zurückführen: 将某事归因于某事。
der Wohlstand: 富裕。
das Vorbild: 榜样。
die Nachwelt: 后世。

die Verehrung: 崇敬。
etw. (A) in sich schließen: 包含某物。
opfern: 献祭。
die Verwaltung: 管理，治理。

das Fegefeuer: 炼狱。
umherirren: 四处游荡，四处找路。
streifen: 漫游，徘徊。
erleiden: 忍受痛苦。

[解析] 句[2]的扩展成分（aufsteigenden, niedersteigenden）为修饰语；第三格搭配gnädig und förderlich表受益受害者。

[解析] 句[2]应注意，die Dankbarkeit与eine Tugend为同位语。句[3]的die指代Leistungen，sie指代Menschen。

[解析] 句[2]主干为als wenn引导的状语从句（虚拟式），die Geister ... die Macht hätten, ihren Nachfahren (D) Gutes und Böses (A) zu bringen。句[3]的第一个dass从句为主句的真正主语（占位词es省略），第二个dass从句为sich vorstellen的内容。

[解析] 句[2]成分较多，注意主干动词为nennen ... als，真正的第四格宾语出现在als之后。句[3]注意分辨插入的das heißt句子。

[解析] 句[2]中的verstünde, wüßte, hielte均为第二虚拟式，表转述。句[3]中的warum从句den Ahnen为被动态中的复数第三格。句[4]接句[1]，为主句的主干。

[1] Wir haben schon von diesen umherirrenden Seelen gesprochen. [2] Und ohne den Vergleich zwischen den christlichen und heidnischen Vorstellungen überspannen zu wollen, [3] kann man doch sagen, daß sich etwas Ähnliches in der Vita des Heiligen Konrad, Bischofs von Konstanz, findet, die im zweiten Band meiner Sammlung veröffentlicht ist;

[1] dort ist die Rede davon, [2] er und sein Freund, der Heilige Ulrich, hätten an den Wasserfällen des Rheins die Seelen von Verdammten gefunden, die in Gestalt von Vögeln dort lebten, und sie durch ihre Gebete erlöst.

[1] Vielleicht verhält es sich, nach der Auffassung einiger dieser chinesischen Gelehrten, alter oder moderner, auch so, [2] daß diejenigen Seelen, die Bestrafung verdienen, Geister werden, die zu niederen Diensten bestimmt sind, etwa die Tore, Küchen und Herde zu hüten; und zwar so lange, bis sie ihre Vergehen abgebüßt haben.[3] Wir sind zu wenig über die Lehre dieser Gelehrten unterrichtet, um auf die Einzelheiten ihrer Vorstellungen eingehen zu können.

IV. Die Charaktere des FUH-HI, und das binäre Zahlensystem

<68.> [1] Wären wir Europäer über das chinesische Schrifttum gut genug unterrichtet, so könnten wir mit Hilfe der Logik, des kritischen Scharfsinns, der Mathematik und unserer begrifflich genaueren Ausdrucksweise in den chinesischen Denkmälern einer so entfernten Vergangenheit sehr wahrscheinlich viele Dinge entdecken, [2] die den heutigen Chinesen und selbst den neueren Auslegern der Alten, [3] für wie klassisch man sie auch hält, unbekannt sind.

[1] So haben der hochw. P. Bouvet und ich den eigentlich gemeinten Sinn der Charaktere des Reichsgründers FUH-HI entdeckt. [2] Diese Charaktere bestehen nur aus der Kombination von ganzen und unterbrochenen Linien und gelten als die ältesten Schriftzeichen Chinas, wie sie gewiß auch die einfachsten sind. [3] Insgesamt gibt es 64 Figuren dieser Art, die in einem Buch, das IH-KING oder Buch der Variationen heißt, zusammengefaßt sind.

[1] Mehrere Jahrhunderte nach FUH-HI haben der Kaiser WEN-WANG und sein Sohn CHOU-KONG und nochmals fünf Jahrhunderte später der berühmte Konfuzius philosophische Geheimnisse darin gesucht. [2] Andere wollten sogar eine Art Geomantie und ähnliche Ungereimtheiten herauslesen. [3] Tatsächlich handelt es sich aber genau um das binäre Zahlensystem, das dieser große Gesetzgeber besessen zu haben scheint, und das ich einige

第8讲 莱布尼茨：《关于中国哲学的通信》

heidnisch: 异教的。
überspannen: 绷得过紧，过度强调。
ähnlich: 相似的。
sich finden: 有，存在。

[解析] 句[2]为ohne ... zu结构。句[3]dass从句的主干为sich finden。

der Wasserfall: 瀑布。
das Gebet: 祈祷。
erlösen: 解救，救赎。

[解析] 句[2]为第二虚拟式表转述。

der Geist: 魂灵（死去以后灵魂没有着落之前的状态）。
der Dienst: 工作，服务。
bestimmen: 规定。
der Herd: 灶台。
hüten: 看管，照料。
abbüssen: 赎完罪。
jn. über etw. (A) unterrichten: 使某人了解某物/某事。
auf etw. (A) eingehen: 探讨，研究，发表意见。

[解析] 句[1]的es verhält sich so, dass ...意为似乎是；nach 成分为状语，alter oder moderner表让步。句[2]dass从句的主干为bestimmt sind，重复了从句的主语die。句[3]为zu+um zu 结构，表目的。

das Schrifttum: （关于某一论题的）文献、资料。
der Scharfsinn: 洞察力，机敏。
begrifflich: 概念性的，抽象的。
das Denkmal: 纪念碑，古迹。
der Ausleger: 注释者。
die Alten: 在此指古代学者。

[解析] 句[1]为第二虚拟式，另需注意主句中复杂的修饰成分及层级，最终第四格宾语为viele Dinge。句[3]是插入语，表让步。

hochw.: = hochwürdig, 尊敬的，用于对神职人员的敬称，圣下，阁下。
der Reichsgründer: 帝国的建立者，始祖，在此指伏羲。
FUH-HI: 伏羲。
unterbrochen: 断裂的。
das Schriftzeichen: 文字。
IH-KING:《易经》。
die Variation: 变化。
zusammenfassen: 总结。

WEN-WANG: 文王。
CHOU-KONG: 周公。
die Geomantie: 土占，泥土占卜，撒沙占卜，在此可以理解为风水。
die Ungereimtheit: 不着调的，无稽之谈。
herauslesen: 读出，看出。
das binäre Zahlensystem: 二进制。
der Gesetzgeber: 立法者。

[解析] 句[3]第一个关系从句的正语序为dieser große Gesetzgeber scheint das besessen zu haben。

147

tausend Jahre später wiederentdeckt habe.

<68 a.> [1] In diesem Zahlensystem gibt es nur zwei Zeichen: 0 und 1, mit denen man alle Zahlen schreiben kann. [2] [Später habe ich entdeckt, daß es außerdem die Logik der Dichotomien enthält, die von sehr großem Nutzen ist, falls man immer die genaue Opposition zwischen den Gliedern der Teilung wahrt.]

[1] Als ich dieses System dem hochw. P. Bouvet mitteilte, sah er darin zunächst die Schriftzeichen des FUH-HI, die ihm nämlich genau entsprechen [2] [vorausgesetzt, daß man vor jede Zahl so viele Nullen setzt, wie nötig sind, damit die kleinste Zahl ebensoviele Linien hat wie die größte], wenn man die unterbrochene Linie – – für 0 oder Zero und die ganze Linie — für die Einheit 1 setzt.

[1] Dieses System läßt auf die einfachste Weise Variationen zu, da es nur zwei Bestandteile gibt. [2] Es scheint also, daß FUH-HI Kenntnisse von der Kombinationslehre hatte, über die ich, als ich noch ganz jung war, eine kleine Abhandlung schrieb, die man dann lange Zeit danach, und zwar gegen meinen Willen, nochmals gedruckt hat.

[1] Nachdem aber diese Zahlentheorie völlig in Vergessenheit geraten war, kamen die Chinesen später nicht mehr auf die richtige Bedeutung des Systems. [2] Sie haben aus den Charakteren des FUH-HI ich weiß nicht was für Symbole und Rätselbilder gemacht, wie das gewöhnlich geschieht, wenn man sich von dem wahrhaften Sinn einer Sache entfernt; [3] wie etwa auch der gute Pater Kircher es in bezug auf die Schrift der ägyptischen Obelisken getan hat, von denen er gar nichts verstand. [4] Das alles beweist, daß die alten Chinesen die modernen nicht nur an Religion (welche die vollkommenste Sittenlehre begründet), sondern auch an Wissenschaft weit übertrafen.

第8讲 莱布尼茨：《关于中国哲学的通信》

die Dichotomie: 二分法。
vom Nutzen sein: 有用，有益。
das Glied: 一部分，项。
wahren: 保持。

[解析] 句[2]中的falls表条件。

mitteilen: 告诉，知会。
entsprechen: 符合。
vorausgesetzt: 是前提的。

[解析] 句[2]中的vorausgesetzt省略了主干es is, dass从句即为真正主语；so viele wie结构表示像……一样多；之后的damit表目的。

zulassen: 允许。
das Bestandteil: 组成部分。
die Kombinationslehre: 组合论。
die Abhandlung: 科学论文。
drucken: 印刷。

[解析] 句[2]的几个关系从句中，第一个die关联Kombinationslehre，第二个die关联Abhandlung。

in etw. (A) geraten: 陷入某事。
auf etw. (A) kommen: 谈论起某事，想起某事。
das Rätselbild: 谜一样的图像。
gewönlich: 通常的。
in bezug auf etw. (A): 与某物相关。
der Obelisk: 方尖碑。
die Sittenlehre: 道德学说。

[解析] 句[1]中的nachdem引导过去完成式，要比主句前推一个时态。句[2]中的ich weiß nicht was für为插入语，突出语气。句[3]中的wie从句表方式。

149

语言课堂

德语与中文的一大不同在于语言进行的逻辑：中文仅能通过线性展开，而德语多有从句来补充说明主句中的不同成分。如：

Es scheint also, daß FUH-HI Kenntnisse von der Kombinationslehre hatte, über die ich, als ich noch ganz jung war, eine kleine Abhandlung schrieb, die man dann lange Zeit danach, und zwar gegen meinen Willen, nochmals gedruckt hat.

本句以对伏羲关于组合论的知识为起点，通过多个从句的嵌套却延伸到一个完全不同的话题，即莱布尼茨本人早年曾就此写作过一篇小文，而为了表达自己的谦虚，更是落脚到其刊印是违背了自己的意愿。第一个die关系从句关联Kombinationslehre，第二个die关系从句关联Abhandlung。在翻译成中文时，我们往往需要打破从句之间的连贯关系，而按照本身的意思进行重组。如此处，莱布尼茨的轶事便可作为单独的句子展开，而无须与上一句保持联系。

与此相反，当德语通过添加各种状语词组来扩充主句时，则先要定睛找到主干动词，之后才对状语成分逐一分析，如：

Wären wir Europäer über das chinesische Schrifttum gut genug unterrichtet, so könnten wir mit Hilfe der Logik, des kritischen Scharfsinns, der Mathematik und unserer begrifflich genaueren Ausdrucksweise in den chinesischen Denkmälern einer so entfernten Vergangenheit sehr wahrscheinlich viele Dinge entdecken ...

此句的主句为so könnten wir，应先找到框型结构的另一端，即entdecken，同时定位到entdecken的第四格宾语viele Dinge，之后再分析句子中部的mit Hilfe+Genitiv、in以及其后带出的第二格修饰语。

全文翻译

[第65节]中国古代思想中称，灵魂在死后会得到好报抑或惩罚，若考虑到这点，便可进一步清楚看到[中国人]对灵魂不朽的信仰。当然，可以肯定的是，中国的文人既不谈天堂，也不谈地狱。一位名为米歇尔博士的中国基督徒，曾不无遗憾地承认了这一点。他

第8讲 莱布尼茨:《关于中国哲学的通信》

同时称赞佛教的信徒,因为他们既相信天堂又相信地狱(17; 95)①。

此外,近来还有些想被视为开明的中国人,在有人对其谈到来世时,显得颇为不屑一顾(17; 89)。这些人或许会收敛鄙夷之态,如果他们认识到,那最高的实体,也就是那个依他们自己的见解,是智慧和正义之源的实体,其对由自身产生的鬼魂和灵魂的影响,就其程度,丝毫不亚于某位智慧的君王在自己国家对臣民所产生的影响——这些臣民并非君王按自己的愿望所造,同时因为不完全依附于君主而很难驾驭。可见在这位大师治下的鬼魂之国,其秩序并不比人之国更糟糕。顺理成章,在如此的统治下,各种美德一定会得到报偿,各种过失一定会受到惩罚,而这一切在此生并不会得到充分实现。

[第65a节]事实上,中国古人就已有这个方向的暗示。我们已经注意到,他们会把某位智慧且贤德的皇帝比作上帝,把圣贤的灵魂视为天使的化身。利安当神父②曾引用《诗经》(第27页),即学者的五部基本经典之一,经中提到他们古代的几位君王,死后升到天上,为最高的君王——上帝执灯或服侍(我认为当译为:侍奉在侧),就座于帝之左右["在帝左右"];经书中还说到,从地上升到天上、从天上降到地上的君王["文王陟降"],可作为保护神或护佑者,施恩和保佑他们的王国。

[第66节]古代中国人引入的祖先和圣贤敬拜,其目的很可能在于,一为表示生者的感激,一种得上天赏识和回报的美德,二为激励人们有所成就,以便得到后世的认可。然而根据古人的表述,环绕着光环["光被四表"]、位于世间君王朝臣之列的贤德祖先,似乎有能力给后世子孙带来善恶[福祸]。于此至少显而易见,在古人的想象中,祖先还活着。

[第66a节] 考察古人是如何表述的,会带来很多启发。根据利安当神父的著述,孔子在其所作《中庸》第17章中,称祖先敬拜[祭祖]的发起人是舜帝。根据另一部名为《通鉴》的帝王编年史——或称通史(同样属于经典)——舜是有王朝建立以来第五代君王。③孔子极力赞美舜,把国运昌隆归因于祭祖(在上述一章及第78章④),在这点上,孔子把古代君王树立为后世的榜样。在该章结尾处他又说道,君王若完全懂得敬天敬地意味什么,并深明祭祖的真正缘由所在,那他便可确保国家富庶,明治天下,所谓治国

---

① 此处当指龙华民所著《论中国宗教的几点问题》第17章第95节,下同。龙华民(Niccolo Longobardi, 1559—1654),意大利人,耶稣会士,明末清初天主教来华传教士。

① 利安当(Antoino de S. María, 1602—1669),西班牙人,方济各会修士,明末清初来华传教。所引文献当为利安当所著《天儒印》。根据上下文,或是在谈《诗经·大雅·文王》。

② 疑此处引用有误,应为《史记·十二本纪》之"五帝本纪"一章,其中把舜排在黄帝、颛顼、帝喾、尧的后面,算第五任帝王。《资治通鉴》始于"周纪"。

③ 根据上下文,此处当为《中庸·第十八章》,而非第七十八章。

其如示诸掌。①

[第67节]尽管中国文人既不谈地狱，也不谈炼狱，但他们当中不乏有人相信，或至少从前曾有人相信，那些在山林间到处游荡、四处徘徊的灵魂，在忍受着某种炼狱之苦。我们前文已提到过这类四处游荡的灵魂。为不至过于突出基督教与异教之想象的不同，可以说，在康斯坦茨主教、圣康拉德的传记中也记载过此类情况。传记收录在我出版的相关文集的第二卷中；其中提到，他与朋友，圣乌尔里希，在莱茵河上的瀑布边，看到了被罚入地狱之人的灵魂，且以鸟的形象生活在那里，于是二位通过祈祷救赎了他们。②

按照那些中国文人——无论是老派的还是新派的——的看法，情况也是类似的：即那些应受惩罚的灵魂，会变成被指定做低级工作的鬼魂，如守护大门、厨房和灶台等，而且要做到他们赎完了自己的过失为止。我们对这部分文人的学说知之甚少，很难深入探究他们想法的细节。

四、伏羲的符号与二进制

[第68节]倘若我们欧洲人能充分了解中文文献，则或许有可能借助逻辑、批判性的洞察力、数学以及我们在概念上更为准确的表达方式，在中国古老的传世文献中发现很多东西，这些东西对于今天的中国人，或即便对于近代的古文注疏家——无论人们认为他们多么经典[如朱熹之《四书集注》]，也都还是陌生的。在这个意义上，白晋③神父和我可谓发现了始祖伏羲所造字符的本来意义。这些字符仅由完整的和断开的横线组成，被认为是中国最早的、当然肯定也是最简单的文字。如《易经》[译音]即《论变之书》[意译]的总结，这类字形[卦象图]共计六十四个。

在伏羲帝几百年后，周文王及其子周公，以及五百年之后著名的孔子，都试图在其中寻找哲学奥秘。另有人甚至试图从中读出某种土占[风水]或类似的无稽之说。事实上，那位伟大的立法者所掌握的，似乎的确就是我本人几千年后重新发现的二进制。

[第68a节] 在这种进制中只有两个符号，也就是0和1，用两者可书写一切数字。（后来我发现，这其中还包含了二分法的逻辑；若确保被分开的两部分的对立关系，将会大有收获。）当我把这种进制告知白晋神父时，他一下子就看到其中包含了伏羲的字符，他认为若把断开的线— —[阴爻]转换为0，把整条线——[阳爻]转换成1的话，就恰好完全符合（前提是，要在每一个数字前，根据需要添上若干0，这样，最小的数也与最大的数有同样多的线）。这种进制可以最简单的方式，应付各种变化，因它只有两个基本组成

---

① "郊社之礼，所以事上帝也。宗庙之礼，所以祀乎其先也。明乎郊社之礼、禘尝之义，治国其如示诸掌乎！"（《中庸·第十九章》）
② 圣康拉德 (Heiliger Konrad, 900—975)，康斯坦茨主教；圣乌尔里希 (Heiliger Ulrich ,890—973)，奥格斯堡主教。
③ 白晋（Joachim Bouvet S.J., 1656—1730），字明远，法国传教士，耶稣会士，数学家，法兰西科学院院士，康熙二十六年来华，著有《易考》等著作。

第8讲 莱布尼茨:《关于中国哲学的通信》

部分。伏羲似乎拥有组合论的知识。我早年曾写过一篇关于组合论的小文,有人在很久以后还违背我的意愿再次将其刊印。

可惜这种计数理论完全被遗忘,后来的中国人再无从知晓这一系统的真正意义。他们莫名其妙地把伏羲的字符当作象征符号或玄妙的图像[八卦图]。当人们远离某种事物的真正意义时莫不如此,一如我们这里的科尔西厄[①]神父之对待他完全不理解的埃及方尖碑上的文字。凡此均证明,古代的中国人不仅在宗教方面(其宗教奠定了最完善的道德学说),而且在科学方面,都远远超过现代的中国人。

拓展阅读

1701年,莱布尼茨与白晋写信,描述了他的二进制算术,包括具有创世的类比(参见第9章)。1703年,莱布尼茨收到了白晋热情洋溢的复信,信中声称理解《易经》和中国哲学本性的秘密存在于莱布尼茨的二进制算术之中。

白晋声称,中国现存最古老的书《易经》代表着中国古老的文化,其中的知识随后失传了。他说,《易经》中的六爻的卦是中国语言中最早的字母,它们代表着古代形而上学体系的原则,但是在孔夫子时代(公元前551年),它们在中国失传了。他送给莱布尼茨一本六爻天象之前的书,它包括64卦,据传这是4500年前由伏羲创作的。白晋认为,这个图表包含着算术、天文学、医学和音乐等古代科学的秘密。他还声称,阴爻(有断裂的线段)表示0,阳爻(没有断裂的线)表示1,除此之外这些卦图还以二进制表示从0到64的数字。

由于这封信,莱布尼茨有理由认为,他毕生为之奋斗的那种普遍算法和语言已为古代中国人所知晓。此外,白晋还论证说,古代中国有一种自然宗教,它与基督教的基本原理是一致的。因此,白晋断言,使中国人皈依基督教的最佳方法是使中国人重新学习他们以往被遗忘了的形而上学。这也深深拨动了莱布尼茨的心弦,他相信理性可以揭示这种真正的宗教,基督教的基本原理可以用他正在开发的这种普遍语言清楚地加以

[①] 科尔西厄(Athanasius Kircher S.J., 1602—1680),德国神父,耶稣会士,17世纪最著名的通才学者之一,一生大部分时间在罗马的耶稣会学院从事教学和研究。除基本神学、哲学、伦理学外,研究领域包括埃及学、数学、物理学、天文学、地质学、地理学、医学、生物、音乐理论、机械、色彩、东方语言学、历史等,著述丰富。他曾试图破解埃及的象形文字,认为埃及的象形文字是一种神秘的象征符号,不能逐词翻译,而只能在寓意层面理解。科尔西厄参加了在罗马树立方尖碑的仪式,组织在上面刻上在今天看起来无意义的象形文字。这大概就是莱布尼茨对之诟病的原因。然而虽然基本出发点有问题,但科尔西厄仍推动了对埃及象形文字的破译,比如他认为,象形文字可以建构某种字母,并将之与希腊字母联系起来。他的研究为后来第一位破解古埃及象形的法国人让·弗朗索瓦·商博良(Jean-François Champollion, 1790—1832)所继承。

探究。

由于这些原因，白晋确信莱布尼茨的普遍算法和二进制计数法对于中国的统一事业是非常有用的。事实上，二进制数字与卦图之间的相似性取决于人们从哪里开始解读这种卦图。换言之，对于它的解释不是固定不变的。此外，白晋生活在清统治者的皇宫里，与各省处于隔绝状态。……清统治者采用了非常传统的方法接受古典文献，这些文献强调了诸如《易经》这类经典著作中所真正隐含的意义，以同那时的中国文字社会相对抗。无论如何，白晋认为这些卦图代表着古代一种失传已久的知识，那时人们对宇宙的秘密已知道得更多。

加勒特·汤姆森：《莱布尼茨》，李素霞、杨富斌译，
清华大学出版社，2019年，第148—149页。

课后练习

[1] Zu allen Zeiten hat die grosse Masse der Menschen ihre Gottesverehrung in Formalitäten verlegt; die wahre Frömmigkeit, d.h. das Licht und die Tugend ist niemals das Erbtheil der Menge gewesen; [2] darüber darf man sich nicht wundern, denn nichts stimmt mehr zur menschlichen Schwachheit. [3] Das Aeussere drängt sich uns auf; das Innere verlangt dagegen Erwägungen, zu denen nur Wenige sich die Fähigkeit erwerben. [4] Die wahre Frömmigkeit besteht in Grundsätzen und deren thätiger Befolgung; die Formalitäten der Gottesverehrung ahmen jener nur nach und sind von zweierlei Art; [5] die einen bestehen in ceremoniellen Handlungen, die anderen in Glaubensformeln. [6] Die Ceremonien ähneln den tugendhaften Handlungen und die Glaubensformeln sind gleichsam Schatten der Wahrheit und nähern sich mehr oder weniger dem reinen Lichte. [7] Alle diese Formalitäten wären löblich, wenn die, welche sie erfunden haben, sie so eingerichtet hätten, dass sie im Stande wären, das zu bewahren und auszudrücken, wovon sie die Abbilder sind, und wenn die religiösen Ceremonien, und die kirchliche Zucht, so wie die Regeln der Gemeinschaften und die menschlichen Gesetze dem göttlichen Gesetze gleichsam als eine Art Einhegung dienten, welche uns von der Annäherung an das Laster zurückhielte, uns an das Gute gewöhnte und uns mit der Tugend vertraut machte.

Aus *Die Theodicee*

分析并翻译句[7]。

第8讲 莱布尼茨：《关于中国哲学的通信》

附录

● **哲学术语**

1. duale Zahlensystem: 二进制
2. Metaphysik: 形而上学
3. Dynamik: 动力学
4. Theodizee: 神义论
5. Monade: 单子
6. Monadologie: 单子论
7. Vielfältigkeit: 多样性
8. prästabilierten Harmonie: 前定和谐
9. Teleologie: 目的论

● **选文和参考译文**

Gottfried Wilhelm Leibniz: *Zwei Briefe über das binäre Zahlensystem und die chinesische Philosophie*, übersetzt und kommentiert von Renate Loosen und Franz Vonhessen, Stuttgart 1968, S. 122—128.

何兆武、柳卸林主编：《中国印象——世界名人论中国文化》，广西师范大学出版社，2001年，第143—145页。

● **莱布尼茨重要著作一览**

Ars Combinatoria (1666)（《论组合的艺术》）

Metaphysische Abhandlung (Originaltitel: *Discours de métaphysique*) (1686)（《形而上学谈》）

Neue Abhandlungen über den menschlichen Verstand (1704)（《人类理智新论》）

Theodizee (1710)（《神义论》）

Monadologie (1714)（《单子论》）

Die Vernunftprinzipien der Natur und der Gnade (Originaltitel: *Principes de la nature et de la Grâce fondés en raison*) (1714)（《自然与恩宠之理性原则》）

● **拓展阅读**

Gottfried Wilhelm Leibniz: *Sämtliche Schriften und Briefe*, hrsg. v. der Preußischen (jetzt Deutschen) Akademie der Wissenschaften, 1923.

莱布尼茨：《神义论》，朱雁冰译，生活·读书·新知三联书店，2007年。

莱布尼茨：《人类理智新论》（上、下册），陈修斋译，商务印书馆，1982年。

加勒特·汤姆森：《莱布尼茨》，李素霞、杨富斌译，清华大学出版社，2019年。

柯兰霓：《耶稣会士白晋的生平与著作》，李岩译，大象出版社，2009年。

李奭学：《首译之功：明末耶稣会翻译文学论》，浙江大学出版社，2019年。

郑安德编辑：《明末清初耶稣会思想文献汇编》（全五卷），北京大学宗教研究所，2003年。
白晋：《古今敬天鉴》《康熙帝传》《中国现状》
利安当：《天儒印》《正学镠石》
龙华民：《论中国人宗教的几个问题》

第9讲 温克尔曼：
《关于对希腊绘画和雕刻作品模仿的思考》
Lektion 9　Johann Joachim Winckelmann:
Gedanken über die Nachahmung der griechischen Werke in der Malerei und Bildhauerkunst

作者学术生平

Johann Joachim Winckelmann (1717—1768) war ein deutscher Archäologe und Kunsthistoriker der Aufklärung, gilt als einer der Begründer von wissenschaftlicher Archäologie und Kunstgeschichte.

1755 siedelte Winckelmann nach Rom über. Dort unternahm er verschiedene Reisen in Italien und sammelte Material für seine künftige Forschung. In seiner ersten Schrift *Gedanken über die Nachahmung der Griechischen Werke in der Malerei und Bildhauerkunst* stellt er die These auf: „Der einzige Weg für uns, groß, ja, wenn es möglich ist, unnachahmlich zu werden, ist die Nachahmung der Alten".

Im 1764 herausgegebenen Hauptwerk *Geschichte der Kunst des Altertums* stellte Winckelmann sowohl die Geschichte als auch ein umfassend entwickeltes System der griechischen Kunst dar.

Für Winckelmann war es die höchste Aufgabe der Kunst, die Schönheit darzustellen. Dafür fand er die Formel „edle Einfalt und stille Größe", welche er dem Verspielten und Überladenen des Barock und Rokoko entgegenstellte.

Winckelmann versuchte, die Vorbildlichkeit der antiken griechischen Kunst auch mit geografischen (mildes Klima, Landschaft) und politischen (perikleische Demokratie) Umständen zu begründen. Außerdem betonte er die größere Originalität der griechischen Werke.

Winckelmanns Griechenlandbild zeigte utopische Züge der Idealisierung, was auch die ihm nachfolgenden Autoren beeinflusste. Die Gleichsetzung Antike – Schönheit – Lebenssteigerung

durchzieht die Werke sowohl Goethes, Schillers, Lessings und Hölderlins.
Der späte Goethe hat versucht Winckelmann zu überwinden, indem er als Wert der klassischen Kunst als die produktive, schöpferische Lebenskraft herausstellte und deren Nutzen für die Gegenwart betonte.

温克尔曼（1717—1768），德国启蒙时期考古学家和艺术史家，是科学考古和艺术史研究的奠基人之一。

温克尔曼1755年移居到罗马，之后曾多次在意大利境内进行的旅行，为以后的研究搜集了大量资料。

温克尔曼在其处女作《关于对古希腊绘画和雕刻作品模仿的思考》中提出："对于我们来说，若想变得伟大，抑或不可模仿，唯一的途径就是模仿古人。"1764年他出版了代表作《古代艺术史》，在描绘古希腊艺术历史的同时，展示其全面发展的体系。

温克尔曼认为，艺术的最高任务是展现美，他把古代艺术概括为"高贵的单纯，静穆的伟大"，以对抗巴洛克和洛可可艺术中的轻佻和繁缛。

温克尔曼曾试图通过地理（温和的气候和地形）、政治（伯利克里的民主制）等因素，来论证古希腊艺术成为榜样的原因。此外，他还特别强调古希腊作品中更为伟大的原创性。

温克尔曼对古希腊的想象带有理想化的乌托邦特征，这点也深刻影响了之后的作家。"把古希腊等同于美和生命的提升"这一思想贯穿了歌德、席勒、莱辛和荷尔德林等人的作品。

晚年歌德曾试图超越温克尔曼的观点，他突出了古典艺术的价值在于其富有创作力和创造性的生命力，并特别强调了它对当时代的有益之处。

编者导读

选文是国内在讲论德国古典美学时最常引用的一段。作者从"好的品味"入手，引出古希腊的绘画和雕塑，称因其特有的气候和环境，天然具备好的品味，后人只有模仿它，才能创作出"不可模仿"的作品。

欣赏古希腊作品要有发现其美的眼睛。就此，作者赞美乃至恭维了自己原籍所在的萨克森公国大公继任，也是他的赞助人奥古斯特三世，认为他在引入希腊作品亦即好的品味方面贡献卓著。

在选文第二部分中，作者以古希腊群雕拉奥孔为例，说明古希腊艺术的特性在于

第9讲 温克尔曼：《关于对希腊绘画和雕刻作品模仿的思考》

"高贵的单纯，静穆的伟大"。也就是说，古希腊雕塑并未把痛苦表现得张扬，把激情、躁动和扭曲夸张地表现出来，而是通过人物姿势、体态、表情的凝重和含蓄凸显心灵的高贵。

这些作者所强调的品质，直接反驳了同时代艺术中的浮华，尤其是初出茅庐者的夸张和张扬风格。其中拉奥孔半开的嘴（"克制的叹息"），则在日后被莱辛用于指出文学与造型艺术的区别。

选文纵览

[1] Der gute Geschmack, welcher sich mehr und mehr durch die Welt ausbreitet, hat sich angefangen zuerst unter dem griechischen Himmel zu bilden.

[1] Alle Erfindungen fremder Völker kamen gleichsam nur als der erste Same nach Griechenland und nahmen eine andere Natur und Gestalt an in dem Lande, [2] welches Minerva, sagt man, vor allen Ländern, wegen der gemäßigten Jahreszeiten, [3] die sie hier angetroffen, den Griechen zur Wohnung angewiesen, [4] als ein Land, welches kluge Köpfe hervorbringen würde.

[1] Der Geschmack, den diese Nation ihren Werken gegeben hat, ist ihr eigen geblieben; [2] er hat sich selten weit von Griechenland entfernt, ohne etwas zu verlieren, und unter entlegenen Himmelsstrichen ist er spät bekannt geworden.

[1] Er war ohne Zweifel ganz und gar fremd unter einem nordischen Himmel, [2] zu der Zeit, da die beiden Künste, deren große Lehrer die Griechen sind, wenig Verehrer fanden; zu der Zeit, da die verehrungswürdigsten Stücke des Correggio im königlichen Stalle zu Stockholm vor die Fenster, zu Bedeckung derselben, gehängt waren.

[1] Und man muß gestehen, daß die Regierung des großen August der eigentliche glückliche Zeitpunkt ist, in welchem die Künste, als eine fremde Kolonie, in Sachsen eingeführt worden. [2] Unter seinem Nachfolger, dem deutschen Titus, sind dieselben diesem Lande eigen worden, [3] und durch sie wird der gute Geschmack allgemein.

[1] Es ist ein ewiges Denkmal der Größe dieses Monarchen, [2] daß zur Bildung des guten Geschmacks die größten Schätze aus Italien, [3] und was sonst Vollkommenes in der Malerei in andern Ländern hervorgebracht worden, vor den Augen aller Welt aufgestellt sind.

[1] Sein Eifer, die Künste zu verewigen, hat endlich nicht geruht, bis wahrhafte untrügliche Werke griechischer Meister, und zwar vom ersten Range, den Künstlern zur Nachahmung sind gegeben worden.

第9讲 温克尔曼：《关于对希腊绘画和雕刻作品模仿的思考》

der Geschmack: 品味。
sich ausbreiten: 传播。
sich bilden: 塑造。

die Erfindung: 发明。
gleichsam: 似乎，仿佛。
der Same: 种子。
gemäßigt: 温和的。
die Jahreszeit: 季节。
antreffen: 遇到，找到。
der Grieche: 希腊人。
hervorbringen: 产生，创造。

sich entfernen: 远离。
entlegen: 遥远的，偏僻的。
der Himmelsstrich: 天际。

der Zweifel: 怀疑。
der Verehrer: 敬仰者。
verehrungswürdig: 值得敬仰。
das Stück: 某部作品。
der Stall: 圈，马棚。
die Bedeckung: 遮挡。

gestehen: 承认。
die Kolonie: 殖民地，移民区。
der Nachfolger: 继任。

das Denkmal: 纪念碑。
der Monarch: 君主。
der Schatz: 财富，财宝。
vollkommen: 完美的。
die Malerei: 绘画。

der Eifer: 热情。
verewigen: 使永恒。
untrüglich: 不欺骗的，确实可靠的。
der Rang: 等级。

[解析] 句[1]为haben + zu结构。

[解析] 句[2]较为复杂，主干为Minerva (das Land) den Griechen zur Wohnung angewiesen，vor allen Ländern以及wegen成分为插入语。句[3]为Jahreszeiten带起一个die引导的关系从句。句[4]为als为破框结构，第四格宾语仍为句[2]的引导词welches。

[解析] 句[1]中有两个第三格：ihren Werken（geben）以及ihr（bleiben）。

[解析] 句[2]中，zu der Zeit带起两个da引导的时间状语从句；第一个从句中Verehrer finden意为有敬仰者，finden做功能动词使用；第二个从句中derselben指前文die Fenster，注意该从句中的各个介词词组，im，zu，vor均表地点，最后一个zu表目的。

[解析] 句[1]中的dass从句为gestehen的内容，Zeitpunkt关联in welchem，带起之后的关系从句。句[2]中的dieselben指代前文提到过的复数名词，即Künste。句[3]中的sie同指Künste。

[解析] 句[3]was引导的从句与die größten Schätze为并列成分，worden后省略ist。

[解析] 带zu不定式解释说明Eifer；bis从句的正语序为wahrhafte Werke sind den Künstlern gegeben worden，其中den Künstlern为第三格搭配geben，zur Nachahmung表目的。

161

[1] Die reinsten Quellen der Kunst sind geöffnet: [2] glücklich ist, wer sie findet und schmeckt. [3] Diese Quellen suchen heißt nach Athen reisen; [4] und Dresden wird nunmehr Athen für Künstler.

[1] Der einzige Weg für uns, groß, ja, wenn es möglich ist, unnachahmlich zu werden, ist die Nachahmung der Alten, [2] und was jemand vom Homer gesagt, [3] daß derjenige ihn bewundern lernt, [4] der ihn wohl verstehen gelernt, [5] gilt auch von den Kunstwerken der Alten, sonderlich der Griechen.

[1] Man muß mit ihnen, wie mit seinem Freunde, bekannt geworden sein, um den Laokoon ebenso unnachahmlich als den Homer zu finden. [2] In solcher genauen Bekanntschaft wird man, wie Nicomachus von der Helena des Zeuxis, urteilen: [3] „Nimm meine Augen", [4] sagte er zu einem Unwissenden, der das Bild tadeln wollte, [5] „so wird sie dir eine Göttin scheinen."

[1] Mit diesem Auge haben Michelangelo, Raffael und Poussin die Werke der Alten angesehen. [2] Sie haben den guten Geschmack aus seiner Quelle geschöpft, und Raffael in dem Lande selbst, wo er sich gebildet. [3] Man weiß, daß er junge Leute nach Griechenland geschickt, die Überbleibsel des Altertums für ihn zu zeichnen.

[......] [1] Das allgemeine vorzügliche Kennzeichen der griechischen Meisterstücke ist endlich eine edle Einfalt und eine stille Größe, sowohl in der Stellung als im Ausdruck. [2] So wie die Tiefe des Meeres allezeit ruhig bleibt, die Oberfläche mag noch so wüten, ebenso zeigt der Ausdruck in den Figuren der Griechen bei allen Leidenschaften eine große und gesetzte Seele.

[1] Diese Seele schildert sich in dem Gesichte des Laokoon, und nicht in dem Gesichte allein, bei dem heftigsten Leiden. [2] Der Schmerz, welcher sich in allen Muskeln und Sehnen des Körpers entdeckt und den man ganz allein, ohne das Gesicht und andere Teile zu betrachten, an dem schmerzlich eingezogenen Unterleibe beinahe selbst zu empfinden glaubt, [3] dieser Schmerz, sage ich, äußert sich dennoch mit keiner Wut in dem Gesichte und in der ganzen Stellung.

第9讲 温克尔曼：《关于对希腊绘画和雕刻作品模仿的思考》

die Quelle: 源泉。
schmecken: 品尝。

[解析] 句[2]省略der，正确语序为wer sie findet und schmeckt, der glücklich ist。句[3]diese Quellen suchen做主语，nach Athen reisen做表语（heißen的第一格补足语）。

unnachahmlich: 不可模仿的。
bewundern: 欣赏。
gelten von etw. (D): = gelten etw. (D)，针对某物。
das Kunstwerk: 艺术作品。
sonderlich: 尤其是。

[解析] 句[1]中的ja, wenn es möglich ist为插入语，主句为der einzige Weg ist die Nachahmung der Alten。句[2]主干为was jemand vom Homer sagt, gilt auch von den Kunstwerk der Alten。句[4]gelernt后省略hat。句[5]der Griechen继续修饰den Kunstwerken。

mit jm. bekannt sein: 与某人相识。
die Bekanntschaft: 相识，熟识。
urteilen: 判断。
der Unwissende: 无知者。
tadeln: 指责，责备。

[解析] 句[1]中的ihnen指代上文中的den Kunstwerken。

ansehen: 观看。
schöpfen: 汲取，获得。
die Überbleibsel: 剩余部分，残余。
das Altertum: 古代。
zeichnen: 素描，画下。

[解析] 句[2]中的wo从句中的er指代der gute Geschmack, gebildet后省略hat。

vorzüglich: 优秀的，出色的。
das Kennzeichen: 特征，标志。
das Meisterstück: 大师之作。
edel: 高贵的。
die Einfalt: 单纯，简单。
die Stellung: 姿势。
die Oberfläche: 表面。
wüten: 发怒，咆哮。
die Leidenschaft: 激情。
gesetzt: 老练的，庄重的。

[解析] 句[1]中的sowohl ... als (auch) ...表示既……又……。句[2]中的mag noch 表示让步。

schildern: 描述。
heftig: 强烈的。
der Muskel: 肌肉。
die Sehne: 筋，肌腱。
eingezogen: 收缩的。
der Unterleib: 小腹。
empfinden: 感觉，感受。
sich äußern: 表达，表露。

[解析] 句[1]中的in dem Gesichte 和bei dem heftigsten Leiden 均为地点说明，强调"并非只有一处"。句[2]中的welcher和den引导两个关系从句，关联词均为Schmerz。

[1] Er erhebt kein schreckliches Geschrei, wie Virgil von seinem Laokoon singt. [2] Die Öffnung des Mundes gestattet es nicht; [3] es ist vielmehr ein ängstliches und beklemmtes Seufzen, wie es Sadolet beschreibt.

[1] Der Schmerz des Körpers und die Größe der Seele sind durch den ganzen Bau der Figur mit gleicher Stärke ausgeteilt und gleichsam abgewogen. [2] Laokoon leidet, aber er leidet wie des Sophokles Philoktetes: [3] sein Elend geht uns bis an die Seele, [4] aber wir wünschten, wie dieser große Mann das Elend ertragen zu können.

[1]Der Ausdruck einer so großen Seele geht weit über die Bildung der schönen Natur:[2] der Künstler mußte die Stärke des Geistes in sich selbst fühlen, welche er seinem Marmor einprägte. [3]Griechenland hatte Künstler und Weltweise in einer Person und mehr als einen Metrodor. [4] Die Weisheit reichte der Kunst die Hand und blies den Figuren derselben mehr als gemeine Seelen ein.

[1] Unter einem Gewande, welches der Künstler dem Laokoon als einem Priester hätte geben sollen, würde uns sein Schmerz nur halb so sinnlich gewesen sein. [2] Bernini hat sogar den Anfang der Wirkung des Gifts der Schlange in dem einen Schenkel des Laokoon an der Erstarrung desselben entdecken wollen.

[1] Alle Handlungen und Stellungen der griechischen Figuren, [2] die mit diesem Charakter der Weisheit nicht bezeichnet, sondern gar zu feurig und wild waren, verfielen in einen Fehler, [3] den die alten Künstler „Parenthyrsis" nannten.

[1] Je ruhiger der Stand des Körpers ist, desto geschickter ist er, den wahren Charakter der Seele zu schildern. [2] In allen Stellungen, die von dem Stande der Ruhe zu sehr abweichen, befindet sich die Seele nicht in dem Zustande, der ihr der eigentlichste ist, sondern in einem gewaltsamen und erzwungenen Zustande. [3] Kenntlicher und bezeichnender wird die Seele in heftigen Leidenschaften, groß aber und edel ist sie in dem Stande der Einheit, in dem Stande der Ruhe.

[1] Im Laokoon würde der Schmerz, allein gebildet, Parenthyrsis gewesen sein; [2] der Künstler gab ihm daher, um das Bezeichnende und das Edle der Seele in eins zu vereinigen, eine Aktion,

第9讲 温克尔曼：《关于对希腊绘画和雕刻作品模仿的思考》

erheben: 举起，抬起。
schrecklich: 可怕的。
das Geschrei: 叫喊。
gestatten: 允许。
beklemmt: 被抑制的。
das Seufzen: 叹气。

der Bau: 建筑，建构。
austeilen: 分配，分发。
abwägen: 权衡，斟酌。
das Elend: 苦难。
ertragen: 忍受。

[解析] 句[1]的主干动词为ausgeteilt和abgewogen。句[2]中的des Sophokles为第二格前置。句[3]中的an die Seele，an后接第四格表运动。句[4]中的wie dieser große Mann强调方式，真正成分为zu + 不定式。

der Marmor: 大理石。
einprägen: 刻上。
reichen: 伸手够到。
einblasen: 吹入。
gemein: 一般的，庸常的。

[解析] 句[2]中的welche关系从句，welche为第四格，seinem Marmor为第三格，两者均搭配动词einprägen。句[4]中的derselben指代die Kunst。

das Gewand: 长袍，法衣。
sinnlich: 感官的，感性的。
das Gift: 毒药。
die Schlange: 蛇。
der Schenkel: 大腿。
die Erstarrung: 僵硬，僵化。

[解析] 两句中都出现了"两个助动词+主干动词"的结构（hätte geben sollen, hat entdecken wollen），注意主句和从句在这两种情况下的词序。

die Handlung: 行为，动作。
feurig: 火热。
verfallen: 陷入。

[解析] 句[2]中die引导关系从句的主干动词为waren，两个并列的句子成分是bezeichnet以及feurig und wild。

der Stand: 形态，状态。
geschickt: 灵活的。
abweichen：偏离。
gewaltsam: 暴力的。
erzwungen: 被迫的，勉强的。
kenntlich: 可识别的。
die Einheit: 统一，一体。

[解析] 句[1]中的zu + 不定式补充说明geschickter。句[2]中的zu sehr强调程度。

vereinigen: 统一起来。

[解析] 句[2]中der nächste 后省去一个Stand，主干为eine Aktion dem Stande (D) der nächste (Stande) (N) war。

165

die dem Stande der Ruhe in solchem Schmerze der nächste war.

[1] Aber in dieser Ruhe muß die Seele durch Züge, die ihr und keiner andern Seele eigen sind, bezeichnet werden, um sie ruhig, aber zugleich wirksam, stille, aber nicht gleichgültig oder schläfrig zu bilden.

[1] Das wahre Gegenteil und das diesem entgegenstehende äußerste Ende ist der gemeinste Geschmack der heutigen, sonderlich [der] angehenden Künstler. [2] Ihren Beifall verdient nichts, als worin ungewöhnliche Stellungen und Handlungen, die ein freches Feuer begleitet, herrschen, welches sie mit Geist, mit Franchezza, wie sie reden, ausgeführt heißen.

[1] Der Liebling ihrer Begriffe ist der Kontrapost, der bei ihnen der Inbegriff aller selbst gebildeten Eigenschaften eines vollkommenen Werks der Kunst ist. [2] Sie verlangen eine Seele in ihren Figuren, die wie ein Komet aus ihrem Kreise weicht; [3] sie wünschen in jeder Figur einen Ajax und einen Capaneus zu sehen.

[1] Die schönen Künste haben ihre Jugend sowohl wie die Menschen, [2] und der Anfang dieser Künste scheint wie der Anfang bei Künstlern gewesen zu sein, wo nur das Hochtrabende, das Erstaunende gefällt. [3] Solche Gestalt hatte die tragische Muse des Äschylus, [4] und sein Agamemnon ist zum Teil durch Hyperbolen viel dunkler geworden als alles, was Heraklit geschrieben. [5] Vielleicht haben die ersten griechischen Maler nicht anders gezeichnet, als ihr erster guter Tragikus gedichtet hat.

[1] Das Heftige, das Flüchtige geht in allen menschlichen Handlungen voran; [2] das Gesetzte, das Gründliche folgt zuletzt. [3] Dieses letztere aber gebraucht Zeit, es zu bewundern; [4] es ist nur großen Meistern eigen; [5] heftige Leidenschaften sind ein Vorteil auch für ihre Schüler.

第9讲 温克尔曼：《关于对希腊绘画和雕刻作品模仿的思考》

der Zug: 特征。
etw. / jm. eigen sein: 属于某物/某人。
gleichgültig: 冷漠的，无所谓的。
schläfrig: 困倦的。

das Gegenteil: 反面。
entgegenstehend: 相反的，对立的。
äußerst: 极端的。
angehend: 成长中的，未来的。
der Beifall: 掌声。
frech: 放肆的。
ausführen: 执行，办理，完成。

der Liebling: 爱物，宠儿。
der Kontrapost:（雕塑中的）相对姿势。
der Inbegriff: 精髓。
die Eigenschaft: 特性。
verlangen: 要求。
der Komet: 彗星。
weichen: 消失，退却。

hochtrabend: 浮夸的。
erstaunend: 令人惊奇的。
die Muse: 缪斯。
die Hyperbole: = die Hyperbel, 拉丁语，夸张。

flüchtig: 仓促的。
vorangehen: 先行。
gründlich: 彻底的，周密的。
gebrauchen: 需要。
bewundern: 欣赏，赞赏。
der Vorteil: 有益，优越性，有利条件。

[解析] 主句包括一个um ... zu结构；Züge关联die引导的关系从句，从句中ihr指Seele，与之后的keiner andern Seele均为第三格，搭配eigen。

[解析] 句[1]中的diesem指代上文的情况，做entgegenstehend的第三格宾语。句[2]结构为nichts ... als，worin前省略了das（das, worin ...）；welches关联das Feuer；sie代指heutige, angehende Künstler；wie sie reden为插入语。

[解析] 句[1]中的第二格aller Eigenschaften eines Werks der Kunst值得注意。

[解析] 句[1]和句[2]的sowohl ... und ... 与sowohl ... als auch ... 一样。

[解析] 句[3]中的es指代dieses letztere。句[4]中的eigen带第三格。

语言课堂

在较为复杂的句式中常常出现句子主干有三个动词的情况，这种情况下要注意三个动词的次序问题。如：

Unter einem Gewande, welches der Künstler dem Laokoon als einem Priester hätte geben sollen, würde uns sein Schmerz nur halb so sinnlich gewesen sein. Bernini hat sogar den Anfang der Wirkung des Gifts der Schlange in dem einen Schenkel des Laokoon an der Erstarrung desselben entdecken wollen.

第一句中的welche从句中的三个动词为从句语序，第二句则为主句语序。前者是hätte geben sollen，可见在这种情况下变位动词并非放在句末，而是成为动词串中的第一个；后者是正常语序（框型结构），即变位动词在第二位，两个动词原形置于句末。

这种情况多为情态动词充当助动词，并因此成了动词串中的第二个动词。

全文翻译

如今在世间流传日广的好的品味，首先是在希腊的天空下开始塑造成形的。所有外民族的发明，似乎都只作为第一粒种子来到希腊，之后便在这个国度获得另一种自然属性和形态。有人说，比起其他任何国度，密涅瓦都因在此见到温和的四季，而把它当作可以培育聪明头脑的国度，让希腊人定居在这里。

这个国族赋予其作品的品味，保持了其特质；这种品味很少能在远离希腊的地区得到保持；而在一道道偏远的天空下，这品味很晚才为人所知。毫无疑问，它在北方的天空下一度完全陌生，比如在两种以希腊人为尊的艺术[绘画和雕塑]不受尊崇的时候；再比如，在柯勒乔①备受推崇的作品被悬挂在斯德哥尔摩王家马圈窗前用于遮光的时候。

必须承认，伟大的奥古斯特的执政期，是一个真正幸运的节点：在此期间，上述艺术作为舶来品被引入萨克森。待到其继任——人称德意志的提图斯——执政时，它们已

---

① 柯勒乔（Antonio Correggio, 1499—1534），意大利文艺复兴时期著名画家，作品以壁画和圣坛画为主，色彩明快，风格鲜活，创作了大量以希腊神话中的女神和爱情故事为主题的作品，开此类画风之先河，著名的有1532年创作的《丽达与天鹅》。

第9讲 温克尔曼：《关于对希腊绘画和雕刻作品模仿的思考》

成为邦国自身的东西，正是通过它们，好的品味才日渐普及。①

其时，为打造好的品味，来自意大利的旷世珍宝，连同其他国家的完美画作，都被展示在世人面前，这一切，无一不永远纪念着这位君主的伟大。他想让艺术获得永生的热忱，在把真正属实的、第一流的希腊大师的作品交到艺术家手中以便其模仿之前，从未平息。

艺术至纯至净的源泉被打开了，谁若发现并品尝到它，谁就是幸运的。寻找这样的源泉意味着到雅典去，而此时的德累斯顿就是艺术家们的雅典。②

对于我们来说，若想变得伟大，抑或不可被模仿，唯一的途径就是模仿古人。有人曾经这样说荷马：谁若学会了很好地理解他，谁便会学会欣赏他。这话同样适用于古人的尤其是希腊人的艺术品。人们必须先与它们像朋友一样相识，才能够发现，拉奥孔③和荷马一样，是不可模仿的。只有在准确认识作品后，人们才可像尼各马可评论宙克西斯的海伦时那样说："拿走我的眼。"④他对一位想要诟病那幅画的无知者说："她[海伦]便会像女神一样呈现给你。"

就是用这样的眼睛，米开朗琪罗、拉斐尔和普桑瞻仰了古人的作品。他们从其源泉汲取好的品味，而拉斐尔更是直接从其形成的国度[希腊]汲取之。人们知道，他曾遣年轻人去希腊，为他绘下古代残留的作品。

[……]

希腊之杰作所普遍具有的明显特征可被总结为：高贵的单纯和静穆的伟大，其[人物]体态和表情皆如此。无论大海表面多么巨浪滔天，其深处却总是平静的；同样，无论陷入怎样的痛苦，希腊艺术家创作的人物，其表情无不显示出一颗伟大而沉稳的心灵。在忍受最剧烈的痛苦时，拉奥孔的心灵显露在他的面部，而又不止于面部。疼痛在身体各部肌肉和肌腱中隐约可见，甚至无需观察面部和其他部分，仅从痛苦收缩的小腹上便可

---

① "伟大的奥古斯特"在此当指弗里德里希·奥古斯特一世（Friedrich August I., 1670—1733），号"强大者奥古斯特"（August der Starke），同时为波兰王奥古斯特二世（August II. von Polen），萨克森君主，选帝侯；其继承人为弗里德里希·奥古斯特二世（Friedrich August II, 1696—1763），同时为波兰王奥古斯特三世（August III. von Polen）；提图斯（Titus, 39—81），古罗马皇帝，受罗马人爱戴。继任的弗里德里希·奥古斯特二世是与温克尔曼（出身萨克森）同时期的萨克森君主，曾为温克尔曼的赞助者，故而作者赞之为"德意志的提图斯"。

② 德累斯顿（Dresden），萨克森选帝侯邦国的首府，17世纪巴洛克时期艺术发达，有丰富的藏品，被誉为易北河畔的佛罗伦萨。1697年弗里德里希·奥古斯特一世为当选波兰王（奥古斯特二世）而改宗天主教。随后温克尔曼的赞助者弗里德里希·奥古斯特二世（波兰王奥古斯特三世）也改宗天主教，所以与东部宗教改革时期改宗路德教的地区相比，德累斯顿与罗马有良好的外交关系，温克尔曼也因此而改宗天主教并辗转移居罗马。

③ 拉奥孔（Laokoon），指现存放于梵蒂冈博物馆的《拉奥孔和他的儿子们》，即公元前1世纪中叶古希腊罗得岛的雕塑家所作的大理石雕塑群像。

④ 尼各马可（Nicomachus），应该指底比斯的尼各马可，古希腊画家，大约活跃在公元前360—前320年间；宙克西斯（Zeuxis），大约活跃在公元前430—前390年间，曾在雅典，并担任过马其顿宫廷画师，有著名的以《海伦》为题的画作。

169

感到。我要说的是，即便如此，这样的疼痛在人物面部和整个体态中也没有表现为恣肆的愤怒。

雕塑中的拉奥孔并未像维吉尔史诗中的拉奥孔那样，发出可怕的叫喊。① 雕塑不允许嘴部这样张开；雕塑所表现的，反倒如萨多莱托②所描写的，是一个充满恐惧和被抑制的哀叹。身体的疼痛和心灵的伟大，仿佛经过了深思熟虑一般，被按照同样的强度均匀地分布于人物的整体架构。拉奥孔在忍受痛苦，但他的忍受与索福克勒斯笔下的菲罗克忒忒斯③如出一辙：这苦难直逼我们心灵，而我们则多么希望，自己能像这位伟人一样去忍受苦难。

如此去表现伟大的心灵，远远超过了自然天成：艺术家必得先在自身中感受到精神的强大，方可将之打造在大理石上。古希腊不乏融艺术家和智者为一身的人，肯定远不止迈特罗多罗斯④一个。智慧向艺术伸出手，向艺术形象吹入远胜于庸常心灵的心灵。

艺术家似乎应当给身为祭司的拉奥孔设计一件长袍，然而，在长袍下，他的疼痛看起来或许就不那么感性十足。比如贝尼尼竟认为自己在拉奥孔的一条大腿上，确切说是在大腿的僵直中，看到了蛇毒开始发作的刹那。

在古希腊作品中，若人物的动作和姿势不具智慧性，而是表现得过于炽烈或粗犷，就会犯一种古代艺术家称之为"激情泛滥"的错误。⑤

体态越是安静，就越能巧妙地表达真实的心灵品质。在一切过于偏离宁静状态的姿势中，心灵并不是处于其最本真的状态，而是处于一种强暴的和被迫的状态中。在强烈的激情中，心灵更加明确、更加凸显，然而在统一的、安静的状态中，心灵则伟大而高贵。在拉奥孔身上，若只塑造疼痛，就难免犯"激情泛滥"的错误。故而艺术家为了把对心灵的凸显与心灵的高贵统一起来，就塑造了一个动作，其形态在如此剧痛中最接近安静的状态。然而在这样的安静中，需得通过某些仅属于该心灵而非其他心灵的特征，来凸显其独特之处，这样它便虽安静但同时又富感染力，虽无声但并非冷漠和倦怠。

正好与此相反，或与此极端对立的，是当今、特别是那些初出茅庐的艺术家之平庸至极的品味。能够赢得他们掌声的作品，必定有着不同寻常的姿势或动作，且必定要佐

---

① 参见古罗马作家维吉尔（Virgil，也写作 Vergil，前70—前19）在《埃涅阿斯纪》中对拉奥孔的描写。

② 雅各布·萨多莱托（Jocopo Sadoleto，也写作 Jacques Sadolet，1477—1547），意大利罗马天主教会的枢机主教和反改革家，以与约翰·加尔文（John Calvin，1509—1564）的往来和对立而闻名。他于1506年写作了《拉奥孔雕塑》（*De Laocoontis statua*）。

③ 菲罗克忒忒斯（Philoktetes），古希腊英雄，参加过阿尔戈号远征，并连同希腊联军参加特洛伊战争，是希腊第一神箭手。荷马史诗《伊利亚特》中曾多次提到他，著名的古希腊悲剧诗人也都创作过以之为题材的作品，唯有索福克勒斯的流传下来。

④ 迈特罗多罗斯（Metrodor[os]），公元前2世纪雅典的画家和哲人。

⑤ 原文中作 Parenthyrsis，是希腊语 παρένθυρσος（Parenthysos）的误写，源自朗基努斯的《论崇高》，意思是虚假的感情，温克尔曼用来指激情的过分宣泄。朱光潜将其译为"虚假激情表现"。

第9讲 温克尔曼：《关于对希腊绘画和雕刻作品模仿的思考》

以恣肆的烈火，他们称这种火热是精神——或如其所言是坦诚①——所造就的。他们喜爱的概念之一是对比姿势②，这对于他们来说，即是他们自己所建构的所谓完美艺术作品一切属性的精髓。他们要求人物的心灵像彗星一样偏离自己的轨道；他们希望每个人物都是埃阿斯或卡帕纽斯③。

殊不知，艺术的青年时代就如同人的青年时代，艺术的初始阶段亦好比艺术家的初始阶段——两者都喜欢浮夸和夺人眼目的东西。埃斯库罗斯的悲剧缪斯[创作]中就有此类形象，如他的阿伽门农，在某种程度上就因夸张而比赫拉克利特④笔下的一切暗淡得多。或许最早的希腊画家的画作，与最早悲剧诗人的诗作并无二致。

在人的一切行动中，剧烈的、仓促的总是先行，凝重的、周密的总跟在最后。这后一种需要时间去欣赏，且仅为杰出的大师所特有；正如强烈的激情为其后生所推崇。

拓展阅读

我得承认，温克尔曼先生令我惊讶的首先是他在偶然提到维吉尔时所表现的不满，其次是他就拉奥孔和菲罗克忒忒斯所作的比较。我打算就从后一点谈起，把我的思想顺次写下，想到哪里就写到哪里。

"拉奥孔像索福克勒斯所写的菲罗克忒忒斯那样忍受痛苦。"菲罗克忒忒斯究竟怎样忍受痛苦呢？说来很奇怪，他的痛苦在我们心上所产生的印象却迥然不同。——他由痛苦而发出的哀怨声、号喊声和粗野的咒骂声响彻了希腊军营，搅乱了一切祭祀和宗教典礼，以致人们把他抛弃在那个荒岛上。这些悲观绝望和哀伤的声音由诗人摹仿过来，也响彻了整个剧场。——人们发现到这部戏的第三幕比起其余各幕显得特别短。批评家们说，从此可见，一部戏里各幕长短不齐，对古代人来说，是无足轻重的。我也是这样想，但是我宁愿援用另一个例证，作为我对这一问题的看法的根据。这第三幕所由组成的那些哀痛的号喊，呻吟，中途插进来的"哎哟，咳咳"，以及整行的悲痛的呼声所用的顿挫和拖长，和连续地说话时所需要用的一定不同，所以演这第三幕所花的时间会和演其他各幕所花的时间差不多一样长。读者从书本上所看到的，比起观众从演员口里所听到的要短得多。

---

① 原文用意大利语 Franchezza，意为"坦诚，开放"。
② 雕塑中的对比姿势，比如雕塑把重心放在一条腿上，另一条腿则是轻浮的。
③ 埃阿斯 (Ajax)，特洛伊战争中的猛将，勇猛且易冲动；卡帕纽斯（Capaneus），也是古希腊传说中人物，攻打底比斯（忒拜）城的七雄之一，也是以易冲动，气焰嚣张著称。
④ 赫拉克利特（Heraklit），古希腊哲学家，以弗所学派的创始人。他的文章均为断篇，喜用隐喻、悖论，致使后世解释纷纭，被称做"晦涩者"。

号喊是身体苦痛的自然表情，荷马所写的负伤的战士往往是在号喊中倒到地上的。女爱神维纳斯只擦破了一点皮也大声地叫起来，这不是显示这位欢乐女神的娇弱，而是让遭受痛苦的自然（本性）有发泄的权利。就连铁一般的战神在被狄俄墨得斯的矛头刺疼时，也号喊得顶可怕，仿佛有一万个狂怒的战士同时在号喊一样，惹得双方军队都胆战心惊起来。

尽管荷马在其他方面把他的英雄们描写得远远超出一般人性之上，但每逢涉及痛苦和屈辱的情感时，每逢要用号喊、哭泣或咒骂来表现这种情感时，荷马的英雄们却总是忠实于一般人性的。在行动上他们是超凡的人，在情感上他们是真正的人。

莱辛：《拉奥孔》，朱光潜译，
人民文学出版社，1979年，第7—8页。

课后练习

Die edle Einfalt und stille Größe der griechischen Statuen ist zugleich das wahre Kennzeichen der griechischen Schriften aus den besten Zeiten, der Schriften aus Sokrates' Schule, und diese Eigenschaften sind es, welche die vorzügliche Größe eines Raffael machen, zu welcher er durch die Nachahmung der Alten gelangt ist.

Eine so schöne Seele, wie die seinige war, in einem so schönen Körper wurde erfordert, den wahren Charakter der Alten in neueren Zeiten zuerst zu empfinden und zu entdecken, und was sein größtes Glück war, schon in einem Alter, in welchem gemeine und halbgeformte Seelen über die wahre Größe ohne Empfindung bleiben.

Mit einem Auge, welches diese Schönheiten empfinden gelernt, mit diesem wahren Geschmacke des Altertums muß man sich seinen Werken nähern. Alsdann wird uns die Ruhe und Stille der Hauptfiguren in Raffaels Attila, welche vielen leblos scheinen, sehr bedeutend und erhaben sein. Der römische Bischof, der das Vorhaben des Königs der Hunnen, auf Rom loszugehen, abwendet, erscheint nicht mit Gebärden und Bewegungen eines Redners, sondern als ein ehrwürdiger Mann, der bloß durch seine Gegenwart einen Aufruhr stillt, wie derjenige, den uns Virgil beschreibt,

> Tum pietate gravem ac meritis si forte virum quem
> Conspexere, silent arrectisque auribus adstand,

mit einem Gesichte voll göttlicher Zuversicht vor den Augen des Wüterichs. Die beiden Apostel

第 9 讲 温克尔曼:《关于对希腊绘画和雕刻作品模仿的思考》

schweben nicht wie Würgeengel in den Wolken, sondern, wenn es erlaubt ist, das Heilige mit dem Unheiligen zu vergleichen, wie Homers Jupiter, der durch das Winken seiner Augenlider den Olympus erschüttern macht.

Aus *Gedanken über die Nachahmung der griechischen
Werke in der Malerei und Bildhauerkunst*

1. 分析第二段的句法。
2. 翻译第一段。

附录

● **艺术学、艺术史术语**

1. Antike: 古希腊罗马艺术
2. Barock: 巴洛克
3. Bildhauerei: 雕刻
4. Buchmalerei: 图书插图
5. Genremalerei: 风俗画
6. Rokoko: 洛可可
7. Plastik: 造型艺术
8. Monochromie: 单色（画）
9. Polychromie: 多色（画）
10. Hofkunst: 宫廷艺术
11. Ikonographie/Ikonologie: 图像志/图像学
12. Ikonoklasmus: 圣像捣毁运动
13. Komposition: 构图
14. Perspective: 透视

● **选文和参考译文**

Johann Joachim Winckelmann: *Sämtliche Werke*., Bd. 1, hrsg. v. Joseph Eiselein, Donauöschingen 1825, S. 7—9, 30—35.

温克尔曼:《希腊人的艺术》, 邵大箴译, 广西师范大学出版社, 2001年, 第1—3、17—19页。

● **温克尔曼重要著作一览**

Gedanken über die Nachahmung der griechischen Werke in der Malerey und Bildhauerkunst (1755)
　（《关于对希腊绘画和雕刻作品模仿的思考》）

Geschichte der Kunst des Alterthums (1764)（《古代艺术史》）

Alte Denkmäler der Kunst (1791—1792)（《艺术古迹》）

● 拓展阅读

Joseph Eiselein (Hrsg.): *Johann Winckelmanns sämtliche Werke: dabei Porträt, Facsimile und ausführliche Biographie des Autors; unter dem Texte die frühern und viele neue Citate und Noten; die allerwärts gesammelten Briefe nach der Zeitordnung, Fragmente, Abbildungen und vierfacher Index*, 12 Bände, Donaueschingen 1825—1829.

约翰·亚奥希姆·温克尔曼：《希腊美术模仿论》，潘襎译，中国社会科学出版社，2014年。

高艳萍：《温克尔曼的希腊艺术图景》，北京大学出版社，2016年。

伊莉莎·玛丽安·巴特勒：《希腊对德意志的暴政》，林国荣译，社会科学文献出版社，2017年。

莱辛：《拉奥孔》，朱光潜译，人民文学出版社，1979年。

第10讲 康德：
《实践理性批判》
Lektion 10 Immanuel Kant:
Kritik der praktischen Vernunft

作者学术生平

Immanuel Kant (1724—1804) war ein deutscher Philosoph der Aufklärung. Er kennzeichnet einen Wendepunkt in der Philosophiegeschichte und den Beginn der modernen Philosophie.

Im Jahr 1770 erhielt Kant den Ruf der Universität Königsberg auf die Stelle eines Professors für Logik und Metaphysik. Üblicherweise unterscheidet man bei seinem philosophischen Weg zwischen der vorkritischen und der kritischen Phase.

Als Kant 1781 die *Kritik der reinen Vernunft* veröffentlichte, war damit die „Kopernikanische Wende" in der Philosophie vollzogen. Für Kant erfolgt Erkenntnis in Urteilen. In diesen Urteilen werden die Anschauungen, die aus der Sinnlichkeit stammen, mit den Begriffen des Verstandes verbunden (Synthesis). Sinnlichkeit und Verstand sind die beiden einzigen, gleichberechtigten und voneinander abhängigen Quellen der Erkenntnis.

Nach Kant erkennen wir nicht das Ding an sich, sondern nur dessen Erscheinung, was es für uns ist. Der Mensch erkennt also aufgrund seiner eigenen persönlichen Erkenntnisfähigkeit und weiß nicht, ob diese Erkenntnis tatsächlich eine Entsprechung in der Außenwelt hat.

Die Frage „Was soll ich tun?" ist die grundlegende Frage der kantschen Ethik. Es erscheint 1788 die *Kritik der praktischen Vernunft*. In Kants Überlegungen zur Ethik sind drei Elemente wesentlich: der Begriff eines guten Willens, die Annahme der Freiheit des Willens und die logische Form eines kategorischen Imperativs, die allein die Unbedingtheit einer moralischen

Forderung garantieren kann.

Kant sieht die Grundlage der Moral in der Selbstbestimmung des freien Willens durch ein unbedingtes Prinzip. Wenn der Mensch nach dem Sittengesetz handelt, so ist er von sinnlichen, auch triebhaften Einflüssen unabhängig und daher nicht fremdbestimmt (heteronom), sondern autonom. Als autonomes Wesen verfügt er nach Kants Auffassung über Menschenwürde.

康德（1724—1804），启蒙时期德国哲学家，标志着哲学史上的转折点和现代哲学的开端。

1770年，康德得到柯尼斯堡大学教职，讲授逻辑学和形而上学。人们通常把康德的哲学之路分为前批判阶段和后批判阶段。

1781年，康德的《纯粹理性批判》出版，由此完成了哲学中的"哥白尼式的转折"。康德认为，认识只有通过判断才能够获得。在这样的判断中，源自感性的直观与知性概念结合（形成综合判断）。感性与知性是认识仅有的两个同等且相互依赖的来源。

根据康德的理解，我们不能认识事物本身（物自体），而只能认识其表象，也就是事物显现在我们面前的样子。亦即，人的认识只能建立在自身的认识能力上，而不知道外在世界中是否真的有与这一认识相符合的事物。

"我们应该做什么？"这是康德伦理学中的基本问题。1788年，《实践理性批判》出版。在康德对伦理学的思考中有三个根本因素：有关善的意志的概念，对意志自由的假设，以及保证道德要求的无条件性的绝对命令的逻辑形式。

康德认为，道德的基础在于自由意志通过无条件原则所做出的自我规定。如果人按照道德法则行事，那么他就独立于感性的、冲动的影响之外，因而也就不是他律而是自律的。按康德的理解，人作为自律的生命时拥有人的尊严。

编者导读

选文是康德之《实践理性批判》"结论"部分全文。文字不长，是对全书的总结。头两句是著名的"头上的星空和心中的道德法则"的出处，之后的文字虽不是特别易于理解，但含义并不晦涩，只要掌握一条红线，便可理解康德的意思。这条红线就是：星空指代自然法则，与心中的道德法则构成二元对立。星空让人感到人在宇宙中的渺小和无足轻重，但心中的道德法则提升了人的价值，从而把人与无限联系起来。

在初始阶段，两个界域中均不存在理性的指导，因此对宇宙的观察引向占星，道德则引向宗教狂热和迷信。对自然的研究起先并没有应用理性，但后来理性和方法得以应用并成为准则后，人对自然的认识有了新的方向，找到了好的出路。同样的理性化进程也可以用于道德行为。由于范畴不同，对于道德的考察可以用化学方法把理性与感性进行区分，其目的是更好地认识二者，以避免各种错误和歧途，把人引向智慧的教导。

　　本段文字的难点，一是康德特殊的术语和表述习惯，二是推理与抒怀相间导致文风不断变化。选文有个别古旧写法，如th(t)等，不影响正常理解，故而不一一列出。

选文纵览

[1] Zwei Dinge erfüllen das Gemüth mit immer neuer und zunehmender Bewunderung und Ehrfurcht, je öfter und anhaltender sich das Nachdenken damit beschäftigt: der bestirnte Himmel über mir und das moralische Gesetz in mir.

[1] Beide darf ich nicht als in Dunkelheiten verhüllt, oder im Überschwenglichen, außer meinem Gesichtskreise suchen und blos vermuthen; [2] ich sehe sie vor mir und verknüpfe sie unmittelbar mit dem Bewußtsein meiner Existenz.

[1] Das erste fängt von dem Platze an, den ich in der äußern Sinnenwelt einnehme, [2] und erweitert die Verknüpfung, darin ich stehe, ins unabsehlich Große mit Welten über Welten und Systemen von Systemen, überdem noch in grenzenlose Zeiten ihrer periodischen Bewegung, deren Anfang und Fortdauer.

[1] Das zweite fängt von meinem unsichtbaren Selbst, meiner Persönlichkeit, an [2] und stellt mich in einer Welt dar, die wahre Unendlichkeit hat, aber nur dem Verstande spürbar ist, und mit welcher (dadurch aber auch zugleich mit allen jenen sichtbaren Welten) ich mich nicht wie dort in blos zufälliger, sondern allgemeiner und nothwendiger Verknüpfung erkenne.

[1] Der erstere Anblick einer zahllosen Weltenmenge vernichtet gleichsam meine Wichtigkeit, als eines thierischen Geschöpfs, [2] das die Materie, b.daraus es ward, dem Planeten (einem bloßen Punkt im Weltall) wieder zurückgeben muß, [3] nachdem es eine kurze Zeit (man weiß nicht wie) mit Lebenskraft versehen gewesen.

[1] Der zweite erhebt dagegen meinen Werth, als einer Intelligenz, unendlich durch meine Persönlichkeit, [2] in welcher das moralische Gesetz mir ein von der Thierheit und selbst von der ganzen Sinnenwelt unabhängiges Leben offenbart, [3] wenigstens so viel sich aus der zweckmäßigen Bestimmung meines Daseins durch dieses Gesetz, [4] welche nicht auf Bedingungen und Grenzen dieses Lebens eingeschränkt ist, sondern ins Unendliche geht,

das Gemüt (Gemüth): 心绪。
die Bewunderung: 钦佩，赞赏。
die Ehrfurcht: 敬畏。
anhaltend: 持续的。
das Nachdenken: 思索。
bestirnt: 布满星辰的。

verhüllen: 遮蔽。
überschwenglich: 过于热情的，不着边际的。
der Gesichtskreis: 目之所及的范围。
blos: 单纯，仅仅。
vermuten (vermuthen): 推测。
das Bewusstsein (Bewußtsein): 意识。

die Sinnenwelt: 感官的世界。
einnehmen: 占据，占有。
erweitern: 扩展。
unabsehlich: 不可预见的。
überdem: 此外。
grenzenlos: 无限的。
periodisch: 阶段性的。
der Fortdauer: 延续。

die Unendlichkeit: 无限性。

der Anblick: 一瞥，观看。
zahllos: 无数的。
die Weltmenge: 众多世界。
vernichten: 毁灭。
tierisch (thierisch): 动物性的。
die Materie: 物质。
der Weltall: 宇宙。
zurückgeben: 交还。
die Lebenskraft: 生命力。
mit etw. (D) versehensein: 配备某物。

die Intelligez: 有才智的人，有理智的生物。
die Tierheit (Thierheit): 动物性。
offenbaren: 打开，启示。
die Bestimmung: 规定。
die Bedingung: 条件。
auf etw. (A) einschränken: 限制于某物。

[解析] 句[1]中的immer替代desto，以对应je要求的比较级；句中形容词比较级有neuer, zunehmender, öfter, anhaltender。

[解析] 句[1]的主干动词为suchen和vermuten，中间的成分为修饰语（als, im及außer三者为并列关系）。

[解析] 句[2]的主干动词为erweitert，ins unabsehlich Große以及in grenzenlose Zeiten（deren Anfang）为第四格补足语，表运动。

[解析] 句[2]中的die与welcher均关联Welt。

[解析] 句[1]中als后的成分为第二格，修饰Wichtigkeit。句[2]中的das关联Geschöpf。句[3]中的gewesen后省略一个ist。

[解析] 句[2]关系从句主干为das Gesetz mir ein Leben offenbart。句[3]为让步从句wenigstens so viel，主干为sich ... abnehmen lässt。句[4]中的welche关联Bestimmung。

abnehmen läßt.

[1] Allein Bewunderung und Achtung können zwar zur Nachforschung reizen, aber den Mangel derselben nicht ersetzen. [2] Was ist nun zu thun, um diese auf nutzbare und der Erhabenheit des Gegenstandes angemessene Art anzustellen? [3] Beispiele mögen hiebei zur Warnung, aber auch zur Nachahmung dienen.

[1] Die Weltbetrachtung fing von dem herrlichsten Anblicke an, [2] den menschliche Sinne nur immer vorlegen und unser Verstand in ihrem weiten Umfange zu verfolgen nur immer vertragen kann, und endigte – mit der Sterndeutung.

[1] Die Moral fing mit der edelsten Eigenschaft in der menschlichen Natur an, deren Entwickelung und Cultur auf unendlichen Nutzen hinaussieht, [2] und endigte – mit der Schwärmerei, oder dem Aberglauben.

[1] So geht es allen noch rohen Versuchen, in denen der vornehmste Theil des Geschäftes auf den Gebrauch der Vernunft ankommt, [2] der nicht so wie der Gebrauch der Füße sich von selbst vermittelst der öftern Ausübung findet, vornehmlich wenn er Eigenschaften betrifft, die sich nicht so unmittelbar in der gemeinen Erfahrung darstellen lassen.

[1] Nachdem aber, wiewohl spät, die Maxime in Schwang gekommen war, alle Schritte vorher wohl zu überlegen, die die Vernunft zu thun vorhat, und sie nicht anders als im Gleise einer vorher wohl überdachten Methode ihren Gang machen zu lassen, [2] so bekam die Beurtheilung des Weltgebäudes eine ganz andere Richtung und mit dieser zugleich einen ohne Vergleichung glücklichern Ausgang.

[1] Der Fall eines Steins, die Bewegung einer Schleuder, in ihre Elemente und dabei sich äußernde Kräfte aufgelöst und mathematisch bearbeitet, brachte zuletzt diejenige klare und für alle Zukunft unveränderliche Einsicht in den Weltbau hervor, [2] die bei fortgehender Beobachtung hoffen kann, sich immer nur zu erweitern, niemals aber zurückgehen zu müssen fürchten darf.

第10讲 康德：《实践理性批判》

abnehmen: 取得，验收。

die Nachforschung: 进一步研究，探查。
reizen: 刺激，激起。
nutzbar: 有用的。
die Erhabenheit: 崇高。
angemessen: 符合的，恰当的。
anstellen: 着手做某事。
die Warnung: 警告。

[解析] 句[1]中的derselben指代Nachforschung。

die Weltbetrachtung: 对世界的观察。
herrlich: 壮观的。
vorlegen: 放在前面，呈送，提交。
der Umfang: 范围。
verfolgen: 跟踪。
vertragen: 承受，忍受。
mit etw. (D) endigen: 结束于某事。
die Sterndeutung: 星相。

[解析] 注意句[1]的两个主干动词为anfing以及endigte。句[2]从句中两个并列部分共享一个情态动词kann，主干动词分别为vorlegen以及vertragen zu verfolgen。

die Schwärmerei: 狂热，热衷、沉迷于幻想。
der Aberglaube: 迷信。

[解析] 句[1]中的deren关联Natur；hinaussehen搭配auf，后接第四格，表示运动状态。

roh: 粗糙的，未加工的。
vornehm: 高雅的，主要的。
vermittelst: 借助于（接第二格）。
die Ausübung: 从事，执行。
vornehmlich: 尤其是。
betreffen: 涉及，触及。

[解析] 句[1]中的allen Versuchen为第三格，搭配es geht。句[2]中的so wie为插入语成分，vornehmlich进一步解释，die引导的关系从句关联Eigenschaften。

wiewohl: =obwohl，虽然。
die Maxime: 准则，原则。
der Schwang: 习俗，流行（只用于短语in Schwang kommen，开始流行，开始传播）。
der Gleis: 轨道。
der Gang: 行走，运行。
die Beurteilung (Beurtheilung): 评判。
ohne Vergleichung: 无可比拟。
der Ausgang: 出口，结局。

[解析] 该句主干为Nachdem die Maxime in Schwang gekommen war, so bekam die Beurteilung eine andere Richtung，so bekam之前的成分为Maxime的同位语，即两个zu + 不定式。

die Schleuder: 弹弓，投石器。
auflösen: 松开，解决，溶解。
fortgehend: 持续的。
die Beobachtung: 观察。
fürchten: 害怕。

[解析] 句子主干动词为hervorbrachte，in ihre Elemente...为插入成分，修饰der Fall以及die Bewegung。在之后的关系从句[2]中，die关联Einsicht，hoffen后带一个zu + 不定式结构，末句为并列的从句（darf），主干为fürchten, zurückgehen zu müssen。

181

[1] Diesen Weg nun in Behandlung der moralischen Anlagen unserer Natur gleichfalls einzuschlagen, kann uns jenes Beispiel anräthig sein und Hoffnung zu ähnlichem guten Erfolg geben. [2] Wir haben doch die Beispiele der moralisch urtheilenden Vernunft bei Hand.

[1] Diese nun in ihre Elementarbegriffe zu zergliedern, in Ermangelung der Mathematik aber ein der Chemie ähnliches Verfahren der Scheidung des Empirischen vom Rationalen, [2] das sich in ihnen vorfinden möchte, in wiederholten Versuchen am gemeinen Menschenverstande vorzunehmen, kann uns Beides rein und, [3] was Jedes für sich allein leisten könne, mit Gewißheit kennbar machen und so theils der Verirrung einer noch rohen, ungeübten Beurtheilung, theils (welches weit nöthiger ist) den Genieschwüngen vorbeugen, [4] durch welche, wie es von Adepten des Steins der Weisen zu geschehen pflegt, ohne alle methodische Nachforschung und Kenntniß der Natur geträumte Schätze versprochen und wahre verschleudert werden.

[1] Mit einem Worte: Wissenschaft (kritisch gesucht und methodisch eingeleitet) ist die enge Pforte, die zur Weisheitslehre führt, [2] wenn unter dieser nicht blos verstanden wird, [3] was man thun, sondern [4] was Lehrern zur Richtschnur dienen soll, um den Weg zur Weisheit, [5] c. den jedermann gehen soll, gut und kenntlich zu bahnen und andere vor Irrwegen zu sichern; [6] eine Wissenschaft, deren Aufbewahrerin jederzeit die Philosophie bleiben muß, an deren subtiler Untersuchung das Publicum keinen Antheil, wohl aber an den Lehren zu nehmen hat, die ihm nach einer solchen Bearbeitung allererst recht hell einleuchten können.

diesen Weg einschlagen: 走上这条道路。
die Behandlung: 处理。
die Anlage: 天资，气质。
anrätig (anräthig): 可推荐的。

[解析] 句[1]中的主语为带zu不定式diesen Weg einzuschlagen；主句中的uns为第三格，搭配anrätig以及之后的geben。

der Elementarbegriff: 基本概念。
zergliedern: 肢解。
in Ermanglung etw (G): 缺乏某物，在没有某物的情况下。
das Verfahren: 处理方法，操作方法。
die Scheidung: 分离。
empirisch: 经验的。
sich vorfinden: 存在。
vornehmen: 计划实施。
die Verirrung: 迷途，偏离正路。
vorbeugen: 预防某事（接第二格）。
der Adept: 炼金术士。
versprechen: 保证。
verschleudern: 挥霍。

[解析] 句[1]中的主语为两个带zu不定式diese zu zergliedern以及ein Verfahren vorzunehmen，两个主干动词为rein und kennbar machen以及vorbeugen。句[2]中的das关联前文das Empirische。句[3]中的was从句作为machen的第四格补足语，与Beides并列。句[4]中的durch welche中的welche指代Genieschwünge，这一从句主干动词为versprechen und verschleudert werden。

einleiten: 引入。
die Pforte: 门。
die Richtschnur: 准绳。
bahnen: 开辟（道路）。
der Irrweg: 歧途。
der Aufbewahrer: 保管者。
subtil: 细腻的，敏锐的。
die Untersuchung: 检查，考察。
an etw. (D) Anteil (Antheil) nehmen: 参与某事。
jm. einleuchten: 让某人搞明白。

[解析] 句[2]中的 dieser代指Weisheitslehre。句[3]和句[4]两个was引导的关系从句均为句[2]的真正主语（verstanden wird）。句[5]关系从句关联den Weg。句[6]继续拓展上一句的主词Wissenschaft；注意an etw. (D) Anteil nehmen的结构，在wohl aber后省略了已经出现过的Anteil（an deren, an den Lehren）。

语言课堂

在之前的几篇选文中,我们已经接触到了几种表示分类讨论的表达,这篇文章中的 teils ... teils ...也有相似的用法。如:

Diese nun in ihre Elementarbegriffe zu zergliedern, in Ermangelung der Mathematik aber ein der Chemie ähnliches Verfahren der Scheidung des Empirischen vom Rationalen, das sich in ihnen vorfinden möchte, in wiederholten Versuchen am gemeinen Menschenverstande vorzunehmen, kann uns Beides rein und, was Jedes für sich allein leisten könne, mit Gewißheit kennbar machen und so theils der Verirrung einer noch rohen, ungeübten Beurtheilung, theils (welches weit nöthiger ist) den Genieschwüngen vorbeugen, durch welche, wie es von Adepten des Steins der Weisen zu geschehen pflegt, ohne alle methodische Nachforschung und Kenntniß der Natur geträumte Schätze versprochen und wahre verschleudert werden.

在这个长句的中段,主干(不定式的动词短语 + kann uns)后接了vorbeugen,而预防的事情则是双重的:theils der Verirrung einer noch rohen, ungeübten Beurtheilung, theils (welches weit nöthiger ist) den Genieschwüngen。

teils ... teils ...可并列的成分有很多可能,在用法上接近entweder ... oder ...,可以比较灵活地插入句子之中。

全文翻译

有两样东西,越是频繁而持久地思索它们,心绪中就越是不断重新增添惊叹和敬畏:我头顶上布满群星的天空和我内心中的道德法则。我不可把两者当作遮蔽在晦暗中的或不着边际的东西,从而在我的视线之外去找寻,甚或仅仅去推测它们的存在;它们就在我眼前,我把它们直接与我对实存的意识联系起来。

头上的星空始于我所在外部感官世界的位置,继而把我所处的关联扩展到不可预见的高远之中,那里有重重的行星系,层层的恒星系;它还把这关联扩展到无限的时间中,也就是星系之周期运动、其肇始和延续所需的无限时间段中。

心中的道德法则始于我的不可见的自我、我的人格,它让我处于一个真正具有无限性、但又仅能为知性所觉察的世界,与这个世界(因此也就同时与一切那些可见的世界)一道,我便不似在上述世界中,仅在偶然的关联中认识自己,而是在普遍的和必然的关联中认识自己。

就星空而言，眼望无数星系，似乎毁灭了我作为一个动物性受造物的重要性，这受造物在短暂地（不知何故）被赋予了生命力之后，不得不把生成自己的物质再归还给地球（宇宙中的一个点而已）。

反之，观望心中的道德法则，会通过我的人格无限提升我作为一个有理智的生物的价值；在这人格中，道德法则为我开启了一个独立于动物性，甚至整个感官世界之外的生命；至少通过这一道德法则，我可以从我此在的合目的性的、不受此生条件和界限限制的规定性中，分有些许。

然而，惊叹和崇敬虽可激发探索，却无法弥补探索中的不足。需要做什么，才能以有益的、与考察对象之崇高性相符的方式进行研究？以下几例，或可引以为戒，或可用于效仿。

对世界的观察，曾一度始于唯人的感官所提供的、我们的知性在广泛感官范围内勉力捕捉到的壮美景象，而结束于占星术。道德曾一度始于人天性中最高贵的本性，其发展和养成曾指向无限的益处，却结束于宗教狂热或迷信。①

一切尚处于初始阶段的尝试都不过如此。在这些尝试中，最重要的工作取决于对理性的应用。对理性的使用不像对脚的使用一样，可借助经常性训练而自行练就，尤其当它面对那些不直接呈现在通常经验中的性质时。

然而，虽姗姗来迟，但在事先周密地考虑理性计划要采取的步骤，继而一丝不苟地让这些步骤按事先深思熟虑的方法的轨道执行这一准则流行开来之后，对世界大厦的评判就找到了完全不同的方向，也因此找到一条无可比拟的幸运出路。

石头的下落，投石器的运动，若将其要素及各种伴随出现的力进行分解和数学计算，便最终带来明确的、恒定不变的对世界构造的深刻认识，这种认识可望在持续的考察中不断深化，却无须担心会有所倒退。

采取同样路径来对待我们自然天性中的道德禀赋，是上述例子为我们提供的借鉴，也是取得同样硕果的希望所在。我们手边就不乏把理性用于道德判断的例子。

把这些例子分解为基本概念，并且当反复考察人的普遍知性时，在数学不适用的情况下，采取一种类似化学分解的方法，把例子中的经验因素与可能存在的理性因素相互区分，这样便可让我们确切认识到两种因素的纯粹状态，以及每一种因素独自能够成就什么。这样做一方面可以预防初始且未经训练的评判造成的迷惑，另一方面（更为必要）也预防了天才的跳跃性，因为后者正如某些追求智者之石的炼金大师，在没有任何方法论探讨和对自然的认识的前提下就许诺下梦想的[虚幻的、不实的]财宝，而挥霍掉了真正的财宝[理性指导下得到的认识]。

---

① 以上两句（段）使用的是过去式，为与以下理性出现后的状况作对比，故译为"曾一度"。

一言以蔽之,(以批判方法来探究、有方法论引导的)科学是一道通向智慧学说的窄门,然而前提是,人们不止把智慧学说理解为人们应当做什么,而是把它理解为教师应当以什么为准绳,来清楚明确地开辟人人都应走上的通往智慧的道路,并确保他人不误入歧途;这样的科学,其守护者在任何时候都必须是哲学;公众不必参与其精密的研究,但却可分享那些经过如此加工方能让他们了然的学说。

拓展阅读

康德的道德哲学来自对先验自由观念和理性律令的结合。他相信,关于目的的推断必须总是假设在他的形而上学中被视为可能的先验自由。自由是为自己的行动定制目的的力量。任何从外部根源引出的我的目的,同时也使我自己受制于那种外力。任何决定我行为的自然过程,都将它的原因的不自由性强加于我。于是我就成了自然力量寻找其法则的被动渠道。如果我的行为被视为不自由,那是因为某种意义上来说这并不真的是**我的**行为。

由我发出的行动**只能**归因于我,因而是真正意义上的我的行为。就这种行为来说,我是自由的。不论何时行动,**我**都能自由地行动,而当一些其他的主体通过我采取行动,我便是不自由地行动。这引起了以下的问题:**我**是什么?答案很明显是"我是先验自我",因为这从自然的因果性方面解释了我的自由。但是现在,康德在这个答案的基础上补充了意志的理论。不管何时我决定行动,一个行动便因我而生,这只是基于对**它**的考虑。我并不参考我的欲望、利益或任何其他的"经验条件",因为这样一来自己就会受制于自然的因果性。我只是考虑这个行动,出于它自身的缘故而把它选定为它自身的目的。这就是自由行为,即单由理性引出的行为的范例。康德觉得,这样一种行为不能归因于"自然的"力量,或是"经验的"因果性之链。它自发地产生于形成我意志的理性过程。

于是,自由就是被理性支配的能力。在前一部分中讨论的理性律令是"自由的法则":理性借以决定行为的原则。所以在"自然因果性"之外还存在着"自由因果性",而自由无非是遵从前者,同时也许还背叛后者。康德将这种仅受理性激发的能力称做意志的自主性,并且他将此与受制于外在原因的主体的"他律"进行对比。康德所谓的外在原因是指任何属于"自然因果性"的原因,也就是任何不仅仅是从理性中找到的原因。因此一项缘自欲望、情感或利益的行为是"他律的"。

于是康德现在提出了能自律的**主体**的概念。这个主体可以克服所有来自他律的因素——例如自利和欲望——的驱使,如果它们与理性发生冲突的话。这样的存在者把自已假定为"先验存在",因为他无视自然的因果性而总是将他的行为归因于"自由的因果性"。只有自律的存在者才拥有真正的行为目的(相对于纯粹的欲望对象而言),而且只有这样的存在者,作为理性选择的体现,才值得我们尊重。康德继续声称,意志的自律"是所有道德法则以及符合这些道德法则所依据的唯一原则。另一方面,意志的他律不仅不能成为任何义务的基础,而且与由此产生的原则相悖,与意志的道德相悖"(《实践理性批判》,43)。由于自律仅仅表现为遵从理性,又因为理性必须总是通过律令指导行动,所以自律被描述为"意志的一种特性,凭此特性意志成为它自身的法则"(《道德形而上学的基础》,440)。而且它是"人类本质以及所有理性本质的尊严的基础"(《道德形而上学的基础》,436)。

罗杰·斯克鲁顿:《牛津通识读本:康德》,刘华文译,
译林出版社,2013年,第78—80页。

课后练习

[1] Die alte griechische Philosophie teilte sich in drei Wissenschaften ab: Die Physik, die Ethik, und die Logik. [2] Diese Einteilung ist der Natur der Sache vollkommen angemessen, und man hat an ihr nichts zu verbessern, als etwa nur das Prinzip derselben hinzu zu tun, um sich auf solche Art teils ihrer Vollständigkeit zu versichern, teils die notwendigen Unterabteilungen richtig bestimmen zu können.

[3] Alle Vernunfterkenntnis ist entweder material, und betrachtet irgend ein Objekt; oder formal, und beschäftigt sich bloß mit der Form des Verstandes und der Vernunft selbst, und den allgemeinen Regeln des Denkens überhaupt, ohne Unterschied der Objekte. [4] Die formale Philosophie heißt Logik, die materiale aber, welche es mit bestimmten Gegenständen und den Gesetzen zu tun hat, denen sie unterworfen sind, ist wiederum zwiefach. [5] Denn diese Gesetze sind entweder Gesetze der Natur, oder der Freiheit. [6] Die Wissenschaft von der ersten heißt Physik, die der andern ist Ethik; jene wird auch Naturlehre, diese Sittenlehre genannt.

[7] Die Logik kann keinen empirischen Teil haben, d.i. einen solchen, da die allgemeinen und notwendigen Gesetze des Denkens auf Gründen beruheten, die von der Erfahrung hergenommen wären; denn sonst wäre sie nicht Logik, d.i. ein Kanon für den Verstand, oder die Vernunft, der bei allem Denken gilt und demonstriert werden muß. [8] Dagegen können, sowohl die natürliche, als sittliche Weltweisheit, jede ihren empirischen Teil haben, weil jene der Natur, als einem Gegenstande der Erfahrung, diese aber dem Willen des Menschen, so fern er durch die

Natur affiziert wird, ihre Gesetze bestimmen muß, die erstern zwar als Gesetze, nach denen alles geschieht, die zweiten als solche, nach denen alles geschehen soll, aber doch auch mit Erwägung der Bedingungen, unter denen es öfters nicht geschieht.

Aus *Grundlegung zur Metaphysik der Sitten*

1. 分析句[8]句法结构。
2. 翻译句[2]。

附录

● 哲学术语

1. Naturphilosophie: 自然哲学

2. Ontologie: 本体论

3. a priori: 先验；a posteriori: 后验

4. Verstand: 知性

5. Urteil: 判断

6. Deduktion: 演绎法

7. Induktion: 归纳法

8. das Ding an sich: 物自体

9. Erscheinung: 现象

10. der kategorische Imperativ: 绝对命令

11. Postulat: 假定

12. Anschauung: 直观

13. Freiheit des Willens: 意志自由

14. Pflichtethik: 责任伦理

15. Tugendethik: 美德伦理

● 选文和参考译文

Immanuel Kant: *Kants Gesammelte Schriften,* hrsg. v. der Königlich Preußischen Akademie der Wissenschaft, *Band V. Kritik der praktischen Vernunft,* Berlin 1900, S. 161—163.

康德：《实践理性批判》，韩水法译，商务印书馆，1999年，第177—179页。

● 康德重要著作一览

Untersuchung über die Deutlichkeit der Grundsätze der natürlichen Theologie und der Moral (1764)
（《关于自然神论与道德的原则之明晰性的研究》）

第10讲 康德：《实践理性批判》

Beobachtungen über das Gefühl des Schönen und Erhabenen (1764)（《论优美感与崇高感》）

Kritik der reinen Vernunft (1781)（《纯粹理性批判》）

Prolegomena zu einer jeden künftigen Metaphysik, die als Wissenschaft wird auftreten können (1783)（《未来形而上学导论》）

Beantwortung der Frage: „Was ist Aufklärung?" (1784)（《什么是启蒙？》）

Grundlegung zur Metaphysik der Sitten (1785)（《道德形而上学基础》）

Metaphysiche Anfangsgründe der Naturwissenschaft (1786)（《自然科学的形而上学基础》）

Kritik der praktischen Vernunft (1788)（《实践理性批判》）

Metaphysik der Sitten (1797)（《道德形而上学》）

● 拓展阅读

Immanuel Kant: *Werke in zwölf Bänden*, hrsg. v. Wilhelm Weischedel, Frankfurt am Main 1977.

李秋零主编：《康德著作全集》（共九卷），人民大学出版社，2003—2010年。

康德：《康德三大批判合集》（上、下），邓晓芒译，人民出版社，2009年。

伊曼努尔·康德：《康德历史哲学论文集》，李明辉译注，广西师范大学出版社，2020年。

曼弗雷德·库恩：《康德传》，黄添盛译，上海人民出版社，2014年。

第11讲　威廉·洪堡：
《论柏林高等学术机构的内部和外部组织》
Lektion 11　Wilhelm von Humboldt:
Über die innere und äussere Organisation der höheren wissenschaftlichen Anstalten in Berlin

作者学术生平

Wilhelm von Humboldt (1767—1835) war ein preußis-cher Gelehrter, Bildungsreformer und Staatsmann. Er initiierte die Neuorganisation des Bildungswesens im Geiste des Neuhumanismus, formte das nach ihm benannte humboldtsche Bildungsideal und betrieb die Gründung der Friedrich-Wilhelms-Universität Berlin.

Die Humboldt-Brüder erhielten ihre Ausbildung durch renommierte Persönlichkeiten als Hauslehrer. Wilhelm studierte an der Universität Frankfurt a. O. und Göttingen Rechtswissenschaft, Philosophie, Geschichte und alte Sprachen. Im Februar 1809 wurde Humboldt zum Geheimen Staatsrat und Direktor der Sektion für Kultus und Unterricht im Ministerium des Inneren ernannt. Er zielte auf ein dreistufiges Unterrichtssystem mit Elementar-, Schul- und Universitätsunterricht und reformierte Lehrpläne, Lehrerausbildung und Prüfungswesen. Nach jeder Unterrichtsstufe war die Möglichkeit vorgesehen, in den Beruf einzutreten.

Die Leitlinien seines Konzepts betonten das Erfordernis einer allgemeinen Menschenbildung. Er hielt die Bildung für ein menschenwürdiges Dasein. Für Humboldt aber bedurfte das gesamte Unterrichtswesen eines einheitlichen Fundaments für alle speziellen späteren Berufs- und Erwerbstätigkeiten der Bürger. Den krönenden Abschluss des Reformwerks bildete die von Friedrich-Wilhelm III. unterstützte Gründung der Berliner Universität 1809. Humboldts Universitätsidee sah u.a. für den Hochschulbetrieb und das Verhältnis zwischen Dozenten und ihren Studenten die Einheit von Forschung und Lehre vor. Zu den nachwirkenden Maßnahmen

第11讲 威廉·洪堡：《论柏林高等学术机构的内部和外部组织》

Humboldts gehören die Einführung des Lehramtsexamens 1810 sowie die Vereinheitlichung und Verpflichtung der Arbiturprüfung 1812.

威廉·洪堡（1767—1835），普鲁士学者，教育改革家和政治家，发起了在新人文主义精神关照下的教育重组，建构了洪堡教育理念，促成了弗里德里希-威廉-柏林大学的建立。

洪堡兄弟受的是家庭教师教育，教师由当时著名学者担任。之后，威廉·洪堡在奥德河畔的法兰克福大学和哥廷根大学学习法学、哲学、历史和古代语言。1809年2月，洪堡被任命为国家枢密顾问和内务部文化及中小学教育局局长。他以建立一个基础、中级、高等三级的教育体系为目标，对教学计划、教师培训和考试制度进行了改革，拟在各等级学业结束后创造进入职业的机会。

洪堡教育理念的指导思想是强调提高人的普遍修养。他视修养为符合人尊严的存在。对于洪堡来说，学校教育体系需要为公民之后从事的一切专门职业和工作提供一个统一的基础。洪堡改革事业的辉煌顶点，是于1809年在弗里德里希·威廉三世支持下成立了柏林大学。洪堡的大学理念之一，即是在高校运作以及教师与学生关系中引入研究和教学的统一体。洪堡影响深远的措施还包括1810年引入的中学教师国家资格考试和1812年引入的中学毕业义务统考。

编者导读

选文比较集中地总结了洪堡对大学教育的看法。所谓高等学术机构，狭义上讲，就是大学、高校或学院。洪堡提出了学术机构应当遵守的一些特殊原则，比如要有孤独和自由，又要协作工作；大学是一个研究机构，教师和学生要组成一个学术共同体，取长补短；学者要有外在的悠闲和内在的努力；学术是一个无止境的事业，大学要与中学相区分，不能采用中学"学习既定知识"的模式。

选文第二部分涉及国家与大学的关系、国家应当扮演的角色。大学对国家的贡献不是直接的，而是在更高层面上。国家不应干涉大学事务，要尊重大学特有的法则和规律。国家不应对大学提出要求，不应把大学当作中学或某个国家的代表团体来对待，而是要相信，大学若能达到其最终目的，也就达到了国家的各项目的——而且是从一个更高的层面上实现的。因此，洪堡强调，若国家无为而治，反倒会有更大收获；若国家只局限于眼前利益，反而不能使大学在自己的空间里发挥作用。

选文纵览[①]

[1] Der Begriff der höheren wissenschaftlichen Anstalten, als des Gipfels, in dem alles, was unmittelbar für die moralische Cultur der Nation geschieht, zusammenkommt, beruht darauf, [2] dass dieselben bestimmt sind, die Wissenschaft im tiefsten und weitesten Sinne des Wortes zu bearbeiten, und als einen [nicht absichtlich, aber von selbst zweckmässig vorbereiteten] Stoff [der geistigen und sittlichen Bildung] zu seiner Benutzung hinzugeben.

[1] Ihr Wesen besteht daher darin, innerlich die objective Wissenschaft mit der subjectiven Bildung, äusserlich den vollendeten Schulunterricht mit dem beginnenden Studium unter eigener Leitung zu verknüpfen, oder vielmehr den Übergang von dem einem zum anderen zu bewirken.

[1] Allein der Hauptgesichtspunkt bleibt die Wissenschaft. [2] Denn sowie diese rein dasteht, wird sie von selbst und im Ganzen, wenn auch einzelne Abschweifungen vorkommen, richtig ergriffen.

[1] Da diese Anstalten ihren Zweck indess nur erreichen können, wenn jede, soviel als immer möglich, der reinen Idee der Wissenschaft gegenübersteht, so sind Einsamkeit und Freiheit die in ihrem Kreise vorwaltenden Principien.

[1] Da aber auch das geistige Wirken in der Menschheit nur als Zusammenwirken gedeiht, [2] und zwar nicht bloss, damit Einer ersetze, was dem Anderen mangelt, sondern damit die gelingende Thätigkeit des Einen den Anderen begeistere und Allen die allgemeine, ursprüngliche, in den Einzelnen nur einzeln oder abgeleitet hervorstrahlende Kraft sichtbar werde, [3] so muss die innere Organisation dieser Anstalten ein ununterbrochenes, sich immer selbst wieder belebendes, aber ungezwungenes und absichtsloses Zusammenwirken hervorbringen und unterhalten.

[1] Es ist ferner eine Eigenthümlichkeit der höheren wissenschaftlichen Anstalten, [2] dass sie die Wissenschaft immer als ein noch nicht ganz aufgelöstes Problem behandeln und daher immer im Forschen bleiben, [3] da die Schule es nur mit fertigen und abgemachten Kenntnissen zu thun hat und lernt. [4] Das Verhältniss zwischen Lehrer und Schüler wird daher durchaus ein anderes als vorher.

---

① 选文有个别字词拼写延续了当时的正字法；因有规律可循，不影响正常阅读理解，未一一列出。

第 11 讲 威廉·洪堡：《论柏林高等学术机构的内部和外部组织》

die Anstalt: 机构。
der Gipfel: 顶峰。
bearbeiten: 加工，处理，研究。
absichtlich: 有意图的。
zweckmäßig (zweckmässig): 符合目的的，实用的。
die Benutzung: 使用。
hingeben: 交出，贡献。

die Bildung: 塑造，修养，引申为教育。
vollenden: 完成。
der Schulunterricht: 中（小）学课程。
die Leitung: 领导。
verknüpfen: 连接，联系。
der Übergang: 过渡。
bewirken: 产生作用，促成。

der Hauptgesichtspunkt: 主要观点，观察角度。
dastehen: 情况是（接方式副词）。
die Abschweifung: 偏离。
vorkommen: 出现。

indess: = indessen, 然而。
die Einsamkeit: 孤独，独处。
der Kreis: 圈子。
vorwaltend: 主导的，占统治地位的。

das Zusammenwirken: 共同作用。
gedeihen: 成长，繁荣。
ersetzen: 代替，取代。
mangeln: 缺少。
gelingen: 成功。
begeistern: 激励，让人兴奋。
ableiten: 降低，贬损。
hervorstrahlen: 闪烁出来。
sichtbar: 看见的。
ununterbrochen: 不间断的。
belebend: 激活的。

die Eigentümlichkeit (Eigenthümlichkeit): 特性。
das Verhältnis (Verhältniss): 关系。

[解析] 句[2]dass后的dieselben代指die Anstalten，本句包括两个并行的zu结构，表示bestimmt的内容；des Wortes指代Wissenschaft；方括号中的成分是拓展定语，第二个zu结构在als前省略了die Wissenschaft作为第四格。

[解析] 该句的主干是两个zu结构，互为同位结构。第一个结构中innerlich和äusserlich并列描述两种同时发生的情况。

[解析] 句[2]diese代指Wissenschaft；wenn auch 表让步，插入主句sie wird ergriffen中。

[解析] 该句主干为da ... so ....；soviel als immer表让步；wenn引导条件从句，gegenüberstehen要求第三格。

[解析] 句[1]与句[3]为主干句的从句与主句，是da ..., so muss ...句式。句[2]为插入解释的从句nicht sondern，各引导一个damit结果状语从句；ersetze, werde为第一虚拟式，表意愿；sondern damit后半句主干为damit allen (D) die Kraft (N) sichtbar werde。

[解析] 句[1]中的es为形式主语，dass从句的两部分为真正主语，两个主干动词为behandeln以及bleiben。句[3]da引导的原因从句主干为hat und lernt zu tun。

[1] Der erstere ist nicht für die letzteren, Beide sind für die Wissenschaft da; [2] sein Geschäft hängt mit an ihrer Gegenwart und würde, ohne sie, nicht gleich glücklich von statten gehen; [3] er würde, wenn sie sich nicht von selbst um ihn versammelten, sie aufsuchen, [4] um seinem Ziele näher zu kommen durch die Verbindung der geübten, aber eben darum auch leichter einseitigen und schon weniger lebhaften Kraft mit der schwächeren und noch parteiloser nach allen Richtungen muthig hinstrebenden.

[1] Was man daher höhere wissenschaftliche Anstalten nennt, ist, von aller Form im Staate losgemacht, nichts Anderes als das geistige Leben der Menschen, die äussere Musse oder inneres Streben zur Wissenschaft und Forschung hinführt. [2] Auch so würde Einer für sich grübeln und sammeln, ein anderer sich mit Männern gleichen Alters verbinden, ein Dritter einen Kreis von Jüngern um sich versammeln.

[1] Diesem Bilde muss auch der Staat treu bleiben, wenn er das in sich unbestimmte und gewissermassen zufällige Wirken in eine festere Form zusammenfassen will. [2] Er muss dahin sehen, [3] 1. die Thätigkeit immer in der regsten und stärksten Lebendigkeit zu erhalten; 2. sie nicht herabsinken zu lassen, die Trennung der höheren Anstalt von der Schule (nicht bloss der allgemeinen theoretischen, sondern auch der mannigfaltigen praktischen besonders) rein und fest zu erhalten.

[1] Er muss sich eben immer bewusst bleiben, dass er nicht eigentlich dies bewirkt noch bewirken kann, ja, dass er vielmehr immer hinderlich ist, sobald er sich hineinmischt, dass die Sache an sich ohne ihn unendlich besser gehen würde, und dass es sich eigentlich nur so damit verhält:

[1] dass, da es nun einmal in der positiven Gesellschaft äussere Formen und Mittel für jedes irgend ausgebreitete Wirken geben muss, [2] er die Pflicht hat, diese auch für die Bearbeitung der Wissenschaft herbeizuschaffen;

[1] dass etwa nicht bloss die Art, wie er diese Formen und Mittel beschafft, dem Wesen der Sache schädlich werden kann, [2] sondern der Umstand selbst, dass es überhaupt solche äussere Formen und Mittel für etwas ganz Fremdes giebt, immer nothwendig nachtheilig einwirkt und das Geistige und Hohe in die materielle und niedere Wirklichkeit herabzieht;

第11讲 威廉·洪堡：《论柏林高等学术机构的内部和外部组织》

das Geschäft: 营生，工作。
aufsuchen: 探访，寻找。
geübt: 训练有素的。
einseitig: 片面的。
lebhaft: 活跃的。
parteilos: 无党派的。
hinstreben: 积极努力。

[解析] 本段由der erstere开始，阳性单数指上文中的教师，复数指学生。句[4]durch die Verbindung后的两方力量，前一个Kraft指教师，后一个省略的Kraft指学生。本段中的第二虚拟式表假设。

losmachen: 脱离，摆脱。
die Musse: 悠闲。
grübeln: 苦思冥想。
sich mit jm. verbinden: 与某人合作。
der Jünger: 门徒。

[解析] 句[1]中第二分词词组von aller Form im Staate losgemacht为插入成分。句[2]中列举的三种人对应了句[1]中的三种精神形态。

treu: 忠诚。
gewissermassen: 某种程度上。
rege: 活跃的。
die Lebendigkeit: 活跃性。
erhalten: 保持。
herabsinken: 降下来，降格。
mannigfaltig: 多种多样的。

[解析] 句[3]第二个zu结构中sie代指die Tätigkeit；句末括号中的成分为第二格，修饰前述的Trennung，拓展成分中的关键是nicht bloss ... sondern auch ... 结构。

sich bewusst bleiben: 保持意识。
hinderlich: 阻碍的。
sich hineinmischen: 掺和，介入。

[解析] 本句有4个dass引导的从句，做bewusst的宾语从句。

ausbreiten: 传播。
herbeischaffen: 搞来，提供。

[解析] 句[1]中的dass从句接上文最后一个dass从句（es sich eigentlich nur so damit verhält）；da引导原因从句。该dass从句的主干为句[2] er die pflicht hat, 后跟引导的zu结构；diese代指äussere Formen und Mittel。

beschaffen: 设法取得，努力获得。
nachteilig (nachtheilig): 不利的。
nieder: 地下的。
hinabziehen: 拉下来，降格。

[解析] 本段的统领结构仍是nicht bloss ... sondern ...。句[2]的dass引导二级从句，解释说明Umstand。

[1] und dass er daher nur darum vorzüglich wieder das innere Wesen vor Augen haben muss, um gut zu machen, [2] was er selbst, wenngleich ohne seine Schuld, verdirbt oder gehindert hat.

[……] [1] Der Staat muss seine Universitäten weder als Gymnasien noch als Specialschulen behandeln, [2] und sich seiner Akademie nicht als einer technischen oder wissenschaftlichen Deputation bedienen.

[1] Er muss im Ganzen (denn welche einzelnen Ausnahmen hiervon bei den Universitäten stattfinden müssen, kommt weiter unten vor) von ihnen nichts fordern, [2] was sich unmittelbar und geradezu auf ihn bezieht, sondern die innere Überzeugung hegen, [3] dass, wenn sie ihren Endzweck erreichen, sie auch seine Zwecke und zwar von einem viel höheren Gesichtspunkte aus erfüllen, [4] von einem, von dem sich viel mehr zusammenfassen lässt und ganz andere Kräfte und Hebel angebracht werden können, [5] als er in Bewegung zu setzen vermag.

[1] Auf der anderen Seite aber ist es hauptsächlich Pflicht des Staates, seine Schulen so anzuordnen, dass sie den höheren wissenschaftlichen Anstalten gehörig in die Hände arbeiten.

[1] Dies beruht vorzüglich auf einer richtigen Einsicht ihres Verhältnisses zu denselben und der fruchtbar werdenden Ueberzeugung, [2] dass nicht sie als Schulen berufen sind, schon den Unterricht der Universitäten zu anticipiren, [3] noch die Universitäten ein blosses, übrigens gleichartiges Complement zu ihnen, nur eine höhere Schulklasse sind, [4] sondern dass der Übertritt von der Schule zur Universität ein Abschnitt im jugendlichen Leben ist, auf den die Schule im Falle des Gelingens den Zögling so rein hinstellt, [5] dass er physisch, sittlich und intellectuell der Freiheit und Selbstthätigkeit überlassen werden kann und, [6] vom Zwange entbunden, nicht zu Müssiggang oder zum praktischen Leben übergehen, sondern eine Sehnsucht in sich tragen wird, sich zur Wissenschaft zu erheben, [7] die ihm bis dahin nur gleichsam von fern gezeigt war.

第11讲 威廉·洪堡：《论柏林高等学术机构的内部和外部组织》

gutmachen: 纠正错误，弥补损失。
wenngleich: 尽管，表让步。
verderben: 毁坏，败坏。

das Gymnasium: 中学，人文中学。
die Spezialschule (Specialschule): 特殊学校（职业培训）。
die Deputation: 代表团，特别代表团。
bedienen: 利用。

die Ausnahmen: 例外。
sich auf jn. / etw. (A) beziehen: 与某人/某事相关。
die Überzeugung: 信念。
hegen: 怀有，抱有。
der Endzweck: 最终目的。
die Hebel: 杠杆。
anbringen: 带来，安装。
in Bewegung setzen: 驱动。

anordnen: 指示，规定，安排。
gehörig: 属于的，恰当的。
in die Hände arbeiten: 运作到手中。

die Einsicht: 深刻认识，洞见。
antizipieren (anticipiren): 预习。
gleichartig: 同样的，类似的。
das Komplement (Complement): 补充。
der Übertritt: 迈入，过渡。
der Abschnitt: 阶段，章节段落。
der Zögling: 住校的学生。
hinstellen: 放过去。
die Selbsttätigkeit (Selbstthätigkeit): 自主，自动，自觉行动。
überlassen: 转让，听任。
entbinden: 脱离，摆脱。
der Müssiggang: 懒散，游手好闲。
zu etw. (D) übergehen: 转向某事，转而从事某事。
die Sehnsucht: 渴望。
sich erheben: 提升自己。

[解析] 句[2]中的wenngleich引导了一个插入的让步从句。

[解析] 句[1]weder ... noch ...表双重否定。句[2]sich bedienen要求第二格，als前后同格。

[解析] 本段中的er始终代指der Staat。句[1]和句[2]中又有nicht ... sondern ...结构作为联结点。句[3]作为Überzeugung补足语从句，dass引导从句的主干为dass sie ihren Endzweck erreichen, seine Zwecke erfüllen。句[4]进一步解释说明前句中的von einem viel höheren Gesichtspunkte, einem后省略Gesichtspunkt, von dem引导关系从句关联Gesichtspunkt。句[5]是als引导的比较从句，als对应前半句中的andere (Kräfte)，省略了作为第四格的Kräfte（in Bewegung setzen）。

[解析] 本句为so ... dass ...句式；den Anstalten为第三格，搭配gehörig。

[解析] 句[1]beruhen auf支配第三格，两个第三格成分为einer Einsicht以及der Überzeugung；ihr代指die Schule, denselben代指die Anstalten。句[2]、句[3]两句由nicht ... noch ...连接，句[2]有带一个berufen要求的带zu不定式，句[3]中的Komplement和Schulklasse为同位语。句[4]dass仍关联最初的Überzeugung, auf den引导的关系从句展开说明Abschnitt。句[5]的dass从句解释说明hinstellen的内容，der Freiheit und Selbsttätigkeit为überlassen要求的第三格。句[6]为dass从句的延续，主干动词为wird，包含nicht (übergehen) sondern (tragen)结构。句[7]为die引导的关系从句，关联Wissenschaft。

语言课堂

在句子主干较长时，应该注意识别意群之间的关系或句法本身的节奏。本段选文中，较长的插入语或主干成分往往是两个不同方面的列举导致的，如：

Ihr Wesen besteht daher darin, innerlich die objective Wissenschaft mit der subjectiven Bildung, äusserlich den vollendeten Schulunterricht mit dem beginnenden Studium unter eigener Leitung zu verknüpfen, oder vielmehr den Übergang von dem einem zum anderen zu bewirken.

本句中darin后引导的zu不定式解释说明Wesen，其主干动词为verknüpfen，因此本身即需要两方的事物。然而更复杂的是，洪堡从内、外两个方面解释了这种结合，因此innerlich与äusserlich分别带起了两个部分（mit），最终bewirken的zu不定式则是对verknüpfen的进一步说明。再如：

... er (Lehrer) würde, wenn sie (Studenten) sich nicht von selbst um ihn versammelten, sie aufsuchen, um seinem Ziele näher zu kommen durch die Verbindung der geübten, aber eben darum auch leichter einseitigen und schon weniger lebhaften Kraft mit der schwächeren und noch parteiloser nach allen Richtungen muthig hinstrebenden.

这一句的复杂部分在于最后的um ... zu ...结构，同样，关键词Verbindung提示了应该寻找两个不同的成分（由mit联结）。因此可以判断出是两种不同的"力量"（Kraft），由此推断句末省略了Kraft。这里的线索是Verbindung之后出现的两个der。

全文翻译

在高等学术机构，也就是在各种教育机构的顶峰上，汇聚着一切直接与国族道德文化相关的事务。而之所以将其定义为高等学术机构，是因为这样的机构天生被规定完成两项使命，一项是在最深刻和广泛的意义上去研究学术，一项是将学术作为一种并非有意但却自行符合某种目的的物质条件，为思想和道德建构提供应用。

因此这一机构的本质在于，通过自身的引导，在内部把客观学术与主观修养，在外部把结业的中学课程与即将开始的大学学习结合起来，或更进一步，促成两者之间的过渡。这里的主要关注点是学术。因为只要学术是纯粹的，即便出现个别偏差，它也能自行并在整体上得到正确把握。

第11讲 威廉·洪堡：《论柏林高等学术机构的内部和外部组织》

然而，只有当每个机构都尽可能面对纯粹学术理念时，这样的机构才能达到其目的，因此，孤独和自由是学术机构中占主导地位的原则。同时又因为人类创造性的精神工作，只有通过合作才可以发展繁荣，因此，这类学术机构的内部组织务必要创造出并且维持某种不间断且可不断重新自我激活的，但又是非强制且无意图的合作。之所以要合作，其目的并非只在于让某一方弥补另一方的不足，而更在于让某一方成功的工作去激励另一方，进而让各方都能看到那种普遍的、原初的力量；而在单个一方中，这样的力量只是个别的，其光亮也会受到削弱。

此外高等学术机构的一个特性还在于，它们总是把学术当作一个尚未完全解决的问题来对待，也因此总是保持科研状态，而中学的工作只在于教授现成和约定俗成的知识，与中学相对应的只是学习。鉴于此，师生之间的关系亦完全不同于从前。教师并非为学生存在，两者都为学术而存在；教师的工作同时依赖于学生的在场，若没有学生便不会轻易顺利完成；即便学生不自行聚集在教师周围，教师为通过双方相结合来进一步实现自己的目标，也会找上门去；而所谓相结合的双方，一方是训练有素但也因此不免更容易有片面倾向且已然不那么活跃的力量，另一方则是弱一些但尚无党派取向、故而也勇敢地朝各个方向积极努力的力量。

可见人们称之为高等学术机构的东西，若不考虑其在国家中被赋予的各种形式，则无异于某些人的精神生活，这些人要么被外在的闲暇，要么被内在的追求而引向学术研究。于是有人独自苦思和积累，有人与同庚同好者结盟，还有人在自己身边聚集起门徒。对于这一情景，国家也必须保持忠实，如果它想要把本身不确定的、某种程度上偶然的工作，聚集到一个较为稳定的形式。国家务必要顾及：

一、让工作持续保持在最活跃和最强健的活力中；

二、勿要让高等机构降格，务必保持高等机构与中学纯粹而严格的区分（不仅是泛泛理论上的，而且尤其是各种实践上的区分）。

国家一定要永远意识到，它对于此类事务起不到也不可能起到什么真正的作用；而且它一旦介入，反而总是起到阻碍作用；没有它，事情本身会进行得更好；情况事实上是这样的：

因在一个实证社会中，对于任何一项具有广泛影响力的活动，都肯定会有外在形式和资金支持，国家于是就有义务为学术研究争取这些外部条件；

不仅国家取得这些形式和资金的方式可能会对事务本质造成危害，而且这一情况本身，也就是存在这类为某些完全陌生的东西设置的外部形式和资金，也往往必定产生不利影响，并把精神的和崇高的东西降格到物质的和低级的现实中；

因此国家不得不重新关注内在本质，而且尤其是为了弥补那些由它自己造成的损坏和阻碍，即便这些并非出于它的过错。

[……]

国家不可把大学当作人文中学或特殊学校来对待，也不可把学院当作被委以技术或科学任务的团体加以利用。总体上，国家不可对学术机构提出任何直接或径直关系到自身的要求（至于必须在大学中采取哪些个别例外，下文将会论及），而是一定要抱有一个内在的信念，即相信倘若学术机构达到了自己的最终目的，也就等于它们从一个更为高远的角度实现了国家的多项目的，这一视角不仅能够总括更多事务，而且能够带动起与国家所能驱使的完全不同的力量和杠杆。

而另一方面，国家应主要承担的义务是，对中学做出妥善设置，以便它们可以自然而然地完成与高等学术机构的交接工作。这主要建立在对中学与高等学术机构关系的正确认识上，建立在已结出硕果的信念上。根据这种信念，一方面中学没有提前展望大学课程的使命，另一方面大学也并非一个中学的纯粹补充，或仅是一个更高的中学年级；相反，由中学进入大学，是青年生命中的一个阶段。在这一阶段中，如果中学成功完成了任务，学生们在身体、道德和智性等各方面便可以被放心地交付自由和自主的行动，并且，在脱离了强制的情况下也不会走向懒散或讲求实际的生活，而是心怀渴望，把自己提升到学术生活。在这个阶段之前，学术都仿佛只是远远地展现在他们面前。

拓展阅读

因此，依我之见，必须处处对人推行最自由的、尽可能少针对公民情况的教育。这时，受过这种教育的人就应当进入国家，国家宪法某种程度上就在他的身上接受检验。只有在这样的一种斗争中，我才能有把握地指望通过民族来真正改善宪法，而且只有在这样一种斗争中，我才不会担心公民的机构设置对人造成有害的影响。因为即使后者有着种种缺陷，可以设想，恰恰是由于它束缚人的桎梏，人也许获得了抗争毅力，或者尽管存在那束缚人的桎梏，人也许获得了以其原有大小保持下来的毅力。然而，只有当毅力在此之前是在其自由之中发展起来的，这才有可能。因为在那些枷锁从青少年开始就进行压制的地方，还要振作和保持毅力，需要有一种怎样非凡的坚强意志？但是，因为政府的精神总是在公共教育中占据统治地位，任何公共教育都给予人以某一种特定的公民形式。在这样一种形式本身已经确定、虽然片面、自身却也是美的地方，正如我们在古代国家里和也许现在还能在某些共和制国家里所看到的那样，在这种地方，公共教育不仅实行起来比较容易，而且事情本身的危害性较小。

不过，在我们君主制政体的各种宪法里，根本不存在某一种特定的形式——这对

第11讲 威廉·洪堡：《论柏林高等学术机构的内部和外部组织》

教育人来说肯定是相当幸运的。显而易见，虽然也伴随有某些害处，它们也有如下优点：因为国家的结合总是无非被看作是一种手段，它们不必像在共和国里那样，把很多个人的力量应用到这种手段上。只要臣民服从法律，只要他们自己以及同胞能保持富裕和从事一种无害的活动，国家就不去关心他更为详细的生存方式。因此，在这里，公共教育哪怕不为人瞩目，本身就注重考虑公民或臣民，而不像私人教育那样注重人，它本来应不把一种特定的美德或生存方式作为其目的。毋宁说，它仿佛寻求一种所有的人的均势，因为再也没有任何东西会比这更能带来安宁和保持安宁，这些国家最为热衷追求的就是安宁。然而，正如我在其他场合试图表明的那样，这样一种追求或者未能取得进展，或者导致人们缺乏毅力，因为与此相反，通过在不同的境况和结合关系中的生活去推行私人教育所固有的各个方面，会更有把握地实现那种均势，又不必牺牲毅力。

威廉·洪堡：《论国家的作用》，林荣远、冯兴元译，
中国社会科学出版社，1998年，第72—73页。

课后练习

[1] Ihr Weg, dahin zu gelangen, ist einfach und sicher. [2] Sie muss nur auf harmonische Ausbildung aller Fähigkeiten in ihren Zöglingen sinnen; nur so Kraft in einer möglichst geringen Anzahl von Gegenständen an, so viel möglich, allen Seiten üben, und alle Kenntnisse dem Gemüth nur so einpflanzen, dass das Verstehen, Wissen und geistige Schaffen nicht durch äussere Umstände, sondern durch seine innere Präcision, Harmonie und Schönheit Reiz gewinnt. [3] Dazu und zur Vorübung des Kopfes zur reinen Wissenschaft muss vorzüglich die Mathematik und zwar von den ersten Uebungen des Denkvermögens an gebraucht werden.
[4] Ein so vorbereitetes Gemüth nun ergreift die Wissenschaft von selbst, da gleicher Fleiss und gleiches Talent bei anderer Vorbereitung sich entweder augenblicklich oder vor vollendeter Bildung in praktisches Treiben vergraben und sich dadurch auch für dieses unbrauchbar machen, oder sich, ohne das höhere wissenschaftliche Streben, mit einzelnen Kenntnissen zerstreuen.

Aus *Über die innere und äussere Organisation der höheren
wissenschaftlichen Anstalten in Berlin*[①]

1. 分析句[4]的句法结构。
2. 翻译句[2]。

---

① 本段文字接选文最后一段。

附录

● **教育学术语**

1. Bildungswesen: 教育制度
2. Bildung: 修养
3. Schulsystem: 学校体系
4. Akademie: 研究机构
5. Gymnasium: 人文中学
6. Pädagogik: 教学
7. Abschluss: 结业考试
8. Hochschule/Universität: 大学
9. Fachhochschule: 职业学校
10. Zeugnis: 证书
11. Berufsbildung: 职业培训
12. Staatsexamen: 国家考试

● **选文和参考译文**

Wilhelm von Humboldt: *Werke in fünf Bänden*. Bd. 4, *Politik und Bildungswesen*. hrsg. von Andreas Flitner und Klaus Giel, Stuttgart 1960—1981, S. 255—257, 260—261.

安德烈亚斯·弗利特纳编著：《洪堡人类学和教育理论文集》，胡嘉荔、崔延强译，重庆大学出版社，2013年，第89—94页。

● **威廉·洪堡重要著作一览**

Über den Geschlechtsunterschied (1794) (《论性别差异》)

Über männliche und weibliche Form (1795) (《论男性与女性》)

Plan einer vergleichenden Anthropologie (1797) (《比较人类学纲要》)

Geschichte des Verfalls und Untergangs der griechischen Freistaaten (1808) (《希腊自由邦衰亡史》)

Über das vergleichende Sprachstudium in Beziehung auf die verschiedenen Epochen der Sprachentwicklung (1820) (《语言发展诸时期的比较语言研究》)

Über die Aufgabe des Geschichtsschreibers (1821) (《论历史学家的任务》)

Über das Entstehen der grammatischen Formen, und ihren Einfluss auf die Ideenentwicklung (1822) (《论语法结构的形成及对思想发展的影响》)

● **拓展阅读**

Wilhelmlon Humboldt: *Werke in fünf Bänden*, Studienausgabe, hrsg. von Andreas Flitner und Klaus Giel, 2010.

威廉·冯·洪堡特：《论人类语言结构的差异及其对人类精神发展的影响》，姚小平译，商务印书馆，2009年。

威廉·冯·洪堡特：《洪堡特语言哲学文集》，姚小平选编、译注，商务印书馆，2011年。

彼得·贝格拉：《威廉·冯·洪堡传》，袁杰译，商务印书馆，1994年。

威廉·洪堡：《论国家的作用》，林荣远、冯兴元译，中国社会科学出版社，1998年。

第12讲　黑格尔：
《法哲学原理》
Lektion 12　Friedrich Hegel: *Grundlinien der Philosophie des Rechts*

作者学术生平

Friedrich Hegel (1770—1831) war ein deutscher Philosoph, wichtigster Vertreter des deutschen Idealismus. Hegels Philosophie erhebt den Anspruch, die gesamte Wirklichkeit in der Vielfalt ihrer Erscheinungsformen einschließlich ihrer geschichtlichen Entwicklung zusammenhängend, systematisch und definitiv zu deuten.

Hegel entstammte einer Beamtenfamilie und wuchs in einem pietistischen Elternhaus auf. Er studierte in Tübingen Evangelische Theologie und Philosophie, wurde in das Tübinger Stift aufgenommen. Nach der Promotion hat Hegel in Jena, Nürnberg, Heidelberg Lehrtätigkeit aufgenommen. 1818 folgte Hegel dem Ruf an die Universität von Berlin.

1806 hatte Hegel seine *Phänomenologie des Geistes* vollendet. Die Idee des Weltgeistes wurde demnach als metaphysisches Prinzip zum Zentralbegriff der spekulativen Philosophie Hegels. Für ihn war die gesamte historische Wirklichkeit, die Totalität, der Prozess des Weltgeistes.

1821 erschien sein letztes von ihm persönlich gefertigtes Werk *Grundlinien der Philosophie des Rechts*. Hegel vertritt darin die allgemeine Rechtsgleichheit aller Bürger. Das Recht muss in Form von Gesetzen gefasst sein, weil nur so Allgemeinheit und Bestimmtheit zu erreichen ist. Der Staat stellt die Wirklichkeit des Rechts dar. In ihm realisiert und vollendet sich die Freiheit.

Die ideale Staatsform stellt für Hegel die konstitutionelle Monarchie dar. In ihr soll es eine gesetzgebende, eine Regierungs- und eine „fürstliche Gewalt" geben. Hegel plädiert zugleich für ein Berufsbeamtentum, das aber nicht aufgrund der Geburt, sondern ausschließlich aufgrund der Befähigung rekrutiert werden dürfe.

Hegels Philosophie ist neben dem französischen Materialismus und Sozialismus und der englischen Nationalökonomie eine der drei Hauptquellen der von Karl Marx entwickelten politischen Ökonomie und des Historischen Materialismus.

黑格尔（1770—1831），德国哲学家，德国唯心主义重要代表。黑格尔的哲学试图对整个现实世界，包括其历史发展，在其显现形式的多样性中，相互关联地、系统地、确定地进行解释。

黑格尔出生于受虔诚运动影响的公务员家庭。他曾经在图宾根学习神学和哲学，并被图宾根神学院录取，博士毕业后曾在耶拿、纽伦堡、海德堡等地任教，1818年得到柏林大学的教席。

1806年黑格尔完成了《精神现象学》。世界精神的理念自此作为形而上的原则，成为黑格尔思辨哲学的核心概念。对他而言，总体历史现实（总体）是世界精神的过程。

1821年黑格尔撰写的最后一部著作《法哲学原理》出版。著作中，黑格尔表明了所有公民应普遍享有法（权利）平等的观点。法必须以法律的形式表达出来，因为只有这样才可以达到普遍性和确定性。国家塑造了法的现实性，在国家中，自由得以实现和完成。

黑格尔认为理想的国家形式应当是君主立宪制，包括立法、行政和"君主权力"。黑格尔主张一种职业公务员制，它不以出身而是以能力为标准进行选拔。

黑格尔的哲学与法国的唯物主义、社会主义和英国的国民经济学，共同构成了马克思的政治经济学和历史唯物主义的三个源头。

编者导读

《法哲学原理》主要探讨法、伦理和国家，属于黑格尔哲学和术语体系中"客观精神"的范畴。其中的国家学说，对当时正在形成的普鲁士的国家建构和对后世都产生了深远影响。

选文是著作"序言"的最后一部分，集中阐述了黑格尔的一个著名命题，即所谓"凡是合乎理性的即是现实的，凡是现实的即是合乎理性的"。其前提仍然是黑格尔在《精神现象学》中提出的原理。黑格尔正是从这句提纲挈领的话出发，分层次反复论述了哲学与国家的关系，目的是为说明，哲学的任务不是为国家设计一种应然的形态，而是去考察现实存在的国家，认识其中合乎理性的东西。

换言之，哲学研究的对象，或本书探讨的主要问题，既非不存在于现实中的理想国家，亦非现存国家中非本质性的东西。哲学既不能认为自己高于现实，也不要耽于事物纷杂的形态。

　　黑格尔授课和撰文的目的，显然为阐明自己的国家观，直接或间接为正在形成的普鲁士国家服务。但他始终谦虚地称，哲学作为关于现实世界的思想，总是来得太迟，所谓密涅瓦的猫头鹰在黄昏来临之际才展翅飞翔。

　　黑格尔的语言结构并不复杂，本段选文中并没有德国哲学著作中常见的长达几行的套句。然而其难点在于，文段时时处处都映照着黑格尔哲学的主导思想和基本观念，使用着他的概念和术语系统，故而理解和翻译的前提是对黑格尔哲学思路的把握。

选文纵览

Was vernünftig ist, das ist wirklich; und was wirklich ist, das ist vernünftig.

[1] In dieser Überzeugung steht jedes unbefangene Bewußtsein wie die Philosophie, [2] und hiervon geht diese ebenso in Betrachtung des geistigen Universums aus als des natürlichen.

[1] Wenn die Reflexion, das Gefühl oder welche Gestalt das subjektive Bewußtsein habe, die Gegenwart für ein Eitles ansieht, über sie hinaus ist und es besser weiß, so befindet es sich im Eitlen, [2] und weil es Wirklichkeit nur in der Gegenwart hat, ist es so selbst nur Eitelkeit.

[1] Wenn umgekehrt die Idee für das gilt, was nur so eine Idee, eine Vorstellung in einem Meinen ist, so gewährt hingegen die Philosophie die Einsicht, daß nichts wirklich ist als die Idee. [2] Darauf kommt es dann an, in dem Scheine des Zeitlichen und Vorübergehenden die Substanz, die immanent, und das Ewige, das gegenwärtig ist, zu erkennen.

[1] Denn das Vernünftige, was synonym ist mit der Idee, indem es in seiner Wirklichkeit zugleich in die äußere Existenz tritt, tritt in einem unendlichen Reichtum von Formen, Erscheinungen und Gestaltungen hervor und umzieht seinen Kern mit der bunten Rinde, [2] in welcher das Bewußtsein zunächst haust, welche der Begriff erst durchdringt, [3] um den inneren Puls zu finden und ihn ebenso in den äußeren Gestaltungen noch schlagend zu fühlen.

[1] Die unendlich mannigfaltigen Verhältnisse aber, die sich in dieser Äußerlichkeit, durch das Scheinen des Wesens in sie, bilden, [2] dieses unendliche Material und seine Regulierung ist nicht Gegenstand der Philosophie.

[1] Sie mischte sich damit in Dinge, die sie nicht angehen; [2] guten Rat darüber zu erteilen, kann sie sich ersparen; [3] Platon konnte es unterlassen, den Ammen anzuempfehlen, mit den Kindern nie stillezustehen, sie immer auf den Armen zu schaukeln, [4] ebenso Fichte die Vervollkommnung der Paßpolizei bis dahin, wie man es nannte, zu konstruieren, [5] daß von den Verdächtigen nicht nur das Signalement in den Paß gesetzt, sondern das Porträt darin gemalt werden solle.

unbefangen: 不拘束，自然的。
das Universum: 宇宙，世界。

die Gestalt: 形态。
die Gegenwart: 现在。
eitel: 虚空的。
die Eitelkeit: 虚空。

umgekehrt: 反过来。
gewähren: 提供。
zeitlich: 暂时的。
vorübergehend: 短暂的。
die Substanz: 实体，实质。
immanent: 内在的。

synonym: 同义的。
hervortreten: 走出来，显现出。
umziehen: 包围，包裹。
die Rinde: 树皮。
hausen: 安身，居住。
durchdringen: 穿透。
der Puls: 脉搏。
schlagend: 在此指脉搏的搏动。

mannigfaltig: 多样的。
die Äußerlichkeit: 外在，外在性。
die Regulierung: 调整，调节。

sich in etw. (A) mischen: 掺和某事。
angehen: 有关，涉及。
guten Rat erteilen: 提出好的建议。
sich ersparen: 省去。
unterlassen: 放弃，搁置。
die Amme: 奶娘。
anempfehlen: 劝告。
stillstehen: 中止，停止。
schaukeln: 摇晃。
die Vervollkommung: 完善。
die Passpolizei (Paßpolizei): 边境警察。
konstruieren: 设计。
der Verdächtige: 嫌疑人。
das Signalement：（护照或通缉令中）对某人相貌特征的简要描述。

[解析] 句[2]中的diese代指距离最近的名词，即Philosophie；als之后的成分为第二格，与之前的des geistigen并列。

[解析] 句[1]wenn从句主干动词为ansieht, ist以及weiß；habe前省略一个auch，实为wenn ... auch ... 表让步；befindet es，即so ist es，意为情况是；es代指das subjektive Bewusstsein。

[解析] 句[1]中的was引导的关系从句关联das，主句中的dass从句解释说明Einsicht。句[2]中的带zu不定式（zu erkennen）为ankommen的主语，die immanent修饰Substanz；das Ewige引起之后das引导的关系从句。

[解析] 句[1]中的indem引导方式从句，表示伴随主句的动作；注意hervortreten所接地点状语为第三格，表静态而非动态。句[2]中的welcher以及welche引导的两个关系从句均关联Rinde。句[3]为两个并列的um zu结构。

[解析] 句[1]in sie中的sie代指上文的die Äußerlichkeit。句[2]中的dieses unendliche Material为句[1]die unendlich mannigfaltigen Verhältnisse的同位成分。

[解析] 本段中出现了较多的带zu不定式。句[2]中带zu不定式为sich ersparen的第四格宾语。句[3]的三个带zu不定式则为unterlassen的第四格宾语。句[4]ebenso Fichte后面省去了konnte es unterlassen，宾语仍为带zu不定式（zu konstruieren）。句[5]dass从句对应之前的bis dahin，意为直到，第一虚拟式表转述。

[1] In dergleichen Ausführungen ist von Philosophie keine Spur mehr zu sehen, und sie kann dergleichen Ultraweisheit um so mehr lassen, [2] als sie über diese unendliche Menge von Gegenständen gerade am liberalsten sich zeigen soll.

[1] Damit wird die Wissenschaft auch von dem Hasse, den die Eitelkeit des Besserwissens auf eine Menge von Umständen und Institutionen wirft – [2] ein Haß, in welchem sich die Kleinlichkeit am meisten gefällt, weil sie nur dadurch zu einem Selbstgefühl kommt –, sich am entferntesten zeigen.

[1] So soll denn diese Abhandlung, insofern sie die Staatswissenschaft enthält, nichts anderes sein als der Versuch, den Staat als ein in sich Vernünftiges zu begreifen und darzustellen.

[1] Als philosophische Schrift muß sie am entferntesten davon sein, einen Staat, wie er sein soll, konstruieren zu sollen; [2] die Belehrung, die in ihr liegen kann, kann nicht darauf gehen, den Staat zu belehren, wie er sein soll, sondern vielmehr, wie er, das sittliche Universum, erkannt werden soll.
Ἰδοὺ Ῥόδος, ἰδοὺ καὶ τὸ πήδημα. Hic Rhodus, hic saltus.

[1] Das was ist zu begreifen, ist die Aufgabe der Philosophie, denn das was ist, ist die Vernunft. [2] Was das Individuum betrifft, so ist ohnehin jedes ein Sohn seiner Zeit; [3] so ist auch die Philosophie ihre Zeit in Gedanken erfaßt. [4] Es ist ebenso töricht zu wähnen, irgendeine Philosophie gehe über ihre gegenwärtige Welt hinaus, als, ein Individuum überspringe seine Zeit, springe über Rhodus hinaus.

[1] Geht seine Theorie in der Tat drüber hinaus, baut es sich eine Welt, wie sie sein soll, so existiert sie wohl, aber nur in seinem Meinen – [2] einem weichen Elemente, dem sich alles Beliebige einbilden läßt. [3] Mit weniger Veränderung würde jene Redensart lauten: Hier ist die Rose, hier tanze.

[1] Was zwischen der Vernunft als selbstbewußtem Geiste und der Vernunft als vorhandener Wirklichkeit liegt, [2] was jene Vernunft von dieser scheidet und in ihr nicht die Befriedigung finden läßt, [3] ist die Fessel irgendeines Abstraktums, das nicht zum Begriffe befreit ist.

die Ausführung: 执行。
die Spur: 痕迹。
die Ultraweisheit: 超智慧。

[解析] 句[1]中包含一个sein + zu结构，表示被动情态（能够、必须）。句[2]中als引导原因从句。

die Kleinlichkeit: 狭隘，小气。

[解析] 该句主干动词为 sich am entferntesten zeigen，den引导的关系从句关联Hasse，同时插入的句[2]进一步解释了Hass。

die Abhandlung: 论文，著作。
insofern: 在……程度上。
die Staatswissenschaft: 国家学，政治学。
begreifen: 把握。

[解析] 本句Versuch后接一个带zu不定式。

belehren: 教导。
erkennen: 认识。

[解析] 句[1]davon带起之后的带zu不定式；wie er sein soll为方式从句，表示konstruieren的方式。句[2]中darauf带起之后的带zu不定式，此时wie er sein soll为belehren的内容，之后的wie从句同上；das sittliche Universum为Staat的同位成分。

töricht: 愚蠢的。
wähnen: 说，提及。
hinausgehen: 走出。
überspringen: 跳出。

[解析] 句[1]中was ist从句关联之前的das，作为begreifen的第四格宾语，整个zu结构是主句的第一格主语。句[3]in Gedanken erfaßt修饰Zeit。句[4]中的gehe、überspringe均为第一虚拟式；ebenso ... als ...表前后情况相同。

weich: 柔软的，软弱的。
beliebig: 随意的。
sich einbilden: 想象。
die Veränderung: 变化。
die Redensart: 成语，俗语。
lauten: 内容是。

[解析] 句[1]的geht, baut作为主干动词被提前到句首，因此省略了条件从句的引导词wenn；wie sie sein soll仍是方式状语。句[2]中的einem weichen Elemente为Meinen的同位成分；dem引导的关系从句中，正常语序为alles Beliebige lässt sich einbilden。

vorhanden: 手头的，现存的。
die Befriedigung: 满足。
die Fessel: 束缚。
das Abstraktum: 抽象，概念。

[解析] jene指前者，diese指后者（因diese指涉语法距离较近的一方），从句句[2]的并列成分中的前者是第四格宾语jene Vernunft，因此in ihr中的ihr代指的是diese Vernunft（现存现实）。

[1] Die Vernunft als die Rose im Kreuze der Gegenwart zu erkennen und damit dieser sich zu erfreuen, diese vernünftige Einsicht ist die Versöhnung mit der Wirklichkeit, [2] welche die Philosophie denen gewährt, [3] an die einmal die innere Anforderung ergangen ist, zu begreifen und [4] in dem, was substantiell ist, ebenso die subjektive Freiheit zu erhalten sowie mit der subjektiven Freiheit nicht in einem Besonderen und Zufälligen, [5] sondern in dem, was an und für sich ist, zu stehen.

[1] Dies ist es auch, was den konkreteren Sinn dessen ausmacht, was oben abstrakter als Einheit der Form und des Inhalts bezeichnet worden ist, [2] denn die Form in ihrer konkretesten Bedeutung ist die Vernunft als begreifendes Erkennen, und der Inhalt die Vernunft als das substantielle Wesen der sittlichen wie der natürlichen Wirklichkeit; [3] die bewußte Identität von beidem ist die philosophische Idee. –

[1] Es ist ein großer Eigensinn, der Eigensinn, der dem Menschen Ehre macht, nichts in der Gesinnung anerkennen zu wollen, was nicht durch den Gedanken gerechtfertigt ist, – [2] und dieser Eigensinn ist das Charakteristische der neueren Zeit, ohnehin das eigentümliche Prinzip des Protestantismus.

[1] Was Luther als Glauben im Gefühl und im Zeugnis des Geistes begonnen, es ist dasselbe, [2] was der weiterhin gereifte Geist im Begriffe zu fassen und so in der Gegenwart sich zu befreien und dadurch in ihr sich zu finden bestrebt ist.

[1] Wie es ein berühmtes Wort geworden ist, daß eine halbe Philosophie von Gott abführe – [2] und es ist dieselbe Halbheit, die das Erkennen in eine Annäherung zur Wahrheit setzt –, die wahre Philosophie aber zu Gott führe, so ist es dasselbe mit dem Staate.

[1] So wie die Vernunft sich nicht mit der Annäherung, als welche weder kalt noch warm ist und darum ausgespien wird, begnügt, [2] ebensowenig begnügt sie sich mit der kalten Verzweiflung, die zugibt, [3] daß es in dieser Zeitlichkeit wohl schlecht oder höchstens mittelmäßig zugehe, aber eben in ihr nichts Besseres zu haben und nur darum Frieden mit der Wirklichkeit zu halten sei; [4] es ist ein wärmerer Friede mit ihr, den die Erkenntnis verschafft.

第12讲 黑格尔：《法哲学原理》

das Kreuz: 十字架。
die Versöhnung: 和解。
die Anforderung: 要求。
ergehen: 被发出，颁布。
substantiell: 实质性的，物质的。

[解析] 句[1]中的damit后的dieser指代Gegenwart，整个带zu不定式为Einsicht的同位语。句[2]中的welche代指Versöhnung，denen带起句[3]an die引导的关系从句。句[3]中的Anforderung领起本段之后的部分，即三个带zu不定式begreifen, erhalten以及stehen。句[4]中的in dem引导关系从句。

ausmachen: 构成，组成。
der Inhalt: 内容。
bezeichnen: 描述，表述。

[解析] 句[1]中的was引导关系从句，关联前面的dessen；konkret和abstrakt在此都用的是比较级。

der Eigensinn: 固执。
die Ehre: 荣誉，尊敬。
die Gesinnung: 思想意识，价值观念，信念。
anerkennen: 承认。
rechtfertigen: 辩护，证明有道理。
charakteristisch: 特性的，代表性的。
der Protestantismus: 新教，抗罗宗。

[解析] 句[1]中的zu不定式解释说明Ehre，之后的was从句则关联前句中的nichts。句[2]继续解释Eigensinn。

das Zeugnis: 证明。
weiterhin: 继续。
reifen: 成熟。
fassen: 掌握，理解。
sich bestreben: 致力于，努力。

[解析] was引导的从句句[2]主干为was der Geist zu fassen, sich zu befreien, sich zu finden bestrebt ist；其中was均为这几个动词的第四格宾语，而sich befreien以及sich finden中的sich应为第三格。

abführen: 引离。
die Annäherung: 接近。

[解析] 句[1]中的abführe为第一分词，表转述。eine halbe Philosophie von Gott abführe ... die wahre Philosohphie aber zu Gott führe为整句，中间为插入语。句[2]中的Halbheit带一个关系从句。

sich mit etw. (D) begnügen: 满足。
ausspeien: 吐出。
die Verzweiflung: 绝望。
zugeben: 承认，允许。
mittelmäßig: 中等的，平庸的。
zugehen: 发生，进行（用于无人称句）。
verschaffen: 搞来，使获得。

[解析] 句[1]中主干结构为sich mit etw.(D) begnügen；als引导方式从句，之后省略了etwas，完整应为als etwas, welche ...。句[3]dass从句为句[2]动词zugeben要求的宾语，其中zugehe和sei为第一虚拟式，表转述。

211

[1] Um noch über das Belehren, wie die Welt sein soll, ein Wort zu sagen, so kommt dazu ohnehin die Philosophie immer zu spät. [2] Als der Gedanke der Welt erscheint sie erst in der Zeit, nachdem die Wirklichkeit ihren Bildungsprozeß vollendet und sich fertig gemacht hat.

[1] Dies, was der Begriff lehrt, zeigt notwendig ebenso die Geschichte, [2] daß erst in der Reife der Wirklichkeit das Ideale dem Realen gegenüber erscheint und jenes sich dieselbe Welt, in ihrer Substanz erfaßt, in Gestalt eines intellektuellen Reichs erbaut. [3] Wenn die Philosophie ihr Grau in Grau malt, dann ist eine Gestalt des Lebens alt geworden, [4] und mit Grau in Grau läßt sie sich nicht verjüngen, sondern nur erkennen; [5] die Eule der Minerva beginnt erst mit der einbrechenden Dämmerung ihren Flug.

der Bildungsprozess (Bildungsprozeß): 形成过程。
vollenden: 圆满完成。
sich fertigmachen: 准备好，打理好。

[解析] 句[2]中的nachdem 引导时间从句，从句要比主句提前一个时态。

sich erbauen: 感到高兴，得到提升。
verjüngen: 变年轻。
die Eule: 猫头鹰。
einbrechen: 闯入。
die Dämmerung: 清晨，黄昏。

[解析] 句[2]中的jenes指代前文das Ideale；in ihrer Substanz erfasst为插入成分。

语言课堂

在学术写作中，jene和diese常用来指称上文提到的两个事物并进行对比。在康德一讲的选文和练习中这种用法均有出现，而这一讲中也有类似的句子：

Was zwischen der Vernunft als selbstbewußtem Geiste und der Vernunft als vorhandener Wirklichkeit liegt, was jene Vernunft von dieser scheidet und in ihr nicht die Befriedigung finden läßt, ist die Fessel irgendeines Abstraktums, das nicht zum Begriffe befreit ist.

这句话中区分了两种不同的理性：前一种是自觉的精神，后一种则是可用的现实（实存）；在下一次提到这两种理性的时候，先被提及的一种被指称为jene，后被提到的则是diese。因为diese作为指称代词永远指"近处"，因此是回指距离它最近的一方。也可以回看第10讲练习中的例子：

Dagegen können, sowohl die natürliche, als sittliche Weltweisheit, jede ihren empirischen Teil haben, weil jene der Natur, als einem Gegenstande der Erfahrung, diese aber dem Willen des Menschen ...

这里的提示词是sowohl ... als ...，表示的是双方，同时我们可以发现Weltweisheit是被"共用"的中心语。因此这里的jene指的是die natürliche Weltweisheit，diese指的是die sittliche Weltweisheit。这一结构的使用往往使句子避免重复，从而显得简练，但也要求读者更为细心地判断其真正所指。

全文翻译

凡是合乎理性的，就是现实的；
凡是现实的，就是合乎理性的。
每一种不受拘束的意识，比如哲学，都抱有这种信念，且哲学便是由此信念出发，来考察精神世界和自然世界。如果反思、情感或无论什么形态的主观意识，把现在看作某种虚空的东西，认为自己超越现在，知道得更多更好，那么它[主观意识]自己便陷入了虚空，又因为主观意识只有在现在中才具有现实性，那么它自己也便就是虚空。如果反过来，理念被当作仅存在于某种意见中的理念或想象，那么哲学反之就会给出这样一种见解，即除了理念之外没有什么是现实的。因此重要的是：在暂时、转瞬即逝的事物表象中,去认识内在性的实体以及存在于现在中的永恒的东西。因为合乎理性的东西,也就是理念的同义词,在以现实的形态走入外部实存的同时,也就显露为无限丰富的形式、现象和形态;它用各色的表皮包围住自己的内核,这表皮中先有意识栖身,之后,概念为了发现内在脉搏,同时为了在各种外在形态中感受这种脉动,才会穿透它。然而,在此外界中的、通过本质映照在外界中的表象而形成的无穷多样的关系——此类无穷无尽的材料及其调整并非哲学研究的对象。否则哲学会因此掺和进那些与自己无关的事情;哲学也大可省去为之提出好的建议,如柏拉图不必劝告乳母,不要放着孩子不动,而是要不停把他们抱在怀中摇晃;同样费希特也不必,如人们所说,想方设法去完善边境警察的工作,及至提出对于犯罪嫌疑人不仅要在护照上标明其相貌特征,而且还要画上肖像。在做此类事情时完全看不到哲学的痕迹,哲学大可放下这种超级智慧,面对无穷多的对象,它恰好该表现得最为超脱。这样,[哲学]科学就不会显露出任何仇恨,即[出于]自以为是的虚荣对很多对象和机构产生的憎恶——在这种憎恶中,狭隘最为自鸣得意,因它只有通过憎恶才能获得某种自我感觉。

如此一来,本书就其所包含的国家学来讲,毋宁说是一项尝试,即把国家当作一个自身是合理的东西去理解和描述。作为一部哲学著作,它一定要尽量避免去设计国家的应然;著作所包含的教导,不是教导一个国家应当如何,而是如何去认识作为伦理世界的国家。

这儿便是罗得岛,你就在这儿跳吧。

哲学的任务是去把握实然,因为这个实然就是理性。至于个体,每一个都不过是其时代的产儿;哲学因此也是它所处的时代,只是被把握在了思想中。如果以为有某种哲学超出其现在的世界,或者,一个个体跳出了其时代,跳出了罗得岛,那便是愚不可及的。若某个个体的理论确实超出了时代,若这个个体按世界之应然给自己建造了一个世界,那么这个世界或许确实存在,但却只存在于个体的私见中——即一种可随意加入各种想象的不可靠的东西中。

上述俗语稍加改动即为:

这儿便是玫瑰,你就在这儿跳吧。①

一边是作为自我意识到的精神的理性,一边是作为现存之现实的理性,横在两者之间、把前者与后者分开且阻止前者在后者中得到满足的东西,是某种尚未被解放为概念的抽象的桎梏。把理性当作"现在"这座十字架上的玫瑰去认识,并因此为现在感到高兴,这一合乎理性的见解便是与现实的和解。哲学把这一和解提供给那些有了内在要求

---

① 原文以古希腊语和拉丁语两种形式给出。格言出自《伊索寓言》中的《罗得岛的故事》,讲一个自吹自擂的人,吹嘘自己在罗得岛创下了很好的跳远记录,此时有个旁观者说:"这里就是罗得岛,你就在这里跳吧。"意思是说,如果事情是真的,则不需要他人见证,也不需要外在条件。黑格尔的意思是说,哲学不必谈什么理想国,就面对现实中存在的国家(做你的工作)。

的人，他们要求用概念来把握，且在实体性的东西中获得主体的自由，同时与主体的自由并非处于特殊和偶然的东西中，而是处于自在自为之物中。

这便也是上文较抽象地表述为"形式和内容统一"的更为具体的意义，因为形式在其最具体的意义上，是作为不断用概念去把握的认识的理性，而内容则是作为伦理现实和自然现实之实体性本质的理性；两者有意识的同一便是哲学的理念。——这是一种伟大的固执，一种赋予人尊严的固执，这种尊严便是：不愿承认任何在思想意识中没有被思想证明是有理的东西。而这种固执是近代的特征，无论如何是新教特有的原则。路德首先把信仰视为情感中和精神见证中的东西，这与不断成熟的精神想要努力用概念去把握的，是同一种东西，而不断成熟的精神努力在现在让自己获得解放，并由此在现在中发现自我。有句话已成了名言，即半吊子哲学引人偏离神——也正是这个半吊子让认识去接近真理——而真正的哲学引向神，这一说法同样适用于国家。① 正如理性不会满足于像会被吐出的温吞水一样去接近真理，它也不会满足于冰冷的绝望，因这种绝望承认，现世是糟糕的或顶多是庸常的，反正无法期待更好的事物出现，也仅因此，不得不与现实和平共处；[然而]认识会带来与现实相处的更为温暖的和平。

最后再略谈一下关于教导世界应该成为什么样子的问题。可以说，对此哲学无论如何都总是来得太迟。作为关于世界的思想，哲学总是要待现实完成其形成过程并打造好自身后才出现。概念所教导的，历史也必然予以展示，也就是说，只有待现实成熟后，理想的东西才对相对于实在的东西显现出来，并按一个理智之国的形态，为自己建造一个同样的且被把握在实体之中的世界。倘若哲学用灰色来描绘自己的灰色，那么一种生命的形态[哲学]就会变得苍老，灰色中的哲学用灰色不会让自己变年轻，而是只能让自己被认识②；密涅瓦的猫头鹰只有在黄昏来临之际才展翅飞翔。

拓展阅读

这样一个出自黑格尔哲学的理念是"发展"或者"变易"的理念。"即便从来不曾有过一个黑格尔，只要我们凭直觉地赋予变易、发展以一种比'存在'的东西更深刻的意义和更丰富的价值，我们德国人就是黑格尔学派。"德国人之所以本来就是黑格尔学派，是他们并不满足于现象的直接的东西，而是"翻转表面现象"，几乎不相信"存在"这个概念的合法性。在这方面，尼采注意到，就连莱布尼茨和康德也是"黑格尔学派"。德国哲学与其说相信逻辑规则，倒不如说相信"正因为荒谬，所以我才相信"，

---

① 即：半吊子哲学引人偏离国家，真正的哲学引向国家。
② 灰色代表理论。黑格尔在此比较自由地化用了歌德《浮士德》中的诗句："理论是灰色的，生命之树长青。"

德意志的逻辑以此已经出现在基督教教义的历史上。"但是，即便是今天，在一千年之后，我们今天的德国人……也在黑格尔在自己那个时代帮助德国精神战胜欧洲所凭借的那个著名的实在辩证法原理——'矛盾推动着世界，所有事物都是与自身矛盾的'——背后觉察出某种属于真理、属于真理之可能性的东西；我们正是，甚至直到逻辑里面都是悲观主义者。"通过从虚无主义的自我扬弃出发来勾画自己关于永恒复归的悖论，尼采自觉地把矛盾的逻辑又向前推进了一步，再次从荒谬发展出一种我信。

然而，尼采的悲观主义逻辑由于他对基督教道德和神学的极端批判而不同，他也在黑格尔的历史哲学中看到了基督教道德和神学的统治。由于这种奸诈的神学，黑格尔败坏了自己伟大的创见，这种创见就在于，他已经在把否定性的东西——错误和恶——纳入存在的整体特性之中。"根据他所作出的了不起的尝试，也就是说，归根结底还是借助于我们的第六感官，即'历史感'，说服我们相信存在的神性"，他成为从基督教及其道德解放出来的那个伟大的迁延者。这种哲学上的历史主义对德国的教养发生了最危险的影响，因为如果对历史的意义的这样一种信仰成为事实的偶像崇拜，就必然是"后果严重的和毁灭性的"。"如果任何成果都在自身包含着一种理性的必然性，那么，任何事件都是……'理念'的胜利——在这种情况下，只有赶快卑躬屈膝，屈服于'成果'的整个阶梯。"对于后世来说，黑格尔把作为对历史意义的信仰的历史学当做宗教的替代品。但恰恰是产生自黑格尔的精神历史形而上学的历史主义，与从自然观中提取人类的发展形式和生活形式的歌德的非历史的世界观相比，变得更为充满希望。

卡尔·洛维特：《从黑格尔到尼采》，李秋零译，
生活·读书·新知三联书店，2006年，第241—243页。

课后练习

[1] Es ist darum als ein Glück für die Wissenschaft zu achten – in der Tat ist es, wie bemerkt, die Notwendigkeit der Sache –, daß jenes Philosophieren, das sich als eine Schulweisheit in sich fortspinnen mochte, sich in näheres Verhältnis mit der Wirklichkeit gesetzt hat, in welcher es mit den Grundsätzen der Rechte und der Pflichten Ernst ist und welche im Tage des Bewußtseins derselben lebt, und daß es somit zum öffentlichen Bruche gekommen ist. [2] Es ist eben diese Stellung der Philosophie zur Wirklichkeit, welche die Mißverständnisse betreffen, und ich kehre hiermit zu dem zurück, was ich vorhin bemerkt habe, daß die Philosophie, weil sie das Ergründendes Vernünftigen ist, eben damit das Erfassen des Gegenwärtigen und Wirklichen, nicht das Aufstellen eines Jenseitigen ist, das Gott weiß wo sein sollte – oder von dem man in der

Tat wohl zu sagen weiß, wo es ist, nämlich in dem Irrtum eines einseitigen, leeren Räsonierens. [3] Im Verlaufe der folgenden Abhandlung habe ich bemerkt, daß selbst die Platonische Republik, welche als das Sprichwort eines leeren Ideals gilt, wesentlich nichts aufgefaßt hat als die Natur der griechischen Sittlichkeit, und daß dann im Bewußtsein des in sie einbrechenden tieferen Prinzips, das an ihr unmittelbar nur als eine noch unbefriedigte Sehnsucht und damit nur als Verderben erscheinen konnte, Platon aus eben der Sehnsucht die Hilfe dagegen hat suchen müssen, aber sie, die aus der Höhe kommen mußte, zunächst nur in einer äußeren besonderen Form jener Sittlichkeit suchen konnte, durch welche er jenes Verderben zu gewältigen sich ausdachte und wodurch er ihren tieferen Trieb, die freie unendliche Persönlichkeit, gerade am tiefsten verletzte. [4] Dadurch aber hat er sich als der große Geist bewiesen, daß eben das Prinzip, um welches sich das Unterscheidende seiner Idee dreht, die Angel ist, um welche die bevorstehende Umwälzung der Welt sich gedreht hat.

Aus *Grundlinien der Philosophie des Rechts, Vorrede*

1. 分析句[1]的结构。
2. 翻译句[2]。

附录

● 法（哲）学用语

1. Weltgeist: 世界精神
2. Weltgeschichte: 世界历史
3. Idee: 理念
4. Eigentum: 财产
5. Vertrag: 契约
6. Familie: 家庭
7. Vorsatz: 故意
8. Schuld: 过失
9. Rechtspflege: 司法
10. Sittlichkeit: 伦理
11. Moralität: 道德
12. Polizei: 警察
13. Rechtsgleichheit: 权利平等
14. Verfassungsstaat: 立宪国家

15. Staatslehre: 国家学（政治学）

● **选文和参考译文**

Friedrich Hegel: *Werke in 20 Bänden*, Theorie-Werkausgabe, Bd. VII: *Grundlinien der Philosophie des Rechts,* Frankfurt am Main 1970, S. 25—29.

黑格尔：《黑格尔著作集（第7卷）法哲学原理》，邓安庆译，人民出版社，2016年，第12—15页。

● **黑格尔重要著作一览**

Enzyklopädie der philosophischen Wissenschaften (1817—1830) （《哲学全书》）
　　包括：*Wissenschaft der Logik* （《逻辑学》），*Naturphilosophie* （《自然哲学》），*Philosophie des Geistes* （《精神哲学》）

Phänomenologie des Geistes (1807) （《精神现象学》）

Grundlinien der Philosophie des Rechts (1821) （《法哲学原理》）

Vorlesungen über die Philosophie der Geschichte (1822—1831) （《历史哲学讲演录》）

Vorlesungen über die Philosophie der Religion (1821—1831) （《宗教哲学讲演录》）

Vorlesungen über die Ästhetik (1820—1829) （《美学讲演录》）

● **拓展阅读**

Friedrich Hegel: *Werke in 20 Bänden*, Theorie-Werkansgabe, Frankfurt am Main 1969—1971.

黑格尔：《法哲学原理》，范扬、张企泰译，商务印书馆，1961年。

弗雷德里克·C.拜塞尔：《黑格尔》，王志宏、姜佑福译，华夏出版社，2019年。

迪特·亨利希：《在康德与黑格尔之间：德国观念论讲座》，乐小军译，商务印书馆，2013年。

卡尔·洛维特：《从黑格尔到尼采》，李秋零译，生活·读书·新知三联书店，2006年。

第13讲　克劳塞维茨：
《战争论》
Lektion 13　Carl von Clausewitz: *Vom Krieg*

作者学术生平

Carl von Clausewitz (1780—1831) war ein preußischer Generalmajor, Heeresreformer, Militärwissenschaftler und -ethiker.

Clausewitz war jung in ein Infanterieregiment eingetreten und hat seitdem in Koalitionskriegen Kriegserfahrungen gesammelt.

Seit 1809 arbeitete er bei von Scharnhorst als einer der wichtigsten Reformer an der Reorganisation der Armee.

Clausewitz wurde durch sein unvollendetes Hauptwerk *Vom Kriege* bekannt, das sich mit der Theorie des Krieges beschäftigt und bis heute an Militärakademien gelehrt wird.

Über das Wesen des Krieges gilt der bekannteste Zitat von Clausewitz: „Der Krieg ist eine bloße Fortsetzung der Politik mit anderen Mitteln." Für Clausewitz diene der Krieg eher als Instrument: „Der Krieg ist also ein Akt der Gewalt, um den Gegner zur Erfüllung unseres Willens zu zwingen." Es sollten allderdings viele Ideen und Gedanken in der Strategie und Taktik wie Wettrüsten, Totalkrieg auf ihn zurückzuführen sein, was bei Clausewitz im Kontext eher anders gemeint ist.

In den Rahmen der Taktik fällt die Clausewitzsche Theorie des Guerillakrieges, eine Kampfform, die er als Kleinen Krieg bezeichnete. Darin betrachtete er diese Art Kriegsführung als die geeigneteste, um einen Volkskrieg zu führen.

Ebenso aufschlussreich war Clausewitz' Aussage über den „Kulminationspunkt des Sieges": Der Verteidiger sollte so lange in der Defensive verbleiben, bis zu diesem Punkt, wo die Kräfte des Angreifers erlahmten und der Verteidiger somit ein Übergewicht erlangt hätte. So kann der Verteidiger in die Offensive übergehen, um den Krieg siegreich zu beenden.

卡尔·冯·克劳塞维茨（1780—1831）是普鲁士少将、军事改革家、军事理论家和军事伦理学家。

他少年时期加入步兵团，随后在多次反法同盟战争中积累了作战经验。1809年后他追随冯·沙恩霍斯特投身军队重组，成为重要改革者之一。

克劳塞维茨因其未完成的《战争论》而著名，该著作探讨军事理论，直到今天都在军事院校使用。

关于战争的性质，克劳塞维茨有一个著名的表述："战争不过是政治以其他手段的延续。"对于克劳塞维茨来说，战争更多是一种工具："战争是一种强迫对手满足我们意志的暴力行为。"然而，就战略或战术而言，经常被认为源自克劳塞维茨的某些理念或思想，比如军备竞赛或总体战，事实上并不符合克劳塞维茨著作语境中的原意。

在战术框架内，克劳塞维茨发展出了关于游击战的理论。他称游击战为小型战争形式，并认为它是最适合人民战争的形式。

同样富有启发意义的是克劳塞维茨关于"战略转折点"的表述：防御者应该进行持久抵抗，直至进攻者力量衰竭而防御者获得优势；至这个转折点，防御者便可转入战略进攻，取得战争胜利。

编者导读

《战争论》是克劳塞维茨未完成的遗作，在作者死后由其遗孀整理出版，共分两大部八篇，每篇又分若干章节。第一部分总论战争的性质、战争理论、战略概论和战斗；第二部分则具体论述军队、防御和进攻等军队组织和作战细节，最后一篇以战争计划收尾，呼应开篇。选文出自著作开宗明义讲述战争性质的部分，选取了开篇和收尾的几节，主要论述战争与政治的关系。

《战争论》语言表述清晰，不拖泥带水，富思辨，涉及大量军事术语。著作有多个译本，读者可找来酌情参照阅读；本讲的译文尽量忠实于原文的词句、语法，只在个别情况下为更明确地表达原文意思而略作调整。

选文纵览

1. *Definition*

[1] Wir wollen hier nicht erst in eine schwerfällige publizistische Definition des Krieges hineinsteigen, sondern uns an das Element desselben halten, an den Zweikampf. [2] Der Krieg ist nichts als ein erweiterter Zweikampf.

[1] Wollen wir uns die Unzahl der einzelnen Zweikämpfe, aus denen er besteht, als Einheit denken, so tun wir besser, uns zwei Ringende vorzustellen. [2] Jeder sucht den anderen durch physische Gewalt zur Erfüllung seines Willens zu zwingen; [3] sein nächster Zweck ist, den Gegner niederzuwerfen und dadurch zu jedem ferneren Widerstand unfähig zu machen. [4] Der Krieg ist also ein Akt der Gewalt, um den Gegner zur Erfüllung unseres Willens zu zwingen.

[1] Die Gewalt rüstet sich mit den Erfindungen der Künste und Wissenschaften aus, um der Gewalt zu begegnen. [2] Unmerkliche, kaum nennenswerte Beschränkungen, die sie sich selbst setzt unter dem Namen völkerrechtlicher Sitte, begleiten sie, ohne ihre Kraft wesentlich zu schwächen.

[1] Gewalt, d. h. die physische Gewalt (denn eine moralische gibt es außer dem Begriffe des Staates und Gesetzes nicht), ist also das Mittel; dem Feinde unseren Willen aufzudringen, der Zweck. [2] Um diesen Zweck sicher zu erreichen, müssen wir den Feind wehrlos machen, und dies ist dem Begriff nach das eigentliche Ziel der kriegerischen Handlung. [3] Es vertritt den Zweck und verdrängt ihn gewissermaßen als etwas nicht zum Kriege selbst Gehöriges.

24. *Der Krieg ist eine bloße Fortsetzung der Politik mit anderen Mitteln*

[1] So sehen wir also, daß der Krieg nicht bloß ein politischer Akt, sondern ein wahres politisches Instrument ist, eine Fortsetzung des politischen Verkehrs, ein Durchführen desselben mit anderen Mitteln.

[1] Was dem Kriege nun noch eigentümlich bleibt, bezieht sich bloß auf die eigentümliche Natur seiner Mittel. [2] Daß die Richtungen und Absichten der Politik mit diesen Mitteln nicht in Widerspruch treten, das kann die Kriegskunst im allgemeinen und der Feldherr in jedem

第13讲 克劳塞维茨：《战争论》

schwerfällig: 迟缓笨重的。
publizistisch: 新闻传播式的。
hineinsteigen: 进入，上车。
sich an etw.(A) halten: 遵循某事。
der Zweikampf: 决斗，格斗。
erweitertet: 扩展的，扩大的。

[解析] 句[1]中schwerfällig与publizistisch并列修饰Definition；后半句中的desselben代指Krieg。

die Unzahl: 大量，无数。
ringen: 摔跤。
vorstellen: 想象。
suchen: 试图，谋求。
physisch: 身体的，物理的。
die Erfüllung: 满足，实现。
zwingen: 强迫。
niederwerfen: 摔倒，打败。
der Widerstand: 抵抗，反抗。
der Akt: 行动，行为。

[解析] 句[2]zwingen的第四格宾语为den anderen，接两个状语成分durch以及zu，前者表方式，后者表目的。句[3]中的两个带zu不定式共享一个第四格宾语den Gegner，后一个不定式主干为jm. zu etw.（A）unfähig machen。

ausrüsten: 装备，武装。
die Kunst: 艺术，技艺。
begegnen: 遇到 (接第三格)。
nennenswert: 值得一提的。
die Beschränkungen: 限制。
völkerrechtlich: 万民法的，国际法的。

[解析] 句[1]中的um zu动词为begegnen，带第三格。句[2]的主干动词为begleiten；Beschränkungen带起一个关系从句，由die引导；unter dem Namen破框，ohne zu表伴随状态。

der Feind: 敌人。
aufdringen: 强加。
wehrlos: 无抵抗、无自为能力的。
vertreten: 代表。
verdrängen: 排挤，排除。
gewissermaßen: 某种程度上。
gehörig: 属于……的，恰如其分的。

[解析] 句[1]中最后的不定式动词为aufdringen，是jm. etw. (A) aufdringen的用法。句[3]第二部分als后接一个拓展成分，中心词为etwas Gehöriges，gehörig搭配介词zu。

nicht bloss: = nicht nur，不仅仅。
durchführen: 实施，贯彻执行。

[解析] eine Fortsetzung与ein Durchführen均做Instrument的同位语；desselben指代der politische Verkehr。

eigentümlich: 独特的。
sich auf etw. (A) beziehen: 与某事相关。
der Feldherr: 统帅。

[解析] 句[1]中值得注意的是etw.(N) jm. eigentümlich bleiben的用法。句[2]的das指代之前的dass从句，做句中的第四格宾语。句[4]中的er代指上文的der Anspruch，wie ... auch ...表让步；dies代指上文说的情

223

einzelnen Falle fordern, [3] und dieser Anspruch ist wahrlich nicht gering; [4] aber wie stark er auch in einzelnen Fällen auf die politischen Absichten zurückwirkt, so muß dies doch immer nur als eine Modifikation derselben gedacht werden, [5] denn die politische Absicht ist der Zweck, der Krieg ist das Mittel, und niemals kann das Mittel ohne Zweck gedacht werden.

25. Verschiedenartigkeit der Kriege

[1] Je großartiger und stärker die Motive des Krieges sind, je mehr sie das ganze Dasein der Völker umfassen, je gewaltsamer die Spannung ist, die dem Kriege vorhergeht, [2] um so mehr wird der Krieg sich seiner abstrakten Gestalt nähern, um so mehr wird es sich um das Niederwerfen des Feindes handeln, um so mehr fallen das kriegerische Ziel und der politische Zweck zusammen, um so reiner kriegerisch, weniger politisch scheint der Krieg zu sein.

[1] Je schwächer aber Motive und Spannungen sind, um so weniger wird die natürliche Richtung des kriegerischen Elementes, nämlich der Gewalt, in die Linie fallen, welche die Politik gibt, [2] um so mehr muß also der Krieg von seiner natürlichen Richtung abgelenkt werden, [3] um so verschiedener ist der politische Zweck von dem Ziel eines idealen Krieges, um so mehr scheint der Krieg politisch zu werden.

[1] Wir müssen aber hier, damit der Leser nicht falsche Vorstellungen unterlege, bemerken, [2] daß mit dieser natürlichen Tendenz des Krieges nur die philosophische, die eigentlich logische gemeint ist und keineswegs die Tendenz der wirklich im Konflikt begriffenen Kräfte, [3] so daß man sich z. B. darunter alle Gemütskräfte und Leidenschaften der Kämpfenden denken sollte.

[1] Zwar könnten in manchen Fällen auch diese in solchem Maße angeregt sein, daß sie mit Mühe in dem politischen Wege zurückgehalten werden könnten; [2] in den meisten Fällen aber wird solcher Widerspruch nicht entstehen, weil durch das Dasein so starker Bestrebungen auch ein großartiger, damit zusammenstimmender Plan bedingt sein wird.

[1] Wo dieser Plan nur auf Kleines gerichtet ist, da wird auch das Streben der Gemütskräfte in der Masse so gering sein, [2] daß diese Masse immer eher eines Anstoßes als einer Zurückhaltung bedürfen wird.

26. Sie können alle als politische Handlungen betrachtet werden

第13讲 克劳塞维茨：《战争论》

der Anspruch: 要求。
auf etw. (A) zurückwirken: 反作用于某事。
die Modifikation: 修改，修正。

况，derselb-代指上文的politische Absichten。

das Motiv: 动机。
umfassen: 包括。
die Spannung: 紧张，冲突。
vorhergehen: 在先。
sich nähern: 接近。
zusammenfallen: 契合。

[解析] 整段是je ... um so ... 句式的排比。注意第三个je从句中，vorhergehen要求第三格dem Krieg；第一个um so从句中，nähern同样要求搭配第三格。

die Linie: 路线。
ablenken: 引开。
ideal: 理想的。

[解析] 与上段结构相似。第一个um so从句中nämlich为插入语，动词主干为wird fallen；welche引导关系从句，关联Linie。

unterlegen: 此处可作误解。
begriffen: 用于短语 in etw.(D) begriffen (sein)，处于某种状态中。
die Gemütskraft: 心绪的力量。

[解析] 本句主干为bemerken带一个dass从句，从句主干为gemeint ist；之前带damit从句表目的，之后带so dass从句表结果；darunter denken在此意思同darunter verstehen。

der Mass (Maß): 程度。
anregen: 激起。
zurückhalten: 遏制，克制。
die Betrebung: 努力。
zusammenstimmen: 声音和谐。
bedingen: 由某条件决定，以某物为条件。

[解析] 句[1]中的 diese代指上文中的Gemütskräfte und Leidenschaften；in solchem Maße ..., dass ...表程度以及结果。句[2]中的weil从句的主干为ein Plan durch ... bedingt。

auf etw. (A) richten: 瞄准某物，以某物为准绳。
die Masse: 大多数人，群众。
der Anstoß: 推动。

[解析] 句[1]中的wo在此引导条件从句，表抽象情况。句[2]中als照应eher，之后的成分为第二格，与之前的eines Anstoßes相同。

[1] Wenn es also, um zur Hauptsache zurückzukehren, auch wahr ist, daß bei der einen Art Krieg die Politik ganz zu verschwinden scheint, während sie bei der anderen Art sehr bestimmt hervortritt, [2] so kann man doch behaupten, daß die eine so politisch sei wie die andere; [3] denn betrachtet man die Politik wie die Intelligenz des personifizierten Staates, [4] so muß unter allen Konstellationen, die ihr Kalkül aufzufassen hat, doch auch diejenige begriffen sein können, [5] wo die Natur aller Verhältnisse einen Krieg der ersten Art bedingt.

[1] Nur insofern man unter Politik nicht eine allgemeine Einsicht, sondern den konventionellen Begriff einer der Gewalt abgewendeten, behutsamen, verschlagenen, auch unredlichen Klugheit versteht, könnte die letzte Art des Krieges ihr mehr angehören als die erstere.

27. Folgen dieser Ansicht für das Verständnis der Kriegsgeschichte und für die Grundlagen der Theorie
[1] Wir sehen also erstens: daß wir uns den Krieg unter allen Umständen als kein selbständiges Ding, sondern als ein politisches Instrument zu denken haben; [2] und nur mit dieser Vorstellungsart ist es möglich, nicht mit der sämtlichen Kriegsgeschichte in Widerspruch zu geraten. Sie allein schließt das große Buch zu verständiger Einsicht auf. – [3] Zweitens: zeigt uns ebendiese Ansicht, wie verschieden die Kriege nach der Natur ihrer Motive und der Verhältnisse, aus denen sie hervorgehen, sein müssen.

[1] Der erste, der großartigste, der entschiedenste Akt des Urteils nun, welchen der Staatsmann und Feldherr ausübt, ist der, [2] daß er den Krieg, welchen er unternimmt, in dieser Beziehung richtig erkenne, ihn nicht für etwas nehme oder zu etwas machen wolle, [3] was er der Natur der Verhältnisse nach nicht sein kann.

[1] Dies ist also die erste, umfassendste aller strategischen Fragen; [2] wir werden sie in der Folge beim Kriegsplan näher in Betrachtung ziehen. [3] Hier begnügen wir uns, den Gegenstand bis auf diesen Punkt geführt und dadurch den Hauptgesichtspunkt festgestellt zu haben, aus welchem der Krieg und seine Theorie betrachtet werden müssen.

第13讲 克劳塞维茨：《战争论》

zurückkehren: 回来。
die Art: 方式，种类。
verschwinden: 消失。
hervortreten: 走上前来，显示出来。
behaupten: 宣称。
personifizieren: 人格化。
die Konstellation: 格局。
das Kalkül: 计算，考量。
auffassen: 理解。
begreifen: 理解，把握。
das Verhältnis: 关系。

[解析] 本句主干是条件句wenn ... so ...。前半部分的从句（句[1]）中，es带一个dass从句以及während从句，用于解释bei einen Art ... bei der anderen Art ...的分类情况，während后的sie代指die Politik。后半句主句（句[2]）中behaupten带一个dass从句，sei为第一虚拟式，表转述或宣称的内容。句[3]中的betrachtet为动词提前，省去了条件从句的wenn。句[4]中的ihr仍指Politik。句[5]是关系从句，wo关联unter allen Konstellationen。

abwenden: 避开，防止。
behutsam: 小心谨慎的。
verschlagen: 诡计多端的，狡猾的。

[解析] 本句主干为 (nur) insofern ..., könnte ...；die letzte与die erstere指代之前提到的两种战争。

unter allen Umständen: 无论如何。
selbständig: 独立的。
die Vorstellungsart: 想象方式。

[解析] 句[3]中的sie指代Vorstellungsart，zu表示目的。句[4]中的wie从句为Ansicht的内容，aus denen为关系从句，关联Verhältnisse，wie引导的从句为插入语。

entschieden: 坚决的，果断的。
der Staatsmann: 政治家。
ausüben: 从事，执行。
unternehmen: 进行的。
erkennen: 认识。

[解析] 句[1]主干为der Akt ist der (Akt)，第一个Akt关联welchen引导的关系从句；第二个der (Akt) 领起之后的dass从句。句[2]中的erkenne, nehme和wolle均为第一虚拟式，表愿望。

strategisch: 战略的。
in der Folge: 在下文中。
in Betrachtung ziehen: 考察。
begnügen: 满足。
der Gegenstand: 对象。
auf den Punkt führen: 点到。
feststellen: 确定。

[解析] 句[2]的结构为sie (Fragen) in Betrachtung ziehen。句[3]中的begnügen带起带zu不定式，aus welchem关联Hauptgesichtspunkt。

语言课堂

本文中出现了wo引导条件状语从句的例子，如：

Wo dieser Plan nur auf Kleines gerichtet ist, da wird auch das Streben der Gemütskräfte in der Masse so gering sein, daß diese Masse immer eher eines Anstoßes als einer Zurückhaltung bedürfen wird.

此句承接之前对于Plan的讨论，这里提到的是战争计划和人民精神都较为衰弱的情况。wo直译为"在哪些地方"，其实进一步抽象也可以译为"在何种情况/条件下"。英语中的where也有类似的用法。

全文翻译

一、定义

我们暂且不给战争下一个烦琐的、符合出版规范的定义，而是先从战争的要素也就是决斗入手。战争无非是一场扩大了的决斗。若把组成战争的无数个别决斗看作一体，则好比两个人之间的角力。每一位都试图以身体的力量[物质暴力]，迫使对方满足自己的意志；直接的目的是击败对手，由此令其丧失一切反抗能力。

故而可以说，战争是迫使对手满足我们意志的一种暴力行为。

暴力用科技的发明来武装自己以对抗暴力。与之相伴的只是一些无关紧要、不足挂齿的限制，这些限制是暴力以万民法惯例的名义为自己设置的，不会从本质上削弱其力量。暴力亦即物质暴力（因精神暴力仅存在于国家的概念和法律的概念中）是手段；给敌人强加上我们的意志是目的。为保证达到这一目的，我们必须让敌人丧失抵抗能力，而这一点，以概念而论，正是战争行动的本来目标。目标代表目的，同时又在某种程度上把目的作为不属于战争本身的东西加以排斥。

二十四、战争不过是政治以其他手段的延续

由此可见，战争不仅是政治行为，而且是真正的政治工具，是政治交往的延续，是政治交往以其他手段的贯彻实施。如此一来，战争真正的独特之处就仅在于其手段的独特性。战争艺术和战争的统帅可以分别在总体和具体情况下，要求政治方向和政治意图不与战争手段发生矛盾，而这一要求确实不易达到；然而无论战争在个别情况下如何反过来影响到各项政治意图，它也只能是对政治意图的调整；因为政治意图是目的，战争是手段，我们永远不能脱离目的去考虑手段。

二十五、不同的战争[政治的与非政治的战争]

战争的各种动机越是宏大而强烈，越是与全民整体生存息息相关，战争前的紧张冲突越是暴力，战争就越接近其抽象形态，其任务就越集中于打垮敌人，战争的目标就越与政治目的相契合，战争就越显得是纯战争的而非政治的。①反之，各种动机和冲突越弱，作为战争要素的暴力，其自然方向就越与政治给出的路线相左，战争于是就越有必要被转移开其自然方向，政治目的与理想战争的目标就越不相同，战争就越显得是政治的。②

为避免读者产生误解，我们有必要在此说明，所谓战争的自然倾向[暴力倾向]，仅指它在形而上和纯逻辑意义上的倾向，绝非现实中处于矛盾冲突中各种力量的倾向，故而勿要将之理解为比如交战双方的各种情绪和激情。尽管在某些情况下，情绪在某种程度上被激发后，有脱离政治道路的危险；但大多数情况下，情绪与政治意图之间不会产生很大矛盾，因为同仇敌忾情绪的存在，常常是制定一个宏大且代表共同声音的[战争]计划的前提。倘若计划所指向的目标微不足道，那么群众为之奋斗的情绪也会相应减弱，这时群众就需要推动而不是遏制了。

二十六、一切战争都可被视为政治行动

以下再回到主要问题。在上述前一种战争中，政治看似完全消失；在后一种战争中，政治则明显表露出来。若果真如此则仍可认为，两种均是政治的；因为，倘若把政治当作人格化国家的智识来看，那么在所有政治考量所要把握的各种格局中，也势必包括对那些格局的把握——在这些格局中，各方面关系的性质决定了一场看似非政治的战争。如果人们不把政治理解为某种普遍认识，而是将其视为某种回避暴力、小心谨慎、诡计多端乃至阴险狡诈的常规概念，那么或许后一种战争更能称得上是属于政治的范畴。

二十七、对于理解战争史、战争理论的基础，上述观点引出的结论

由此可见：首先，我们在任何情况下，都不可把战争当作独立的事物，而是要把它当作政治工具。唯此思考方式，可让我们避免陷入与整个战争史的矛盾[更好地理解战争史]。唯此思考方式会为我们打开一部引向灼见的大书。——其次，上述观点显示，按引

---

① 接近战争的"抽象形态"，指接近战争的本质。战争的本质在此指对战争的传统定义和理解：战争是为抵抗侵略、捍卫生存而进行的暴力行动。

② 此言战争将偏离战争本身所固有的暴力倾向。

发战争的动机和各种关系的性质而论，战争必然互不相同。

政治家和军事统帅要做的首要、同时也是最宏大和最富决定性的判断，便是在上述关系中正确认识他所从事的战争，既不要把战争当作、也不要意图把战争搞成以其各种关系的性质而论不可能是的东西。这便是一切战略问题中首要的和总括一切的问题；对此，我们将在下文战争计划一节做详细考察。

至此，我们已完成本章的任务：针对研究对象得出如上结论，并由此确定了考察战争及战争理论所必须采取的主要视角。

拓展阅读

[68]克劳塞维茨用一个工具性定义开启了《战争论》："因此，战争是迫使敌人服从我们意志的一种暴力行为。"（75）然后，他在战争升级的相互作用的基础上推导出了战争的概念（75—77）。最后，在"理论的结果"部分，他得出了"奇妙的三位一体"（89）。这就出现了一个问题：这三种概念化之间并不兼容。的确，克劳塞维茨的定义、他最初的战争概念以及"理论的结果"在一定程度上并不一致，而这种不一致就出现在他认为已经完成的唯一章节中。是克劳塞维茨无法抓住他的战争经验的复杂性，还是他的阐述具有一种并不清晰可见的结构？这里是否存在需要解决的困惑？

通常情形下，复杂的概念总是令人费解，无法得到明确界定。我们知道其中的意味，却难以直接表达它。比如，何谓自由，何谓无限？这些概念缺少准确定义，但这并不表示它们不是不可或缺的。清晰性的缺乏是一个问题，但也是这些概念的力量之一，因为它意味着无穷的差异与区别，并且，进一步的发展也是可能的。克劳塞维茨的战争理论表达了这样一个概念：它的多面性使它更像一个谜，而非明确的概念化。尽管他的战争理论具有不确定性，但他的目标是提出"清晰的理念"。他说，人类的心灵"有一种对清晰性的普遍渴望，希望感受到自己是事物的有序规划的一部分"（71）。

概念不只是文字，也不只是有关对象的描述。它们试图表达一些东西，例如表达对象的本质或功能。但在诸如战争这样的复杂事务中——这是克劳塞维茨著作的主题——最本质的东西是什么呢？当我们说起他的战争理论，我们指的是他赋予这个词所有可能含义的集合吗？它们可能会随着时间改变，或者，我们指的是通过抽象而识别出的那些不变的特性？另外一个影响[69]概念理解方式的因素是它们同其他概念的关系。比如，如果将战争同其他暴力形式区别开来，那么，聚焦点就在于政治环境。根据战争是国家或共同体组织的武力使用，战争也可以与其他形式的战斗区别开来；或者根据战争是暴力的，战争还可以与其他形式的政治区别开来。此外，概念还不同于现实。它们抓住现

第13讲 克劳塞维茨：《战争论》

实，并且同时提供了我们行动的根据。概念化具有反射效果（reflexive effects）。我们形成概念的方式对我们的行为产生了影响。

在克劳塞维茨的一生中，战争的现实以根本方式发生了变化。他参加了普鲁士军队，当时战争依然完全基于18世纪给战争规定的原则进行。克劳塞维茨经历了法国大革命军队的战争扩张，经历了拿破仑战争的新活力和游击战。他也参加了当时的军事改革，为普鲁士民兵辩护，将其视为重大成就，尽管他是在复辟时代普鲁士民兵被取消之后这样做的，并且他也分析了解放战争之后限制战争所做的尝试。在他的早期作品中，克劳塞维茨批评了诸如冯·布洛（Von Bülow）这些作家的军事作品的纲要属性，从这时开始，他的理论著作聚焦于战事的变化和战争的变动属性。战争图景的变化是克劳塞维茨理论的重要柱石，也影响了他的概念化。

赫伯格–罗特：《克劳塞维茨之谜：战争的政治理论》，
韩科研、黄涛译，华夏出版社，2020年，第82—83页。

课后练习

17. Die Wirkung der Polarität wird oft durch die Überlegenheit der Verteidigung über den Angriff vernichtet, und so erklärt sich der Stillstand des kriegerischen Aktes

[1] Ist die Form der Verteidigung stärker als die des Angriffs, wie wir in der Folge zeigen werden, so frägt es sich, ob der Vorteil der späteren Entscheidung bei dem einen so groß ist wie der Vorteil der Verteidigung bei dem anderen; wo das nicht ist, da kann er auch nicht vermittelst seines Gegensatzes diesen aufwiegen und so auf das Fortschreiten des kriegerischen Aktes wirken. [2] Wir sehen also, daß die anregende Kraft, welche die Polarität der Interessen hat, sich in dem Unterschied der Stärke von Angriff und Verteidigung verlieren und dadurch unwirksam werden kann.

[3] Wenn also derjenige, für welchen die Gegenwart günstig ist, zu schwach ist, um den Vorteil der Verteidigung entbehren zu können, so muß er sich gefallen lassen, der ungünstigeren Zukunft entgegenzugehen; denn es kann immer noch besser sein, sich in dieser ungünstigen Zukunft verteidigend zu schlagen, als jetzt angreifend, oder als Frieden zu schließen. [4] Da nun nach unserer Überzeugung die Überlegenheit der Verteidigung (richtig verstanden) sehr groß und viel größer ist, als man sich beim ersten Anblick denkt, so erklärt sich daraus ein sehr großer Teil der Stillstandsperioden, welche im Kriege vorkommen, ohne daß man genötigt ist, dabei auf einen inneren Widerspruch zu schließen. [5] Je schwächer die Motive des Handelns sind, um

so mehr werden ihrer von diesem Unterschied von Angriff und Verteidigung verschlungen und neutralisiert werden, um so häufiger also wird der kriegerische Akt innehalten, wie die Erfahrung dies auch lehrt.

Aus *Vom Krieg*

1. 找出选段中wo表条件的例子。
2. 找出选段中je um so排比的例子。
3. 翻译句[3]。

附录

● 战争、军事学术语

1. Korps: 军团
2. Division: 师团
3. Batallion: 营
4. Kompanie: 连队
5. Leutnant: 少尉
6. Hauptmann: 陆军上尉
7. Major: 少校
8. Oberst: 上校
9. Generalmajor: 少将
10. Infantrie: 步兵
11. Artillerie: 炮兵
12. Niederwerfungsstrategie: 制服战
13. Ermattungsstrategie: 消耗战
14. Vernichtungsschlacht: 歼灭战
15. offensiv/Angriff: 进攻
16. defensiv/Verteidigung: 防御

● 选文和参考译文

Carl von Clausewitz: *Vom Krieg. Hinterlassenes Werk des Generals Carl von Clausewitz*, Bonn 1952, S. 89—90, 108—111.

克劳塞维茨:《战争论（上卷）》，中国人民解放军军事科学院译，解放军出版社，1964年，第3—4、26—28页。

第13讲 克劳塞维茨:《战争论》

● **克劳塞维茨重要著作一览**

Strategie (1804—1809)(《策略》)

Historische Briefe über die großen Kriegsereignisse im Oktober 1806 (1807/1808)(《1806年10月重大战事历史书信》)

Nachrichten über Preußen in seiner größten Katastrophe (1823—1824)(《关于灾难中普鲁士的报道》)

Vom Kriege (1832)(《战争论》)

Der Feldzug von 1796 in Italien (1833)(《1796年意大利之役》)

Der Feldzug von 1815 in Frankreich (1835)(《1815年法国之役》)

Strategische Beleuchtung mehrerer Feldzüge von Sobiesky, Münich, Friedrich dem Großen und dem Herzog Carl Wilhelm Ferdinand von Braunschweig und andere historische Materialien zur Strategie (1837)(《索别斯基、慕尼黑、腓特烈大王以及斐迪南大公各役及其他历史材料的战略性分析》)

● **拓展阅读**

Carl von Clausewitz: *Hinterlassenes Werk des Generals Carl von Clausewitz. Vollständige Ausgabe im Urtext. 3 Teile in einem Band*, hrsg. von Werner Hahlweg, 19. Auflage (Jubiläumsausgabe), Bonn 1991.

克劳塞维茨:《战争论》(上、下卷),中国人民解放军军事科学院译,解放军出版社,1964年。

赫伯格-罗特:《克劳塞维茨之谜:战争的政治理论》,韩科研、黄涛译,华夏出版社,2020年。

威廉·冯·施拉姆:《克劳塞维茨传》,王庆余等译,商务印书馆,1984年。

雷蒙·阿隆:《民族国家间的和平与战争》,王甦、周玉婷译,社会科学文献出版社,2021年。

课后练习答案

第1讲

1. 主干动词为sich zeigen，意为"表示、说明、得到展现"。

2. 该句主句为mögen diese darin bestehen，之后dass从句主干结构是ein Römisches Rechtsinstitut als erstorben/unsrem Rechtszustand fremd nachgewiesen wird，后面的in der Darlegung …为另一个状语结构。

3. 然而谁若要清除路障，或者通过已经树立起来的路标警示他人岔路的存在，那他就从本质上改善了他继任者所处的状态。

第2讲

1. 此句中包含了关系从句，由mit dem引导，关联词为der Begriff; wie wir sehen为插入语；主句主干结构为：Der Begriff ist nicht anwendbar auf ver schiedene Dinge.

2. 此句包含一个dass (daß) 从句作为sagen的宾语，该从句的语态为第一虚拟式，意在强调转述他人的观点。

3. Der Begriff des Fortschrittes ist nicht anwendbar auf verschiedene Dinge.

   Der Begriff des Fortschrittes ist auf verschiedene Dinge nicht anzuwenden.

   Ein Jahrhundert sei dem andern dienstbar.

   Ein Jahrhundert sei dem andern zu dienen.

4. 同样，个体的道德和宗教状况的进步也很少见，因为这些也都和神性具有直接关联。

第3讲

1. 此句包含一个ohne zu结构，其中动词为revolutionieren，宾语共有三个，分别是Produktionsinstrumente, Produktionsverhältnisse以及sämtliche gesellschaftlichen Verhältnisse。

2. 这两句的主干结构相同，即alle … werden …。句[4]的主语分别是festen eingerosteten Verhältnisse

和neugebildeten (Verhältnisse)，句[5]的主语为Alles Ständische und Stehende和Alles Heilige。

3. 资产阶级除非对生产工具，从而对生产关系，从而对全部社会关系不断地进行革命，否则就不能生存下去。反之，原封不动地保持旧的生产方式，却是过去的一切工业阶级生存的首要条件。生产的不断变革，一切社会状况不停的动荡，永远的不安定和变动，这就是资产阶级时代不同于过去一切时代的地方。一切固定的僵化的关系以及与之相适应的素被尊崇的观念和见解都被消除了，一切新形成的关系等不到固定下来就陈旧了。一切等级的和固定的东西都烟消云散了，一切神圣的东西都被亵渎了。人们终于不得不用冷静的眼光来看他们的生活地位、他们的相互关系。

第4讲

1. es指代后文的zu welchem Zweck从句。

2. 句[6]包含两层从句嵌套：主句中的Gesetzgebung作为关联词，引导之后的deren Zweck从句，进一步解释这种立法的目的；deren Zweck war之后的die oberste ... gedeiht部分与句末的带zu不定式部分为同位语，均是Zweck的内容，其中前者又包含一个由dafür带起的从句。

3. damit，dafür，darin。

4. 前者要使从长期实验和不确定中获得的理性达到最长久的效用，并且要将成果尽可能宏大、丰富而完备地带回家。（注意句[8]、句[9]两句中dort ... hier ... 含义为"前一种情况……后一种情况……"，因而翻译为"前者……后者……"。）

第5讲

1. wenn引导条件颛叟从句，此处的意思为"如果是（像刚刚论述的）这样的话"。

2. Sie的使用（对于听众的呼语）；wir sind bei dem Problem ...；werden Sie sagen；ganz meine Meinung；Gut, lassen wir heute dahingestellt；等等。

3. Kenntnisse über die Technik；Methoden des Denkens, das Handwerkszeug und die Schulung dazu；Klarheit。

4. 幸运的是，科学的贡献还不限于此，因为我们所处的位置，使我们还可以帮助各位达到第三个目标：（头脑的）清明。

第6讲

1. Welche带起两个并列结构，其主语都是der Traum，动词结构分别是Auffassung gefunden haben以及Einfluss genommen haben，das即代指前文的welche两个问题，此句中又包含一个so dass结构，其后的dass即引导了结果状语从句。

2. 此句中包含两个从句：dass从句为hinzufügen的宾语从句，nachdem从句为时间状语从句。

3. 梦境与他们所信仰的超人类存在的世界处于关联中并能带来神魔一方的启示，这对于他们而言是前提条件。

第7讲

1. 该句的主句主干结构为das Dasein wird gebracht und gestellt，包含了两个indem引导的方式状语从句，其中第一个indem从句又后接一个damit引导的目的状语从句，而第二个indem从句在含义上实际是对前一个从句的总结。

2. 诗人的言说不仅是在自由馈赠意义上的设立，同时也是在其根基之上稳固建立人类此在的意义上的设立。

3. 该句的主句主干结构为wir können etwas ahnen，包含一个wenn引导的条件状语从句，后跟一个dass从句解释说明dieses Wesen der Dichtung的含义；同时包含一个das引导的关系从句，关联词为jenes Wort，该从句中又包含了一个als引导的时间状语从句。

第8讲

该句带两个wenn条件从句。第一个wenn从句中结构为so dass，welche关联die，im Stande带起zu不定式，整体关联wovon；第二个wenn从句主干动词为dienen，其前的插入语均为die religiösen Ceremonien的同位结构，充当第一格主语，最末的welche从句关联Einhegung，带起zurückhielte和vertraut machte两个主干动词。

翻译：如果礼仪形式的发明者创造它们是为了能够保护和表达它们（这也使这些发明者自己成了榜样），如果宗教仪式、教会礼节、宗教共同体的规则以及人类法则仿佛是为神的律法筑起一道篱笆，从而让我们远离恶习，习惯于善者并熟悉美德，那么所有这些礼仪形式都是值得称赞的。

第9讲

1. 第一句主干动词为wurde erfordert，主语为Seele，关联wie引导的方式从句，之后两个zu不定式为erfordert的内容；was引导的从句为插入语，schon in einem Alter与之前的两个不定式相联系，两者合起来意为强调schon in einem Alter即是最大的幸福，之后的in welchem关联Alter。

2. 希腊雕塑高贵的单纯和静穆的伟大，也是繁盛时期希腊文学和苏格拉底学派著作的真正特征。这些特征构成了拉斐尔作品的非凡伟大之处，而拉斐尔正是通过模仿古代这条道路达到这一点的。

第10讲

1. dagegen主句的主干动词为ihren Teil haben，sowohl ... als即为sowohl ... als auch，主语是两种

Weltweisheit；之后weil引导原因从句，jene和diese指代两种Weisheit，jene是自然，diese是道德，weil从句的主干为Gesetze bestimmen muss；之后die erstern与die zweiten则是解释Gesetze，首先是实然的法则，其次是应然的法则（denen引导的两个关系从句关联Gesetzen）；最后一个denen关联Bedingungen。

2. 这一分类与事物的本性完全适配：除了增加分类的原则，以便能以这种方式既保证划分的完备性，又正确规定哪些必要的分支，我们无需对此作出任何改进。

第11讲

1. 本句带一个da引导的原因从句，动词置于从句末位；从句的主干动词为sich vergraben, sich unbrauchbar machen以及sich zerstreuen，ohne das Streben为插入语。

2. 他们必须寻求作为住校学生一切能力的和谐均衡的教育，全面地、同时在尽可能少的对象上训练自己的力量，为自己的性情栽培一切知识，从而使理解、知识和精神成就不仅受到外界环境，更受到其自身内在的精确性、和谐和美的刺激。

第12讲

1. 主句为es ist ein Glück für die Wissenschaft zu achten，后接两个dass从句，主语均为jenes Philosophieren，主干动词为sich mit der Wirklichkeit gesetzt hat以及zum öffentlichen Bruche gekommen ist，另外破折号中的成分为插入语；在第一个dass从句中有das引导的关系从句关联Philosophieren，之后in welcher以及welche两个关系从句关联Wirklichkeit。

2. 正是这种哲学对现实的关系引发了这种误解，因此我要回到上文已经提及的观点，即哲学，因其探究理性、把握当下和现实，并不建立任何彼岸的事物，只有神才知道彼岸在何处，或者正如人们熟谙的一样，彼岸正是在一种片面、空洞推论的错误之中。

第13讲

1. 句[1]分号之后，wo das nicht ist，意为"若不是这种情况"。

2. 句[5]：je schwächer ..., um so mehr ..., um so häufiger ...

3. 如果目前占据优势地位的一方不够强大，而无法离开防御所带来的优势，那么这一方不得不接受将来在不利条件下作战，因为即便是将来在不利条件下防御，也要比当下进攻或求和要好。